中国软科学研究丛书

丛书主编：张来武

"十一五"国家重

国家软科学研究计划资助出版项目

中国工业行业信息化建设与经济增长

何 伟 卢 敏 著

科学出版社

北京

内 容 简 介

本书建立并完善衡量中国工业行业信息化水平的指标体系和信息化建设效益的指标体系,测度中国工业行业 36 个分行业和 30 个省域工业行业的信息化水平、信息化建设对经济增长的贡献率、信息化建设的效率等,分析信息化水平和信息化建设贡献的差异及其变动趋势,探讨中国工业行业信息化建设的动因,以及影响信息化水平和信息化建设效益的因素,提出提高中国工业行业信息化水平和信息化建设效益的措施。

本书可供信息化及工业经济相关专业师生和研究人员使用,也可供企业信息化技术部门管理人员和技术人员参考,还可供相关政府部门管理人员阅读。

图书在版编目(CIP)数据

中国工业行业信息化建设与经济增长/何伟,卢敏著. —北京:科学出版社,2014.12

(中国软科学研究丛书)

ISBN 978-7-03-042559-1

Ⅰ.①中⋯ Ⅱ.①何⋯ ②卢⋯ Ⅲ.①工业经济–信息化–建设–研究–中国②工业经济–经济增长–研究–中国 Ⅳ.①F42

中国版本图书馆 CIP 数据核字(2014)第 263322 号

责任编辑:杨婵娟 王茸艳/责任校对:鲁 肃
责任印制:李 彤/封面设计:黄华斌 陈 敬

科 学 出 版 社 出版
北京东黄城根北街 16 号
邮政编码:100717
http://www.sciencep.com

北京凌奇印刷有限责任公司 印刷
科学出版社发行 各地新华书店经销

*

2014 年 12 月第 一 版 开本:720×1000 1/16
2022 年 1 月第五次印刷 印张:14 1/2
字数:276 000
定价:75.00 元
(如有印装质量问题,我社负责调换)

"中国软科学研究丛书"编委会

主　编　张来武

副主编　李朝晨　王　元　胥和平　林　鹏

委　员　（按姓氏笔画排列）

于景元　马俊如　王玉民　王奋宇

孔德涌　刘琦岩　孙玉明　杨起全

金吾伦　赵志耘

编辑工作组组长　刘琦岩

副组长　王奋宇　胡升华

成　员　王晓松　李　津　侯俊琳　常玉峰

　　软科学是综合运用现代各学科理论、方法，研究政治、经济、科技及社会发展中的各种复杂问题，为决策科学化、民主化服务的科学。软科学研究是以实现决策科学化和管理现代化为宗旨，以推动经济、科技、社会的持续协调发展为目标，针对决策和管理实践中提出的复杂性、系统性课题，综合运用自然科学、社会科学和工程技术的多门类多学科知识，运用定性和定量相结合的系统分析和论证手段，进行的一种跨学科、多层次的科研活动。

　　1986 年 7 月，全国软科学研究工作座谈会首次在北京召开，开启了我国软科学勃兴的动力阀门。从此，中国软科学积极参与到改革开放和现代化建设的大潮之中。为加强对软科学研究的指导，国家于 1988 年和 1994 年分别成立国家软科学指导委员会和中国软科学研究会。随后，国家软科学研究计划正式启动，对软科学事业的稳定发展发挥了重要的作用。

　　20 多年来，我国软科学事业发展紧紧围绕重大决策问题，开展了多学科、多领域、多层次的研究工作，取得了一大批优秀成果。京九铁路、三峡工程、南水北调、青藏铁路乃至国家中长期科学和技术发展规划战略研究，软科学都功不可没。从总体上看，我国软科学研究已经进入各级政府的决策中，成为决策和政策制定的重要依据，发挥了战略性、前瞻性的作用，为解决经济社会发展的重大决策问题作出了重要贡献，为科学把握宏观形势、明确发展战略方向发挥了重要作用。

　　20 多年来，我国软科学事业凝聚优秀人才，形成了一支具有一定实力、知识结构较为合理、学科体系比较完整的优秀研究队伍。据不完全统计，目前我国已有软科学研究机构 2000 多家，研究人员近 4 万人，每年开展软科学研究项目 1 万多项。

为了进一步发挥国家软科学研究计划在我国软科学事业发展中的导向作用，促进软科学研究成果的推广应用，科学技术部决定从 2007 年起，在国家软科学研究计划框架下启动软科学优秀研究成果出版资助工作，形成"中国软科学研究丛书"。

"中国软科学研究丛书"因其良好的学术价值和社会价值，已被列入国家新闻出版总署"'十一五'国家重点图书出版规划项目"。我希望并相信，丛书出版对于软科学研究优秀成果的推广应用将起到很大的推动作用，对于提升软科学研究的社会影响力、促进软科学事业的蓬勃发展意义重大。

科技部副部长

2008 年 12 月

　　党的十八大报告明确提出了"推动信息化和工业化深度融合"的战略任务。信息化水平是衡量特定国家、特定地区、特定部门信息产业及其服务业发展状况的指标，在比较不同国家、地区、部门，或比较不同时期特定国家、地区、部门信息经济发展状况时有着重要的作用。然而，信息化水平的定量测度很困难。信息化建设投资很大，信息化基础设施的建设速度很快，但却不容易将信息化的投入和产出建立内在的联系，准确地测算出信息化建设的效益来。科学衡量一个国家、地区、行业、企业等的信息化水平，评价信息化投资的方向及其效益，具有重要的理论意义与实践意义。

　　在信息化水平测度和信息化对经济增长贡献的研究中，对国家、地区、企业的研究取得了较大进展，而对行业层面的研究则较弱。本书力求较为系统地考察中国工业行业 36 个分行业和 30 个省域工业行业的信息化水平、信息化建设对行业经济增长的贡献率、信息化建设的效率等，以期较为全面地认识中国工业行业信息化的含义和复杂的作用机理，探寻提高中国工业行业信息化水平和信息化建设效益的途径，为中国工业行业信息化发展战略的制定提供理论与实证的支撑。同时，信息化建设效率指标的提出，多角度、多层面揭示中国工业行业内部信息化复杂作用的分析方法，对其他行业信息化的研究工作有参考借鉴价值。

　　在中国工业行业信息化水平的研究中，我们建立了测度中国工业行业信息化水平的指标体系，运用主成分分析法和算数平均法分别测度了中国工业行业各分行业和各省域工业行业的信息化水平，以"信息供给能力"与"信息需求能力"为坐标轴分析了各样本信息化水平的结构差距，用变异系数测度了信息化水平差异的变动情况。研究表明：中国工业行业各分行业和各省域工业行业信息化水平存在明显差异；中国工业行业信息化水平逐年提高；有的工业行业存在信息供给能力与信息需求能力失衡的问题。

在中国工业行业信息化建设对经济增长的贡献研究中，我们用考虑信息化因素的柯布-道格拉斯生产函数，对收集的数据作时间序列分析和横截面分析，回归求得资本、劳动、信息的产出弹性。由于存在较严重的多重共线性，又用岭回归削弱多重共线性的影响。研究表明：中国工业行业不同行业之间、不同省域之间信息化建设对经济增长的贡献率存在明显差异，但总体上大于资本和劳动的贡献率。

在中国工业行业信息化建设对产出增长速度的贡献研究中，我们推导了信息化建设对产出增长速度贡献的方程，测度了信息化建设对中国工业行业各分行业和各省域工业行业产出增长速度的贡献率。研究表明：信息化对中国工业行业各分行业和各省域工业行业产出增长速度的贡献存在明显差异。

在中国工业行业信息化建设效率的研究中，我们从影响工业行业经济增长的诸因素（资本、劳动、信息化）中，分离出信息化的作用，建立了测度工业行业信息化效率的指标，并用该指标测度了中国工业行业信息化建设的效率。研究表明：中国工业行业不同行业之间、不同省域之间信息化建设的效率存在明显差异，信息化水平和效率构成了四种可能的组合。

在影响中国工业行业信息化水平和效率的因素分析及对策建议中，我们认为：中国工业行业信息化建设的动因，主要是信息化能优化产业结构，从而推动产业经济的增长；影响中国工业行业信息化水平和信息化建设效益的因素是多方面的，机理很复杂；为了实现国家信息化建设的总体目标，政府有关部门应采取相应措施，解决行业间信息化建设的不平衡问题，解决某些行业信息供给能力与信息需求能力失衡的问题，注重信息化建设的有效性，切实提高中国工业行业信息化水平和信息化建设效益。

作为一项探索性研究，本书还有一些值得进一步完善的地方。一是目前设定的指标体系虽能较好地反映中国工业行业信息化建设的现状，但存在着指标间相关性较大的缺陷；纵向指标数据统计口径及来源不完全可比，影响了实证结果的精确性。二是虽用岭回归方法削弱了回归分析时多重共线性的影响，但可能仍然存在着较严重的多重共线性，需要探索新的方法进一步解决。三是工业行业信息化效率指标不是传统意义上的投入产出关系，只是借助了效益的概念，是一种广义形式上的效益，分离因子的准确性、科学性还有待理论与实证的进一步研究和验证。

信息化建设对经济增长的复杂作用机理还有许多没有被人们所认识，现实工业行业经济增长中的一些新特点也没有满意的理论解释。限于作者的知识储备，研究得出的一些结论只是阶段性的，大量数据和文献背后所隐藏的含义还有待进一步去揭示，不足之处在所难免，祈望专家、学者不吝赐教。

何 伟

2014 年 10 月于中共重庆市委党校

目 录 ·············· ▶ CONTENTS

绪　论

第一章

第一节　信息化与其测度的研究背景与意义

一　研究背景

　　长期以来，各国都将经济增长作为重要的经济和政治目标。经济增长已成为各国长期经济成就的一个最重要标志。经济增长，一直是各国经济学家关心的问题。按传统的增长理论，经济增长取决于可利用物质、资本和劳动力等要素，这些物质、能源是有限的，绝大多数是不可再生的、不可共享的。因此，一些经济学家为经济增长的潜力而担忧。

　　信息是构成客观世界的三大要素之一，它是无限的、可再生的、可共享的。信息对于我们来说，并不陌生。事实上我们时刻都在与信息打交道，都在不断地接收信息、加工信息、利用信息。我们的一切离不开信息，就像生活离不开空气和水、万物生长离不开太阳一样。"信息概念之内涵如此宽泛，以至于人们甚至把它作为广义知识与科学的代名词，视为人类、甚至超人类的宇宙间万事万物作用、联系和通信内容的统称"，国内外许多专家和学者对信息概念与内涵进行了大量研究。

　　"信息是认识的来源，……知识的毛坯。"

　　"信息是通过交流得到的关于特定事物的知识，……信息具有知识的本性，信息是具体的，可被人所感知、提取、识别，可以被存储、传递、变换、处理、显示、检索和利用。"

　　"信息可以被提炼成知识。"

　　"信息是经济中成长最快的一个领域——知识行业的原材料。"

　　"信息可以加工成一套有逻辑联系的'知识'。知识是组织好的信息。……电子计算机能够将各种信息变成知识。"

　　"信息创造财富。"

　　"知识由信息升华而来，信息乃是知识和智力的源泉。信息经济就是一种知识型经济。"

　　"比特流、数据流经过计算机加工成为信息，信息再经人脑的优化、处理，成为知识和智慧,以实现信息普遍意义上的共享和高层次的抽象再放大过程。"

......

信息化是充分利用信息技术,开发利用信息资源,促进信息交流和知识共享,提高经济增长质量,推动经济社会发展转型的历史进程。实现信息化,是指社会经济的发展,从以物质与能源为经济结构的重心,向以信息为经济结构的重心转变的过程。信息化代表了一种信息技术被高度应用,信息资源被高度共享,从而使得人的智能潜力及社会物质资源潜力被充分发挥,个人行为、组织决策和社会运行趋于合理化的理想状态。同时,信息化也是 IT 产业发展与 IT 在社会经济各部门扩散的基础之上的,不断运用 IT 改造传统的经济、社会结构从而通往如前所述的理想状态的一段持续的过程。

经济信息化的主要特征是信息要素广泛渗透到人类社会各种经济活动之中,社会经济发展主要不是有赖于物质材料的增加与新能源的开发,而是有赖于信息力量的推动。在世界范围内掀起的信息化浪潮,使信息基础结构成为国民经济的新支柱,不仅对各国的经济增长产生了极其深远的影响,也对信息化的理论研究提出了新的要求。

信息革命带来了计算机的普及、全球网络的出现、通信产业的迅猛发展、通信和计算机技术的"数字趋同",这一切使世界的运行方式发生了根本的变化。产品和服务越来越知识化、智能化、数字化;生产模式正从大批量生产向个性化产品的生产转变,生产工艺越来越智能化,市场和贸易变得越来越电子化。企业的管理将从生产向创新转变,其利润越来越依赖于知识和创新,而不再是有形的资源、厂房和资本。消费者的需求会得到越来越大的满足,出现真正的"按需生产"的局面。所有这一切都表明,建立在知识的生产、分配和使用之上的知识经济时代的到来。在这个时代,"决定一个企业成败的是人们头脑中的思想和他们所掌握的信息的质量。知识是创造财富的决定性因素"。其实,无论从今天还是从历史上看,人类社会之所以能有进步,就在于知识的不断生产,知识的创造、存取、学习、交流和使用方式的每一次重大变革都根本性地改变了人类社会,知识的创造、存取、学习和使用方式的速度决定了人类社会的进步速度和方式。当今世界飞速发展的信息化,正在引发着一场知识创造、加工方式和使用方式的根本变革。

信息化加速知识积累和技术进步,从而促进经济增长。信息是知识的来源,知识是由信息提炼而来的。信息化加速了"信息"向"知识"的升华,在推动信息经济壮大的同时,促进了知识经济的形成与发展,并加速实现信息经济向知识经济的转变。从生产力要素构成上看,信息化使知识与技术的投入已经成为生产力诸要素中最重要的要素,对经济增长的"内生作用"更为突出。同时,知识和技术也成为决定劳动力素质、生产要素优化组合、物质与能源开发及利用程度的决定因素，从而使经济发展的面貌得以彻底改观。

20 世纪 50 年代末，世界进入成熟的工业社会，以机电为代表的诸多新产业成为经济发展的支柱。从 60 年代开始，一些经济发达国家已形成了以电子、计算机和通信为主体的新兴产业，社会生产逐步转向以信息生产力的发展为主要特征。到了 70 年代末 80 年代初，浪潮汹涌的世界新技术革命，使社会信息量激增，信息传播手段不断更新，信息对社会经济发展的作用和影响日益明显。

20 世纪 90 年代初，美国副总统戈尔致力于"信息高速公路"建设，由此引发了美国持续 10 年高增长、低通胀的"新经济"。为了给美国政府最高宏观决策提供数量分析依据，美国商务部从 1998 年 4 月 15 日起，定期发布《浮现中的数字经济》报告（后改为《数字经济 2000》系列），其中对信息技术产业对美国经济增长的贡献做了总结性描述，认为 IT 对"新经济"起着决定作用。

进入 21 世纪，信息化浪潮席卷全球，人类社会正步入信息经济时代。快速发展的信息技术在社会各个领域广泛渗透，引起人们生产生活方式、思维行为方式、价值观念的根本性变革而最终导致社会信息化。社会信息化已成为社会经济的发展趋势，从整体上引导着世界潮流。

以信息技术为基础的信息产业已经成为世界经济的重要支柱产业和经济发展的强大动力，信息化发展水平正在成为各国综合国力和国际竞争力的重要标志，所以目前世界上发达国家都在竞相发展和提高信息技术水平，大力发展信息产业，以尽快提高国家信息能力，从而提高国家综合国力，以便在 21 世纪的竞争中处于领先地位。随着时代的发展，中国政府提出了加快信息产业发展的战略，中国信息产业也有了较快的发展。

二 研究意义

改革开放以来，特别是近十几年来，党和国家对信息化与工业化关系的认识不断深化。党的十六大报告提出了"信息化是我国加快实现工业化和现代化的必然选择。坚持以信息化带动工业化，以工业化促进信息化，走出一条科技含量高、经济效益好、资源消耗低、环境污染少、人力资源优势得到充分发挥的新型工业化路子"。党的十七大报告提出："要坚持走中国特色新型工业化道路，大力推进信息化与工业化融合，促进工业由大变强。"党的十八大报告进一步提出"坚持走中国特色新型工业化、信息化、城镇化、农业现代化道路，推动信息化和工业化深度融合、工业化和城镇化良性互动、城镇化和农业现代化相互协调，促进工业化、信息化、城镇化、农业现代化同步发展"。在这一过程中，以推动信息化与工业化深度融合战略的实施为契机，进一步促进我国工业经济增长方式的转变，对于我国的新型工业化进程将产生巨大的推动作用。

信息化水平是衡量特定国家或特定地区信息产业及其服务业发展状况的指标，在比较不同国家和地区、部门，或比较不同时期特定国家、地区、部门信息经济发展状况时有重要的参考和指导意义。

信息化水平是衡量一个国家或地区社会信息化发展的程度，以及衡量一个国家或地区经济发展水平的重要标志。目前，虽然国内外许多学者提出了多种社会信息化水平的测度方法，但由于信息化是一种正处于发展中的社会现象，具有很强的时代性，至今还没有形成统一的标准化的测度体系。本书对中国工业行业信息化评价指标体系的研究，借鉴了国内外相关研究成果，根据当代信息化发展进程所表现出来的特征，引入新的指标，形成一套具有可操作性的指标体系。

我国工业行业信息化水平的测度是衡量和评估信息环境的重要手段。通过工业行业信息化的测度评价研究，完善反映信息化发展水平的指标体系，搜集相关数据，科学客观地测算并比较分析中国工业行业36个分行业和30个省域信息化的发展程度，为研究制订信息化经济和社会发展计划提供量化、科学的依据，提高政府推进信息化建设决策的科学性和准确性。

工业行业信息化与经济增长之间存在某些关系，一般来说发展会促进经济增长，同时，经济增长会促进工业信息化的发展。但是，这其中存在贡献差异。例如，因各省（自治区、直辖市）现有经济发展水平不同，沿海经济发达省（自治区、直辖市）与中西部经济相对落后省（自治区、直辖市）的工业行业信息化对经济增长的贡献可能存在不同的效果。因此，在我国工业行业信息化发展规划中应根据现有的水平及未来目标，评估对信息化建设的投资。

本书较为系统地考察中国工业行业36个分行业和30个省域工业行业的信息化水平及其变动趋势、信息化建设对工业行业经济增长的贡献率、投入产出的增长速度贡献、信息化建设的效率等，以期较为全面地认识中国工业行业信息化的含义和复杂的作用机理。同时，工业行业信息化建设效率指标的提出，多角度、多层面地揭示行业内部信息化复杂作用机理的分析方法，对其他行业信息化的研究工作有参考借鉴价值，对制定行业信息化相应政策措施有所裨益。

第二节　信息化建设与经济增长研究

一　国外信息化建设与经济增长的研究

国外的研究工作主要从以下两个方面展开。

(一) 信息化水平测度理论及指标体系的构建

信息化测度理论最早是由美国经济学家弗里茨·马克卢普 (F. Machlup) 在其 1962 年出版的《美国的知识生产和分配》中提出来的。他的这种测度,范围很广,无所不包,涉及知识产业的各个领域。

1. 马克卢普信息化测度理论

1962 年,美国经济学家弗里茨·马克卢普首次提出"知识产业" (knowledge industry) 的概念,并对美国的知识生产和分配情况进行了具体的定量测算。知识产业及其在教育产业、研究与开发产业、通信媒介产业、信息设备产业和信息服务产业五个层次上的组成是马克卢普信息经济理论的核心。

2. 信息化指数法 (也称 RITE 指数模型法)

1965 年,日本经济学家小松崎清介在马克卢普的基础上提出信息化指数法。该学说认为信息经济的发展主要靠两大信息部门的发展来构成。第一部门表示直接产生信息和知识并加以处理的部门;第二部门则表示"消费"信息的部门,即所有消耗信息服务的政府部门和非信息企业部门。马克·U. 波拉特 (M. U. Porat) 认为,并且也为以后的多项研究、包括针对我国的研究所证实,第二信息部门对信息经济的贡献起着重要的作用。信息化指数模型由 4 个二级指标和 11 个三级指标构成,包括信息量 (间接表示信息装备水平和信息服务业的发展)、信息装备率、通信主体水平 (人才结构和第三产业发展水平) 和信息系数 (消费者基本生活费用之外的投入) 等几方面。这种方法由于简单易操作,被包括我国在内的很多国家所广泛采用。

3. 波拉特法 (也称信息经济法)

1977 年,美国学者波拉特发表 9 卷本巨著《信息经济:定义和测量》(Information Economy:Definition and Measurement),创造了一套完整的信息经济测度方法,并成功地对美国信息经济的规模和结构进行了定量研究。

4. 韩国"信息化指数"评估体系

自 1995 年起,韩国电算院利用计算机、广播、因特网、电信四要素二层次评估体系开始对世界上 50 个国家 (地区) 的信息化程度进行评估和比较分析,并每年以"信息化指数"的方式公布其评估结果。

5. "信息社会指数" (ISI) 评估体系

自 1996 年开始,美国国际数据公司 (IDC) 每年都利用计算机基础设施、网络基础设施、通信基础设施、社会基础设施四要素二层次评估体系,对全球 55 个国家 (地区) 参与信息社会的能力进行综合评估,并以"信息社会指数"的形式公布评估结果。被评估的 55 个国家 (地区) 占全球人口总数的 96%、全球 GDP 的 96% 和信息技术投入总额的 99%。根据这些国家的 ISI,将参评国家的发展状况分为漫步型、小跑型、快跑型、速滑型四个发展等级,并从全球角度对信息化社会建设进行了分析,为处于不同发展阶段的国家提出了相关发展建议。

6. "网络化准备指数"(NRI)评估体系

2002年,哈佛大学国际发展中心与世界经济论坛合作,在基于各国信息与通信技术的应用现状和发展潜力基础上,利用网络应用指数和网络支撑因素指数二要素四层次评估体系,首次对世界上75个国家(地区)(占全球80%的人口和90%的产出)网络化准备情况进行了综合评估和对比分析,并于2002年2月4日发表了题为"全球信息技术报告2001—2002:准备进入网络世界"的研究报告。报告以"网络化准备指数"的形式公布了评估结果,为商业行动和政府政策制定提供参考。

7. 电子经济评估体系

2002年3月,应英国信息时代联盟的邀请,美国咨询顾问公司驻伦敦办事处与英国电子专员办公室和INSEAD商学院(欧洲工商管理学院)合作,制定了应用、影响、环境、准备度四要素四层次电子经济评估体系,对七国集团成员国(美、英、法、德、意、日、加)及澳大利亚和瑞典电子经济的发展情况进行了综合评估和对比分析,并于2002年11月在《国际电子经济对比:世界最有效的电子经济政策》报告中公布了评估结果。

8. 俄罗斯联邦各地区信息化建设评估指标体系

2002年9月,俄罗斯联邦政府利用信息通信技术、信息通信技术应用、业务环境、人力资源、政府支持五要素三层次评估体系,开始对全国89个联邦主体的信息化建设进行评估,由信息技术领域的龙头企业康萨基格商务控股公司具体负责承办。

9. "国家信息经济办公室指数"评估体系

澳大利亚国家信息经济办公室分别于2002年4月和2003年8月根据各信息经济的规模、发展状况和发展潜力的相关数据,利用由23个具体要素构成的评估体系分别对14个和12个国家进行综合评估和对比分析,并以澳大利亚"国家信息经济办公室指数"的形式公布了评估结果,为各国信息经济建设提供参考。

10. 其他一些有关信息化水平测度的研究

20世纪80年代中期,联合国教科文组织提出信息利用潜力指数法,并进行了一些实际测度研究。1982年,美国的克里夫特·厄斯运用3因子49个变量作相关分析模型分析了87个欠发达国家的信息活动与经济社会发展的相关性。Vijay和William(1994)从获得竞争优势出发提出了评价企业信息化的指标体系,包括7个因素共29项指标。1995年,国际电信联盟向以"信息社会"为主题的西方七国集团部长会议提出一套评价信息化发展现状的指标体系。1997年,加拿大工业部、统计局和文化部提出了新的信息技术和电信分类法。Ravi 等（1999）从保持竞争地位出发提出用 15 项二级指标对一级指标（竞争重点）进行细化评价企业信息化。Nagalingam 和 Lin（1999）从实现战略目标出发评价企业信息化，应用多目标综合评价方法，将每一战略目标细化为多项可操作的分目标，组成评价指标体系，采用专家系统进行评价。

（二）信息化建设对经济社会发展的影响研究

主要研究集中在信息化建设对国家、区域、企业经济增长的贡献及其差别等领域。鬼木甫认为，1975～1985 年，日本经济年增长率的 15% 是由新的信息技术带来的。Cooper 和 Michael（1983）认为，信息经济的增长速度是不一样的。Charles（1983）在讨论信息经济增长理论基础上，建立测度信息资源与经济生产率相互关系的计量模型，具体讨论了信息部门规模与经济生产率之间的相互关系。Weill（1992）分析了电子管制造业 IT 投资对绩效、销售增长等的影响。Dewan 和 Kraemer（2000）就生产函数中 IT 对 GDP 的影响问题，用 36 个国家 1985～1993 年的数据进行了关联度分析，发现发达国家和发展中国家 IT 投资结构有着明显的不同，讨论了 IT 投资在发达国家和发展中国家对经济增长贡献的差异。Stratopoulos 和 Dehning（2000）比较了运用 IT 成功的公司和运用 IT 不太成功的公司，证明 IT 运用成功的公司有好的财务业绩。Gust 和 Marquez（2004）通过对 13 个工业化国家 1992～1999 年的数据进行分析，发现信息技术对美国的经济增长起到了加速的作用，但对其他的工业化国家却没有同样大的作用。Peter 和 Irani（2004）对 126 个建筑机构做了调查分析，评估 IT 投资与利润、成本的关系。Shin（2006）分析了 1995～1997 年 3 年间制造业和服务业部门的全样本数据，结果发现，信息技术和战略方向对财务运行的作用十分明显，当企业战略方向趋同时，信息技术能促进不同企业的财务运行。Noh 和 Yoo（2008）对发展中国家和发达国家的 ICT 行业和经济增长做了比较研究。Seo 等（2009）通过假设两个不同经济体，对它们之间的经济发展差距建立了数理模型，引入了柯布-道格拉斯生产函数，把信息通信技术、劳动力、信息通信技术投资（ICT 投资）和非 ICT 投资作为解释变量，把 GDP 作为被解释变量，然后分析研究了 29 个国家在 1992～1999 年的 ICT 投资情况与经济发展情况。其指出：ICT 的投资促进了经济的发展，并且影响着国与国之间的经济发展差距；另外，非 ICT 投资对经济发展有着同样重要的作用。

信息化对行业层面影响的研究也有一些初步工作。Moody（1997）研究了 1980～1990 年食品存储业信息技术应用后的经济绩效，使用信息技术能进一步控制产品的流动，改变了集约劳动的检验过程。Gill 等（1997）用生产函数取对数对美国 58 个行业中共有的 11 个交叉领域 1983～1993 年的数据进行分析发现，弹性都是正的，并在 0 和 1 之间，弹性之和为 0.9，说明规模报酬递减；对 58 个行业的时间序列数据分析发现，2/3 行业与 IT 有关的弹性是非负的，有 10 个行业信息投入的边际效益很高；就主要行业来讲，IT 投资的利润是低的和不确定的；IT 劳动有类似的情况，2/3 行业弹性是非负的，有 5 个行业，IT 资本和 IT 劳动具有统计意义的正的弹性。

二 国内信息化建设与经济增长的研究

与世界发达国家相比，我国信息化建设起步较晚，20 世纪 80 年代中期才开始对信息化理论进行研究，国务院信息化工作领导小组于 1997 年提出国家信息化的定义。我国学者结合中国的具体情况，在充分吸收国外现有研究成果的基础上，提出了一些具有中国特色的信息化指标体系和测评方法，在信息化对中国经济社会发展的影响领域做了一些研究。

我国学者的工作主要从以下两个层面展开。

（一）信息化理论及测度指标体系的构建

一是，在国外研究工作的基础上，研究适合中国国情的信息化水平测度方法及指标体系。贺铿（1989）在波拉特理论的基础上，提出一种依据"全口径"投入产出表编制信息投入产出表的方法。靖继鹏和王欣（1993）充分吸收波拉特方法精髓，自行设计了一套新的信息产业综合测算方法，取名"综合信息产业力度法"，方法包括 6 大类，各大类又细分为若干小类，共计 252 项指标。贾怀京和谢奇志（1997）修改了信息化指数法中的指标体系，结合计量经济学的回归方法，分别对我国各地区的信息化水平进行测度。魏占武和王晓寰（2000）提出了现代信息技术比较法，把对现代信息技术最为敏感的产品的应用率，作为测算社会信息化水平的指标。秦玫芬（2000）对日本的信息化指标法加以改进，对广西信息化水平做出评估。曾昭磐（2001）提出一种基于"全口径"投入产出表（119 部门）编制信息投入产出表（36 部门）的矩阵方法，可以简化编表计算。陈昆玉（2001）引入权重到信息指数法中，强调测度方法的纵横比较。信息产业部（2001 年）发布《国家信息化指标构成方案》，对于科学评价国家及地区信息化水平，以及正确指导各地信息化发展具有重要意义。宋玲（2001）出版《信息化水平测度的理论与方法》，主要对国民经济信息化水平测度理论及方法进行了分析。马崇明（2002）直接用柯布-道格拉斯函数求解索洛生产函数余值代替信息化水平。修文群（2002）从发展状况、质量、能力建设三个方面考虑建立区域信息化指标体系，有关指标分别为发展指数（DI）、质量指数（QI）、能力指数（CI），这三个指数构成区域信息化综合指数（RISI）=F

（DI，QI，CI）。对发展指数、质量指数、能力指数的测算，采用改进三标度层次分析法（IAHP），综合考虑专家意见，设置权重，并对数据进行无量纲化处理，最后加权得出各种指数。这种方法包括 3 大类，后细分为若干小类，共计138 项指标。国家信息化测评中心 2004 年推出了第一个中国企业信息化指标体系，该指标体系第一次将"建设有效益的信息化"的要求以评价指标的形式落到实处，第一次提出从效能角度评估企业信息化水平，建立企业信息化标杆库，构成可以反映统计规律性的基本数据库，并以此为重要刻度之一，准确评价企业信息化水平及效益水平。杜栋和周娟（2005）将企业信息化体系分为技术信息化、管理信息化和人员信息化三个一级指标，分别包含两个二级指标和若干个三级指标。饶卫振（2006）在应用当前已有的企业信息化水平测度理论的基础之上，提出了"行业信息化水平测度理论和方法"，包含了指标体系的设计、指标合成方法、权重取得方法、实证应用分析，包括企业信息化测度指标体系和行业信息化环境指标体系。何伟（2006）考虑产业内提供信息的能力和产业内对相关信息的需求水平两个方面构建了中国工业行业信息化指标体系，并分别测算了 1995～2003 年我国 36 个工业分行业的信息化发展水平。吴宪忠等（2007）构建了制造企业信息化的评价指标体系，并用回归法、德尔菲法等数学统计方法对该评价指标体系进行了测度，具体包括数据的标准化处理、权重的确定和指标分值的计算。

二是，相关数学模型的构建。朱幼平（1996）根据保罗·罗默提出的新经济增长理论和柯布-道格拉斯生产函数的变形形式认为，在现代社会中，除资本和劳动外，决定经济增长的第三个因素是信息要素（包括科技进步），而不是单纯的科技进步，并对 1980～1992 年中国实际 GDP 与信息、资本和劳动要素用CD 函数进行回归分析，得出信息要素对国民经济增长的贡献最高（系数为0.841 59），其次为劳动要素（系数为 0.697 83），最后是资本要素（系数为0.255 56）。郭东强和王志江（2000）在产出增长型生产函数的基础上，提出了测算企业信息化投入对企业产出增长贡献的数学模型，为定量评价企业信息化建设作用提供了理论依据。王志江和郭东强（2001）用数据包络分析方法，讨论了企业信息化建设投入产出的相对有效性问题，并且对非 DEA 有效性的决策单元在投入产出方面进行了调整，使之达到相对有效。马生全等（2003）基于索洛余值理论思想，结合西北少数民族地区实际，从理论上给出了西北少数民族地区信息化建设投入对经济增长作用的数学模型。苏君华和孙建军（2005）根据国家信息化指标体系以及信息化的六要素制定了信息化评价指标，并对全国各省（自治区、直辖市）信息化建设进行测度，分析其发展水平。张恒毅（2009）构建了信息化推动经济发展的机制结构模型，深入探究信息化推动经济发展的作用机理，并对天津信息化发展状况进行了实证分析，提出以信息化推动天津经济发展的思路和措施。姜涛（2010）运用面板单位根和面板格兰杰因果关系模型研究中国信息化和经济增长的关系，发现中国总体存在信息化与经济增长的双向因果关系，东中西部不同地区的因果关系特点不同。徐瑾（2010）运用面板数据的变截距、变系数模型，从总指数和分类指数两方面分析了地区信息化对地区经济增长的影响。李建忠和俞立平（2011）根据我国 31 个省（自治区、直辖市）的截面数据，采用联立方程模型测度了我国信息化与经济发展规模之间的关系，结果表明，资本的产出弹性最大，信息化弹性次之，劳动力弹性最小；经济增长、职工工资、教育投入对信息化具有较大的贡献；我国的经济增长是规模报酬递增的经济增长。

（二）信息化建设对经济增长贡献的实证研究

一是，从国民经济与区域经济的角度，主要采用波拉特的理论或日本学者的模型测度国家或区域信息化水平，编制投入产出表研究国家或区域信息化的投入产出关系，采用柯布-道格拉斯生产函数研究信息化指数与经济增长的关系等。例如，邓兆参等（1994）运用信息化指数法对广州市 1985～1991 年的信息化指数进行了测算。除久龄（1996）运用波拉特法和社会信息化指数法对天津社会信息化水平进行了测度。贾怀京和谢奇志（1997）运用社会信息化指数模型对我国 1994 年的社会信息化水平进行了测定，并运用回归的方法测度了信息化指数与经济发展的关系。邢志强（1998）对河北省社会信息化指数做了测定分析，并与其他地区和国家进行比较。郑伟平（2001）对区域经济信息化程度进行了比较分析。胡晓鹏（2003）比较了信息化发展水平的空间差异状况，并对地区信息化发展水平进行了分类，揭示了反映信息化发展水平各指标差异程度的规律性关系。姜元章和张岐山（2004）应用灰关联度分析方法构建了区域经济信息化程度评价的灰色模型，给出了计算的方法和步骤。李美洲和韩兆洲（2007）利用信息化水平发展指数实证测算了广东省 1990～2003 年信息化发展水平，进一步分析了广东省信息化发展水平的特点。刘劲松（2009）通过区域信息化测度指数及要素的定量分析，比较了黑龙江省与全国各省（自治区、直辖市）信息化水平和经济发展的差距。

二是，从信息化水平与经济增长关系的角度。贾怀京和谢奇志（1997）运用社会信息化指数模型对我国 1994 年的社会信息化水平进行了测定，并运用回归的方法测度了信息化指数与经济发展的关系。袁正（2003）对我国信息化水平进行实证研究，得出我国的信息化发展水平与经济发展水平呈明显正相关。常永华（2003）利用灰关联分析方法，分析了信息化与西部经济发展的关系，指出西部地区经济落后的主要原因是信息化水平落后。张成科（2003）对东莞市信息化与经济增长做了定量分析。王梅英和王玮（2004）以信息化与经济指标资料为基础，运用加权回归、因子分析和聚类分析等方法，讨论了全国 31 个省（自治区、直辖市）信息化水平及其与经济发展关系，给出地区综合发展水平的排行榜。彭惠君和何有世（2005）在理论上分析了信息化对国民经济发展的贡献，通过对柯布-道格拉斯函数的扩充，建立了包含劳动力、资本和信息三大要素的模型，并以该模型对镇江的国民经济信息化进行研究和探讨。滕丽等（2006）从信息化设施和信息产业两方面对中国各省（自治区、直辖市）的信息化水平进行了定量估算和综合评价，运用相应的经济增长核算模型，分单区域和两区域研究信息化设施溢出对经济增长的贡献。游菲（2007）根据广西信息化发展的实际情况和统计数据，建立了一套测算广西信息化水平指数模型，测算出 1995～2005 年广西信息化水平指数。同时，运用带动度系数模型，计算出 2002 年广西 42 个经济部门对国民经济发展的带动度和带动度系数，从中重点分析了信息产业对广西国民经济发展的带动作用。王君萍和毛毅（2009）以陕西省为例，运用最小二乘法对经济增长和信息化进行回归分析，结果发现信息化水平与陕西省经济发展有较强的相关性。李斌和刘琳（2009）运用修正的柯布-道格拉斯生产函数和岭回归研究了湖南省信息化对经济增长的贡献，同样得出信息化贡献较大的结论。陈晓华（2010）利用修正的柯布-道格拉斯生产函数，计算 1995～2007 年信息化对广西和广东经济增长的贡献率，以验证和解释信息化对经济增长促进作用的地区差异。查志刚（2010）选取河北省 11 个地市的经济增长指数和信息化指数为指标，采用最新的统计数据对两者进行相关分析。结果表明，11 个地市的经济增长与信息化发展呈现出极强的区域不平衡性，而经济增长与信息化发展水平则呈现出极强的相关性。李立志（2010）基于信息化指数法，依据 1999～2009 年的河南省统计年鉴数据，首先测度了河南省的信息化发展水平，在此基础上通过修正的柯布-道格拉斯生产函数，构建并导出了河南省国民经济增长模型，依此模型量化分析了信息化对中原经济崛起和可持续发展的贡献作用。马明远等（2011）在对顺义区信息指数进行测算的基础上，利用改良的函数模型定量分析了信息化建设对区域经济增长的贡献和影响，研究表明信息化建设对地区经济增长具有显著的推动作用，能有效促进经济的增长。卜茂亮和展晶达（2011）使用了我国 1995～2007 年的省级数据，采用误差修正模型、脉冲响应等方法，实证研究了信息化在地区经济增长中的作用，并讨论其对于地区经济差距的贡献。分析表明：在发达的东部地区，信息化对于经济增长具有显著的推动作用；然而在欠发达地区，推动作用尚不明显。

三是，从产业经济的角度，研究三次产业的信息化水平，信息化对三次产业经济增长的带动作用，以及信息化与就业结构等。胡芒谷（1997）从信息经济规模和社会信息化水平的角度提出评价我国信息产业发展水平的评价方法和指标体系，并对北京市和天津市 1990 年信息产业发展水平进行了测度和比较。

苗建军（1999）讨论了社会信息化的就业结构解析，定性分析了社会信息化影响就业结构。陶长琪（2000）认为，信息产业包括信息工业、信息服务业和信息开发业，依其各产业产值比例大小的变化情况可了解信息产业结构的演化趋势；至于信息产业组织的演进特征，则可通过市场结构、市场行为及市场绩效的分析加以掌握。陶长琪（2001）定量计算了信息技术与设备制造业、信息服务业与传统产业的关联程度，对信息产业与传统产业的经济增长进行了定量分析比较。尹海洁（2002）认为，体制转变和信息化的作用造成我国农业的跨越式发展，这将使农村释放出大量的剩余劳动力，信息化使第二产业不再成为劳动力密集的产业，第三产业吸纳劳动力的能力也越来越低。汪斌和余冬筠（2004）依据信息化综合指数模型测算了我国近十几年来的信息化发展水平，在此基础上估计了信息化对我国国民经济的带动度和对三大产业的差别影响，发现信息化对工业增长的贡献最大。邵宇开等（2007）采用格兰杰因果关系检验研究发现，在信息化与经济发展的互动关系中，信息化为"因"，经济发展为"果"。俞立平等（2009）运用脉冲响应函数和格兰杰因果检验研究了工业化与信息化的关系，认为信息化对工业化的发展有促进作用，工业化对信息化的影响则更为深远。卢丽娜等（2010）以波拉特法和日本信息化指数法为基础，参照国家信息化六要素构建农业信息化指标体系，采用德尔菲法和层次分析法确定各项指标的权重，对我国农业信息化水平进行实际测度。王晰巍等（2010）从信息化与工业化融合内涵的角度入手，揭示两者发展的 5 级成熟度模型。在此基础上，构建信息化与工业化融合的关键要素系统模型，从动力、政策和支撑三个方面分析"两化"融合的关键要素，运用定量统计方法进行问卷调查，并结合调研结果进行数据统计。谢康等（2012）构建完全竞争和不完全竞争条件下的工业化与信息化融合模型，将随机前沿分析方法应用于工业化与信息化融合研究，以 2000～2009 年中国 31 个省（自治区、直辖市）面板数据探讨中国工业化与信息化融合质量。

四是，对特定行业（主要是机械行业）的信息化水平进行了研究。陈向东和傅兰生（1999）探讨了产业信息化水平的测度方法和原则体系，并应用该测度指标体系，运用主成分分析方法对我国典型传统行业——机械工业所属 10 个分行业进行了产业信息化水平的实证分析、测量和比较。张大勇等（2003）也运用主成分分析方法对机械工业所属 6 个分行业的产业信息化水平进行了实证分析。王君和杜伟（2003）采用层次分析法对机械工业所属 6 个分行业的产业信息化水平进行了测度。周衍鲁（2006）利用 AHP 法确定信息化条件下制造业发展各影响因素权重，其主要步骤是：建立层次指标体系；构造判断矩阵并计算单一准则下的相对权重；计算各层因素的合成权重。饶卫振（2006）提出了"行业信息化水平测度理论和方法"，包含指标体系的设计、指标合成方法、权重取得方法、实证应用分析，包括企业信息化测度指标体系和行业信息化环境指标体系，并以某省九大行业信息化调查问卷表为数据分析基础，对某省九大行业进行了测度分析。何伟（2006）建立了测度中国工业行业信息化水平的指标体系，运用主成分分析法和算数平均法分别测度中国工业行业 36 个分行业1995～2003 年的信息化水平，并测度了工业行业 36 个分行业对经济增长的贡献差异和对产出增长速度的贡献。同时，建立测度工业行业信息化效率的指标，并用此指标测度中国工业行业 36 个分行业信息化的效率。

五是，对企业信息化水平及其带来的效益进行研究。李朝明（2001）在分析企业信息化建设项目经济效益的基础上，研究了直接经济效益评价的投资回收期法和净现值法等技术经济评价方法，探讨了间接经济效益的评价方法以及利用灰色系统理论研究综合经济效益评价的可行性。陈畴镛等（2003）对浙江企业信息化现状进行了实证研究。张志敏和张庆昌（2003）认为，企业信息化必然要投入信息资源，结果会引起组织资源配置的变化和重新组合，应设立信息资源会计，以货币价值形式计量、分析、评价这一过程。中国社会科学院信息化研究中心 2004 年公布了《中国企业信息化发展状况调查报告》，其中，"中国企业信息化建设投资和收益情况"是调查内容之一，数据来自企业自己填写的满意度等定性指标。张勇刚（2006）将企业信息化发展测度体系分为企业信息化发展指数、企业信息化质量指数和企业信息化能力指数 3 个一级指标，依次包含 4 个、4 个、2 个二级指标，以及 43 个三级指标。周华（2009）在柯布-道格拉斯生产函数基础上，构建基于信息化投入的生产函数模型，以 2004～2006 年 54 家福建省电子电气制造企业信息化数据为样本，运用面板数据分析的方法来测算信息化对产出的贡献系数。高巍和毕克新（2011）基于企业信息化理论，构建了信息化水平对制造业企业工艺创新能力作用的理论模型，并以黑龙江省 108 家制造业企业为样本，运用结构方程模型进行实证研究。结果表明：企业信息化基础建设水平、产品研发信息化水平、生产制造信息化水平、经营管理信息化水平、企业商务信息化水平和企业人员信息化水平对制造业企业工艺创新能力形成有显著的正向影响。

三 研究现状评析

国际上对信息化水平进行测度和分析的方法虽然有几十种，但比较通用的是波拉特方法和社会信息化指数模型。波拉特方法与信息化指数模型代表了信息化测度的两种流派，它们具有各自的优点和不足。最主要的是，波拉特方法是一种宏观测度方法，对于一个国家和社会的信息化是合适的，但对某一行业或企业的测度就力不从心了。信息化指数法忽视了许多在波拉特方法中很关键的知识产生部门和信息产生部门的作用，信息化指数法采用算术平均的方法，掩盖了某些实质性的差别，随着时代的发展，指标已严重过时，难以反映信息化发展趋势和最新成果，同时，一些重要指标又未能予以充分考虑，如信息技术推广应用等。在信息化对经济社会发展的影响研究方面，现有研究主要集中在信息化对国民经济的影响、国家与国家之间信息化水平的差距及信息化贡献率的差距、企业信息化及效益等领域，而对行业信息化水平的测度、信息化对行业的贡献及对行业内部作用机理等方面的研究则很少。这一方面是由于相关指标和数据的缺乏，另一方面也是由于对行业领域应用信息技术的特点缺乏系统性的分析和探讨。

国内现有研究主要集中在国家、地区性信息化水平的分析和比较，而对产业领域的信息化水平，或针对信息技术应用于产业领域的效果的研究和分析少，特别是缺少对行业信息化建设效益进行定量分析的文章，于是往往使研究结果对相关政策的参考作用下降。具体来讲：一是，我国现有的对信息化的研究过分宏观或过分微观。例如，研究主要集中在区域信息化与区域经济、三次产业的信息化水平及其影响、企业信息化水平的测度等。缺乏行业层面的研究，仅有研究涉及机械工业所属分行业信息化水平的测度问题，但对其他行业，特别是对工业行业各分行业的信息化水平及其对经济增长的贡献等领域缺少研究。二是，在区域和企业层面，现有研究虽分析了信息化与经济增长的关系，但并未涉及信息化的效率问题，虽然投入产出法能反映信息化建设的效率，但计算繁杂，费时费力且会出错，一般用在国家或区域间的分析，对行业或企业信息化投入产出进行定量评估很困难。三是，未突出信息产生和信息需求两大因素的相对发展状况。以往的研究倾向于将信息的生产、加工能力与"消费"信息的能力综合为一，列于所谓信息资源或信息生产资料之下。但实际上，信息经济的发展往往与这两类因素的相互作用有很大的关系，有目的地促进两类因素的协调发展，是信息经济发展的重要环节。比如，产生信息的能力实际上受制于需求信息能力的发展，这其实就是我国某些产业应用信息技术不利的原因之一。四是，测定机械行业信息化水平的指标体系不科学，指标与指标之间的相关度较大。五是，在用计量模型进行分析时，没有考虑多重共线性的影响。资本、劳动之间是存在多重共线性的，特别是信息化测度指标体系中一般都包含有资本和劳动的因素，信息化水平与资本、劳动之间的多重共线性更不能忽视。

从信息化与工业化融合的研究现状看，研究内容主要集中在信息化与工业化融合的基本概念、关系、必要性，以及融合的模式、方向、途径等相关问题，其中对工业化与信息化的含义以及两者之间的相互关系进行了很多研究，提出许多富有建设性意义的对策建议。但也应当看到，目前国内学术界对工业化与信息化融合的关系、含义、内容的理解还存在一定的差别，且往往是工信部门的专家视点。对推动中国信息化与工业化融合的推进机制、关键路径、影响因素、指标设计及对产业转型的影响机理等问题还缺乏深入、系统的研究。中国工业化与信息化的融合是一个复杂的系统性工程，同时又处于"四化"的大背景下，要迅速而有效地推进中国各个层面信息化与工业化的融合，以上问题将成为未来研究的重点。

第三节　研究内容及方法

一　研究内容

(一) 中国工业行业的信息化水平

中国工业行业信息化水平的测度指标体系：包含信息提供能力和信息需求能力 2 个目标层、5 个准则层和 11 项指标层。

中国工业行业信息化水平的测度：选取中国工业行业 36 个分行业和 30 个省域工业行业作为研究对象，分别用主成分分析法和算数平均法测度 1998～2010 年的信息化水平。

中国工业行业信息化水平的差异：分析中国工业行业 36 个分行业信息化水平的差异、变化趋势、差异变动及供需能力组合图；分析中国 30 个省域工业行业信息化水平的差异、分类、变化趋势及供需能力组合图。

(二) 中国工业行业信息化建设对经济增长的贡献

信息化建设对经济增长贡献率的测度模型：在投入和产出函数基础上，把柯布-道格拉斯生产函数中的技术进步因子分解成信息化因子和一个常数。

中国工业行业信息化建设对经济增长贡献的时间序列和横截面分析：在考虑信息化因素的柯布-道格拉斯生产函数中，对收集的中国工业行业 36 个分行业和 30 个省域工业行业的时间序列和横截面数据，分别用柯布-道格拉斯生产函数取对数，岭回归分析求得资本、劳动、信息的产出弹性，并与一般多重线性回归进行比较。

中国工业行业信息化建设对经济增长的贡献差异：分析中国工业行业信息化建设对经济增长的贡献率与资本、劳动力投入对经济增长的贡献率差异；分析省域工业行业信息化水平与经济增长的关联性、信息化水平与贡献率的四种组合。

(三) 中国工业行业信息化建设对产出增长速度的贡献

信息化建设对产出增长速度的贡献模型：产出增长速度的贡献主要由资本、劳动、信息化和技术进步四个部分的变动组成。

中国工业行业信息化建设对产出增长速度的贡献率测度：对中国工业行业36个分行业和30个省域工业行业的时间序列数据计算信息化建设对产出增长速度的贡献率。

中国工业行业信息化建设对产出增长速度的贡献差异：分析工业行业信息化建设行业和省域间分别存在的差异，分析信息化建设对省域工业行业产出增长速度贡献的几种不同类型。

(四) 中国工业行业信息化建设的效率

信息化建设的效率指标：反映单位信息化水平变动带来多大单位的经济增长。

中国工业行业信息化建设的效率测度：测度中国工业行业36个分行业和30个省域工业行业在1998~2010年的信息化建设效率。

中国工业行业信息化建设的效率差异：分析中国工业行业36个分行业信息化效率的差异，并分析其变化趋势；分析中国30个省域工业行业信息化效率的差异，分析信息化水平与效率的四种组合，并对变化趋势并进行归类。

(五) 影响中国工业行业信息化水平和效益的因素

中国工业行业信息化建设的动因：研究产业结构优化与经济增长、技术进步与产业结构优化，以及信息化与产业结构优化等动因。

影响中国工业行业信息化水平的因素：研究产业信息化的驱动因素、信息化对产业结构的作用方式等的影响。

影响中国工业行业信息化效益的因素：研究产业信息化和信息产业化对产业结构的作用影响，研究传统工业变革带来的直接影响。

影响中国工业行业两化融合的因素：研究两化融合技术整合、信息人力资源水平、企业主体、融合性政策体制等制约因素。

(六) 提高中国工业行业信息化水平和效益的措施

从推进体制机制创新、优化产业结构、推动两化深度融合和加大人才队伍建设四个方面进行分析，提出促进我国工业行业信息化水平和效益的措施。

二 研究方法

(一) 原始数据的获取

原始数据主要来自《中国统计年鉴》(1999~2011)《中国科技统计年鉴》(1999~2011) 和《中国工业经济统计年鉴》(1999~2011)。

(二) 中国工业行业信息化水平的测定

一般地说,行业信息化水平可以用行业内提供信息的能力和行业内对相关信息的需求水平两个方面的指标来综合表现,建立测度中国工业行业信息化水平的指标体系。运用主成分分析法和算数平均法测度中国工业行业 36 个分行业和 30 个分省域的信息化水平,并排序;以"信息供给能力指标"与"信息需求能力指标"为坐标轴,分析各个样本行业信息化水平的结构差距;用"变异系数"测度中国工业行业信息化水平差异的变动情况。

(三) 中国工业行业信息化建设对经济增长贡献率的测定

考虑信息化因素后的产出增长型生产函数:
$$Y = Af(K, L, I) \tag{1-1}$$
其中,Y 为行业增加值,A 为技术进步水平,K 为资本投入量,L 为劳动投入量,I 为信息化水平。把式 (1-1) 写成考虑信息化因素后的柯布-道格拉斯生产函数为
$$Y = AK^{\alpha}L^{\beta}I^{\gamma} \tag{1-2}$$
其中,α、β、γ 分别为资本、劳动、信息的产出弹性,A 为除去信息化水平以外的其他技术进步因素。

式 (1-2) 取对数,得
$$\ln Y = A_0 + \alpha\ln K + \beta\ln L + \gamma\ln I \tag{1-3}$$
回归分析可估计得 γ。γ 是信息化水平变动的产出弹性,表示信息化对 Y 的贡献率。

测定中国工业行业信息化的贡献率,并排序。

(四) 中国工业行业信息化建设对产出增长速度贡献率的测定

对式 (1-3) 求导数,并转换为离散型,取 $\Delta t = 1$,得
$$\frac{\Delta Y}{Y} = \frac{\Delta A}{A} + \alpha\frac{\Delta K}{K} + \beta\frac{\Delta L}{L} + \gamma\frac{\Delta I}{I}$$
令:$y = \frac{\Delta Y}{Y}$,$a = \frac{\Delta A}{A}$,$k = \frac{\Delta K}{K}$,$l = \frac{\Delta L}{L}$,$i = \frac{\Delta I}{I}$,
则 $y = a + \alpha k + \beta l + \gamma i$。

由此可得信息化水平变动对产出增长速度的贡献（EI）为

$$EI = \frac{\gamma i}{y} \tag{1-4}$$

（五）中国工业行业信息化建设效率的测定

因为 $\alpha + \beta + \gamma$ 可能不等于 1，用 $\dfrac{\gamma}{\alpha + \beta + \gamma}$ 比单纯用 γ 更能体现信息化的贡献，用 $\dfrac{\gamma}{\alpha + \beta + \gamma} Y$ 作为分离出来的信息化带来行业总产值变化的部分更合理、更科学。衡量工业行业信息化效率的指标（θ）为

$$\theta = \frac{\dfrac{\gamma}{\alpha + \beta + \gamma} Y}{I} \tag{1-5}$$

三 行业及地区代码

研究对象为中国工业行业各分行业（约 40 个，不同年份统计年鉴中略有差异）和各分省域（34 个，因数据收集及统计口径问题只取其中 30 个）。为了保证研究结果的可比性及回归分析的需要，要求所分析的行业及数据的可比性，所以只研究主要的 36 个分行业和 30 个省域工业行业，并按《中国统计年鉴》中的顺序设置行业和地区代码。如表 1-1 所示，对木材及竹材采运业、其他矿采选业、其他制造业、武器弹药制造业这 4 个行业不作研究；如表 1-2 所示，对我国西藏、台湾、香港、澳门不作研究。

表 1-1　设定的行业代码

代码	行业	代码	行业
H_1	煤炭开采和洗选业	H_{12}	皮革、毛皮、羽毛（绒）及其制品业
H_2	石油和天然气开采业	H_{13}	木材加工及木、竹、藤、棕、草制品业
H_3	黑色金属矿采选业	H_{14}	家具制造业
H_4	有色金属矿采选业	H_{15}	造纸及纸制品业
H_5	非金属矿采选业	H_{16}	印刷业和记录媒介的复制
H_6	农副食品加工业	H_{17}	文教体育用品制造业
H_7	食品制造业	H_{18}	石油加工、炼焦及核燃料加工业
H_8	饮料制造业	H_{19}	化学原料及化学制品制造业
H_9	烟草制品业	H_{20}	医药制造业
H_{10}	纺织业	H_{21}	化学纤维制造业
H_{11}	纺织服装、鞋、帽制造业	H_{22}	橡胶制品业

代码	行业	代码	行业
H_{23}	塑料制品业	H_{30}	交通运输设备制造业
H_{24}	非金属矿物制品业	H_{31}	电气机械及器材制造业
H_{25}	黑色金属冶炼及压延加工业	H_{32}	通信设备、计算机及其他电子设备制造业
H_{26}	有色金属冶炼及压延加工业	H_{33}	仪器仪表及文化、办公用机械制造业
H_{27}	金属制品业	H_{34}	电力、热力的生产和供应业
H_{28}	通用设备制造业	H_{35}	燃气生产和供应业
H_{29}	专用设备制造业	H_{36}	水的生产和供应业

表 1-2　设定的地区代码

代码	地区	代码	地区	代码	地区
S_1	北京	S_{11}	浙江	S_{21}	海南
S_2	天津	S_{12}	安徽	S_{22}	重庆
S_3	河北	S_{13}	福建	S_{23}	四川
S_4	山西	S_{14}	江西	S_{24}	贵州
S_5	内蒙古	S_{15}	山东	S_{25}	云南
S_6	辽宁	S_{16}	河南	S_{26}	陕西
S_7	吉林	S_{17}	湖北	S_{27}	甘肃
S_8	黑龙江	S_{18}	湖南	S_{28}	青海
S_9	上海	S_{19}	广东	S_{29}	宁夏
S_{10}	江苏	S_{20}	广西	S_{30}	新疆

第二章

中国工业行业信息化的建设与发展

第一节　中国工业行业的发展阶段

一　工业化及新型工业化的内涵

(一) 工业化的含义

"工业化"一词大约产生于 20 世纪 20 年代。在英文中，"industrialization"是一个表示动态的名词，可译为"工业化"或"产业化"。在中国，目前比较认同的做法是将其译成"工业化"，即含有工业发展过程之意（龚唯平，1998）。

工业化是一个国家提高物质生活水平的必要手段之一，是发展中国家实现城市经济增长和社会经济转型的重要途径。从经济学的角度讲，作为经济发展过程的一个历史阶段，工业化不仅表现为一个国家由落后的农业国变成先进的工业国的过程，而且还包含着经济增长量的扩张和结构变动所带来的生产力进步和经济发展的质的变化（戴旭，1994）。

尽管学者们对工业化概念的具体表达方式不一，内容存有差异。但是，工业化其实就是一种经济结构演变过程，这是多数学者在工业化含义问题上达成的一种共识。综合来说，工业化是一个农业收入在国民收入中比重和农业人口在总人口中的比重逐渐下降，而以工业为中心的非农业部门所占比重逐渐上升的经济结构变化过程。这一过程包括以下六个方面的内容：一是工业化表现为工业经济的持续增长或工业在国民收入和劳动人口中的份额持续上升。二是工业化表现为工业结构的高级化，工业创新的不断涌现和主导工业（即推进型工业）的依次交替。三是工业化意味着国民经济技术和制度的现代化及人们活动的城镇化。四是工业化作为一个过程具有明显的阶段性。五是工业化的持续增长和工业结构高级化是推进工业化的两个必要条件。六是工业化的目的在于实现人的现代化（苗长虹，1997）。从经济发展的层面认识工业化，可以揭示工业化的四大特征：第一，工业化是经济增长的持续的动态变化过程；第二，工业化是经济结构变革的过程；第三，工业化是经济制度和经济体制的变革过程；第四，工业化也是社会生产力及劳动者素质不断提高的过程。

（二）新型工业化的内涵

工业化是人类社会经济发展不可逾越的一个过程，是实现现代化的基本前提和重要条件。针对我国的基本国情和工业化发展的现状，党的十八大提出了我国经济"走中国特色新型工业化、信息化、城镇化、农业现代化道路"战略构想，新型工业化道路是相对于传统工业化及多数发达国家走过的和我国在新中国成立后很长一段时间所走的传统工业化道路而言的，即"坚持以信息化带动工业化，以工业化促进信息化，走出一条科技含量高、经济效益好、资源消耗低、环境污染少、人力资源优势得到充分发挥的新型工业化路子"。这一观点的提出，为我国在 21 世纪头 20 年基本实现工业化指明了方向，具有深远的历史意义和重大的现实意义。

新型工业化是基于我国经济发展遇到来自就业、资源和环境等方面的压力，同时也面临信息技术带来的产业革命等新的历史性机遇等多方面因素进行全面综合分析的基础上所得出的结论，是科学发展观的体现。

以信息化带动工业化，就是要求在人类社会进入信息时代的新时期，必须高度重视信息化对工业化的带动作用，大力建设信息基础设施、提高信息技术的研究和开发力度，积极发展信息产业，通过信息技术的发展带动工业化发展。以工业化促进信息化，就是要求在社会生产和社会生活各个方面广泛应用现代信息技术，不断开发利用信息资源，为信息化发展提供物质基础和应用需求，使信息化通过工业化不断深化和发展。信息化是中国新型工业化的牵引力和加速器，这一特点表明了中国新型工业化的起点高、步伐大、速度快。从总体上说，中国新型工业化也仍然遵循工业化进程的一般规律，但又不能走西方发达国家那种先工业化后信息化的路子，而必须坚持以信息化带动工业化，以工业化促进信息化的同时并举的新路子，因而从局部上说，有的区域和部门又完全可以实现跨越式发展，这是由中国国情和所处的历史条件所决定的一大特点。信息化与工业化是相辅相成、相互转化和相互促进的关系。一方面，信息化对工业化产生巨大的带动和加速作用：它降低了工业管理成本、改变了企业管理方式，使传统工业面貌一新和新兴工业起点增高；它加速了资源在最大范围内的合理流动和配置，减少了资源的交易成本，使资源得到最优化组合；它改变了产业结构，给产业结构带来深刻变化，导致一批高新产业群的兴起；它通过信息资源和信息技术在工业、农业、服务业等社会生产和生活各个领域中的充分利用而全方位地加速工业现代化的进程。另一方面，工业化又以其雄厚的物质基础、资本实力和生产条件而加速信息化的发展，可以说，没有工业化的同时发展，信息化不可能单独得到快速的发展。可见，新型工业化道路就是要使信息化与工业化融为一体，以加快我国工业现代化的进程。

科技含量高，就是要加快科技进步，大力推广先进科技成果的转化与应用，提高企业技术装备的科技含量和产品的附加值。科学技术现代化是新型工业化的关键。知识经济时代的重要特点是知识化，知识化对经济发展的意义非常重大，在一切产品和服务的价值中，知识附加值的比重会越来越高，而创新则是知识化的关键。

经济效益好，就是要企业在生产经营活动中遵循市场经济规律，适应市场变化，优化资源配置，降低生产成本，提高企业竞争能力和盈利能力。资源消耗低，就是要大力提高能源、原材料利用效率，降低资源消耗。环境污染少，就是要广泛发展绿色产业、环保产业、加强环境与生态保护，谋求可持续发展能力。

人力资源优势得到充分发挥，就是要利用我国劳动力成本低廉的条件，提高劳动者素质，扩大就业，增强经济竞争力，把教育现代化放在现代化的优先地位。伴随着信息网络化而来的信息社会，必须充分应用现代信息技术，通过各种渠道普及教育、提高教学水平，从而提高全体劳动者的素质。

新型工业化道路的本质，是从我国国情出发，既遵循世界发达国家特别是发展中国家工业化的一般规律和发展趋势，又正确处理好我国工业化过程中遇到的特殊矛盾，克服传统工业化道路的种种弊端，借鉴世界发达国家的经验教训，走出一条具有中国特色的新型工业化道路。

其中，信息化带动工业化是实现新型工业化的核心，又是我国实现第三个现代化战略目标的必经之路。如果说传统工业化依靠的技术平台是蒸汽机和电力的发明和应用，那么新型工业化道路则是以信息化为新的技术平台。世界多数发达国家都是在完成工业化任务后才推进信息化的，而我国在被卷入第三次工业化浪潮的同时，基本上也被卷入了信息化的浪潮，工业化与信息化的发展几乎是同步的，这为我们以信息化带动工业化、以工业化促进信息化提供了极好的机遇。

因此，有必要对我国的信息化水平进行测算并探讨工业化和信息化之间的内在关系，为我国以后的工业化及信息化的发展指明方向（麻冰冰，2005）。

二 中国工业化发展的阶段

一个国家的国民经济结构从以农业为主转化为以工业为主的经济发展过程，即农业国向工业国转化的过程，这一过程的数量表现就是工业化过程。当前中国的工业化进程究竟走到哪一步，迫切需要做出科学的判断。一般而言，国民收入水平、霍夫曼系数、产值结构及就业结构等是衡量工业化水平的重要指标。

(一) 钱纳里多国模型

人均收入水平是衡量工业化水平的一个常用指标。从产出的角度理解，人均收入水平就是一国生产率水平的反映，一个国家或地区按人口平均的产出水平，是其生存和发展的基础，也是实现工业化的前提条件。著名经济学家 H. 钱纳里等对工业化程度的实证研究表明：人均 GDP 水平与工业化程度成正比，人均 GDP 水平越高，工业化程度越高。按照钱纳里的分析，现代经济发展分为三个大的阶段，即准工业化阶段、工业化的实现阶段（包括工业化初级、中级和高级阶段）和后工业化阶段。表 2-1 反映了对应于不同阶段的数量特征。根据美国的 GDP 缩减指数计算，1970 年美元比 2010 年美元为 1：5.060 133。按此换算，可得出三个阶段的人均 GDP 水平。

表 2-1 钱纳里模型：人均 GDP 与经济发展阶段关系 （单位：美元）

阶段	1970 年人均 GDP	发展阶段	换算后 2010 年人均 GDP
1	120～280	初级产品生产阶段	607～1 417
2	280～560	工业初级化阶段	1 417～2 834
3	560～1 120	工业中级化阶段	2 834～5 667
4	1 120～2 100	工业高级化阶段	5 667～10 626
5	2 100～3 300	发达经济初级阶段	10 626～16 698
6	3 300～5 040	发达经济高级阶段	16 698～25 503

注：分别根据 1997 年、1998 年、2002 年和 2010 年的《国际统计年鉴》中的美国的 GDP 缩减指数，对此进行换算得出的

2010 年，我国人均 GDP 按当年汇率换算为 4430 美元（表 2-2），对照钱纳里的总量标准，我国的工业化尚属于工业中级化阶段。

表 2-2 我国人均 GDP 水平历年比较 （单位：美元）

年份	1978	1980	1985	1990	1995	2000	2005	2010
人均 GDP	196	230	290	342	581	856	1732	4430

注：均按当年价格计算并按当年汇率［年平均汇价（中间价）］调整，其中 1978 年、1980 年的汇价参考 1981 年的汇价

(二) 霍夫曼比率（又称霍夫曼定理）

该比率被定义为消费资料工业净产值与资本资料工业净产值之比。1931 年，霍夫曼根据近 20 个国家的时间序列数据，分析了制造业中消费资料工业和资本资料工业的比例关系。其基本结论是，在工业化进程中，消费资料工业净产值与资本资料工业净产值比例呈不断下降的趋势。反过来说，这个比值越大，说

明工业化水平越低；比值越小，说明工业化水平越高。据此，将工业化划分为四个阶段（表 2-3）。第一阶段说明工业化水平较低，尚处于农业为主导产业时期；第二、第三阶段工业化程度有所加强，正处于振兴时期，初步迈入工业化国家行列；第四阶段，工业化高度发达。

表 2-3　霍夫曼比率与工业化阶段

工业化阶段	消费资料工业与资本资料工业之比	特征
第一阶段（初级阶段）	4～6：1	消费资料工业占统治地位
第二阶段（中期阶段）	1.5～3.5：1	消费资料工业规模仍大于资本资料工业
第三阶段（中后期阶段）	0.5～1.5：1	消费资料工业规模与资本资料工业大体相当
第四阶段（后工业化阶段）	1 以下	资本资料工业规模大体大于消费资料工业

　　霍夫曼比率适用于衡量一定时期的工业化水平，根据比率来划分某地区的工业化阶段。霍夫曼比率越小，重工业化程度越高，工业化水平也越高。它表明随着工业化程度的提高，加工程度高的产业份额比例将增长。在工业化早期，工业结构以轻工业化为主，加工程度低。随着工业化的发展，加工程度高的重化工业和机械加工必定优先发展，从而在总产出中的份额会增长。霍夫曼比率中工业分类标准所使用消费资料工业和资本资料工业的划分，近似于我国理论研究和实践中所使用的轻重工业的划分。因此，将运用轻重工业产值之比，来近似地判断和衡量我国的工业化水平及其所处阶段（表 2-4）。

表 2-4　1978～2010 年我国工业产值与霍夫曼比率

年份	轻工业产值/亿元	重工业产值/亿元	霍夫曼比率
1978	1 806	2 425	0.75
1980	2 344	2 649	0.89
1985	4 113	4 181	0.98
1990	8 776	9 912	0.89
1995	23 490	31 456	0.75
2000	34 094	51 579	0.66
2005	72 115	150 200	0.48
2010	200 072	498 519	0.40

　　对照霍夫曼比率，考察我国 1978～2010 年工业内部结构变动情况可知，我国工业结构重型化态势明显，显然这种重工业比重的加速上升程度与我国经济发展水平不相适应，结构变化没有与结构效益实现统一，呈现"虚高度"。这种与标准结构的偏离与我国特殊的工业化道路有关。新中国成立后，我国曾长期大力推进"重化工业优先发展"的战略。其特征是：①优先发展制造业特别是

重化工业；②通过工农产品"剪刀差"为制造业发展提供资金积累；③限制发展以生产消费品为主的轻工业；④轻视第三产业发展。这一战略的实施，使我国重工业实现了超常发展，导致了结构关系与标准模式的偏高。据此，结合霍夫曼比率，尽管我国已进入工业化发展的第四阶段，但促进轻工业充分发展的任务远未完成，我国的工业化任重道远。

(三) 配第-克拉克定理

克拉克根据配第的观点，依据若干国家一定时期劳动力在三次产业之间转移的统计资料，得出以下结论：随着人均收入水平的提高，劳动力首先是由第一产业向第二产业转移，当人均收入水平进一步提高时，劳动力便由第二产业向第三产业转移。这就是配第-克拉克趋势，又称为配第-克拉克定理（表2-5）。

表2-5　配第-克拉克定理：劳动力在三次产业中的比重变化　（单位：%）

阶段	1	2	3	4	5
第一产业	80.5	63.3	46.1	31.4	17.0
第二产业	9.6	17.0	26.8	36.0	45.6
第三产业	9.9	19.7	27.1	32.6	37.4

从我国的实际情况来看，农业人员的份额从1978年的70.5%降至2010年的36.7%，有较大幅度的下降，非农业从业人员从29.5%上升到63.3%。三次产业劳动力分布结构明显不对称，结构偏离度较高，说明劳动力分布不对称。按照配第-克拉克趋势来判断，我国目前工业化水平大体处于工业发展阶段的第四阶段时期（表2-6）。

表2-6　我国劳动力在三次产业中的比重变化　　（单位：%）

产业	1978	1980	1985	1990	1995	2000	2005	2010
第一产业	70.5	68.7	62.4	60.1	52.2	50.0	44.8	36.7
第二产业	17.3	18.2	20.8	21.4	23.0	22.5	23.8	28.7
第三产业	12.2	13.1	16.8	18.5	24.8	27.5	31.4	34.6

(四) 库兹涅茨"标准结构"模式

美国著名经济学家库兹涅茨等根据农业、工业、服务业三大产业划分把劳动力的产业间分配同国内生产总值的产业间分配有机结合起来，分析了产业结构演进的规律，得出以下结论：首先，随着国民经济的发展，区域内第一产业实现的国民收入在正规国民收入的比重，与第一产业劳动力在全部劳动力中的比重一样，处于不断下降之中。其次，在工业化阶段，第二产业创造国民收入的比重及占用劳动力的比重都会提高，其中前者上升的速度会快于后者；在工业化后期特别是后工业化时期，第二产业的国民收入比重和劳动力比重会不同程度地下降。最后，第三产业创造国民收入的比重及占用劳动力比重会持续地处于上升状态，其中在工业化中前期阶段，其劳动力比重的上升速度会快于国民收入的比重（表2-7）。

表2-7　库兹涅茨"标准结构"模式：三大产业占比分布　（单位：%）

阶段	1	2	3	4	5	6
第一产业	53.6	44.6	37.9	32.3	22.5	17.4
第二产业	18.5	22.4	24.6	29.4	35.2	39.5
第三产业	27.9	33.0	37.5	38.3	42.3	43.1

从表2-8可以看出，1978~2010年，我国的第二产业一直占最大比重；第一产业比重由1978年的28.1%下降到2010年的10.1%，符合工业化过程中第一产业在国民收入中比重下降的趋势；第三产业发展较快，从1978年的23.7%上升到2010年的43.1%，成为经济增长的推动力。对比表2-1可得我国的工业化水平正处于中后期阶段。

表2-8　我国三大产业产值构成　（单位：%）

指标	1978	1980	1985	1990	1995	2000	2005	2010
国内生产总值/亿元	3 624	4 518	8 964	18 548	58 478	89 468	183 085	401 202
第一产业产值/亿元	1 018	1 359	2 542	5 017	11 993	14 628	23 070	40 534
第一产业比重/%	28.1	30.1	28.4	27.1	20.5	16.4	12.6	10.1
第二产业产值/亿元	1 745	2 192	3 867	7 717	28 538	44 935	87 047	187 581
第二产业比重/%	48.2	48.5	43.1	41.6	48.8	50.2	47.5	46.8
第三产业产值/亿元	861	966	2 556	5 814	17 947	29 905	72 968	173 087
第三产业比重/%	23.7	21.4	28.5	31.3	30.7	33.4	39.9	43.1

中国工业行业发展阶段评析：根据钱纳里多国模型、霍夫曼比率、配第-克拉克定理和库兹涅茨"标准结构"模式对我国工业行业发展的综合分析判断，可以看出我国的生产结构水平和经济发展水平存在着很大的差异，主要是由就业不充分引起的。很多劳动者被迫游离于社会生产过程以外，或者被迫停留在低生产率的初级产品部门，必然导致结构水平与人均收入水平间的差异。然而，人均收入水平的计算有多种方法，如果按购买力平价法（PPP）计算的话，我国2010年人均GDP是7518.72美元，与上述划分类型比较，属于工业化的高级阶段。因而从总体上来看，可以判断我国的工业化处于工业化中期向工业化高级阶段过渡阶段。

第二节 中国工业化与信息化的融合

一 工业化与信息化的关系

(一) 工业化与信息化的辩证关系

1. 从工业化和信息化的发展历史来看

工业化是信息化的技术基础,早于信息化的发展,是信息化的物质源泉,信息化是工业化的衍生物。信息技术的飞速发展基于现代工业技术快速发展。没有工业化,信息化就成了无源之水。工业化发展到一定的阶段,信息化就会出现,且在其基础上不断展开,发挥着引导和支持工业化发展、提高工业化水平的作用。现代信息技术中典型的 IC 设计和制造就是建立在现代材料工业的基础上,可以说没有现代材料工业的快速发展就没有现代信息技术的发展。从产业发展阶段看,工业化是工业社会的集中体现,而信息化是后工业社会的主要特征。

2. 从信息化和工业化的作用形式来看

工业化是基础,直接影响社会发展和进步,而信息化建立在工业化基础之上,间接影响社会发展和进步。工业化是信息化的前提和基础,信息化是工业化的发展和延伸。工业化是信息化的重要载体,信息化是工业化发展的推动工具。可以把两者形象地比喻成骨骼和血液的关系,工业化是骨骼,而信息化则是血液,两者的有机结合直接推动了人类社会的进步和发展。信息化在一定程度上就是社会进步和发展的添加剂,大大推动社会进步和发展。

3. 工业化和信息化增强了社会需求

工业化为信息化提供了广阔的市场需求,信息化为工业化的再发展和产业升级创造了丰富的需求空间。工业化追求的是经济迅猛发展及物质资料不断积累,而信息化是运用先进科技手段提高产业生产效率、改善生产工艺、优化产业结构的动态过程,也是工业化发展到高级阶段的产物。两者互为关联发展,促进了社会需求。如果家电的消费是工业化促进需求的表现,那么现在普通的信息消费——电话费和上网费就是信息化促进社会消费需求的具体表现。

工业化和信息化相互关联、相互促进,存在着不可分割的联系,两者缺一不可。缺少了工业化,信息化就是纸上谈兵、无源之水;缺少了信息化,工业化就会停滞不前、故步自封。只有促进信息化和工业化在工业生产和社会生活方式中的全面融合,才能实现两者的相互促进、协调式发展,进而带动社会发展和进步（夏波涌和张克平，2009）。

（二）新型工业化与信息化的关系

2002 年，党的十六大提出"以信息化带动工业化，以工业化促进信息化"的新型工业化发展思路。2007 年，党的十七大报告中指出"发展现代产业体系，大力推进信息化与工业化的融合，促进工业由大变强，振兴装备制造业，淘汰落后生产能力"，并要求"全面系统的认识工业化、信息化、市场化、城镇化、国际化深入发展的新任务和新形势"。2012 年，党的十八大进一步提出"坚持走中国特色新型工业化、信息化、城镇化、农业现代化道路，推动信息化和工业化深度融合、工业化和城镇化良性互动、城镇化和农业现代化相互协调，促进工业化、信息化、城镇化、农业现代化同步发展"。中国共产党在长期的经济发展实践中，在对工业化、信息化逐步深入发展的新形势和新任务的深刻把握基础上，做出了实行新型工业化发展的重要决策。只有坚持以信息化带动工业化，以工业化促进信息化，推进工业化和信息化融合，才能走出一条"科技含量高、经济效益好、资源消耗低、环境污染少、人力资源优势得到充分发挥"的新型工业化道路，才能实现经济增长方式从粗放向集约型转换，才能加快我国工业化进程，推动产业结构的转换与升级，以及建立先进产业体系，增强国家综合竞争力。新型工业化内涵极其丰富，它的核心是以先进的信息技术改造、提升传统产业，以信息化带动工业化，同时，以工业化促进信息化，其关键是发挥后发优势，采取跨越式发展思路，实现国家的工业化目标。

工业化与信息化的相互促进是新型工业化道路的第一个重要内容，即"以信息化带动工业化，以工业化促进信息化"。从国际上和历史上看，信息化是在实现工业化的基础上发展壮大起来的，但这并不是说信息化必须在工业化完全完成以后才能开始。严格地讲，信息化和工业化的发展并不必然存在明确的先后顺序，相反两者之间存在内在的有机联系，不可分割，互相联动，共同发展。这意味着作为一个后发的发展中大国，我们没有必要按照发达国家走过的发展道路首先实现工业化，然后发展信息化，相反应该采取有机结合工业化和信息化的发展方式，以期实现经济的跨越式、跳跃式的发展。

以信息化带动工业化，就是充分利用信息技术，合理有效利用和开发信息资源，利用信息装备和信息技术更新改造和装备国民经济各个产业，从而推动工业化发展的进程。其中，关键就是要通过信息产业对传统产业（农业、工业和服务业）的改造，利用先进的信息技术渗透传统产业，全面优化产业机构。第一，信息产业自身的发展促进了产业结构的优化升级。信息产业的发展促进了产业结构的升级，特别是当前我国信息产业产出、销售规模的增长速度十分惊人，已经成为国民经济增长中一支不可忽视的力量。第二，信息技术的广泛渗透加快了传统产业的改造。可以说，信息产业的价值不仅在于其自身的发展，其更重要的价值在于它对传统产业的改造作用和对新兴产业的刺激和孵化作用。第三，信息化能够带来交易方式、生活方式和管理模式的转变。信息化促进了生活和工作方式的改变，推动了社会的多样化发展，从工作到生活、从教育到娱乐都正在发生巨大的变化。

以工业化促进信息化，就是要通过工业化水平的提升，为信息化提供物质、资本、技术、经济等全方位的支持。信息基础设施的建设、信息设备制造不能缺少钢铁、机械、化工、材料、建筑等传统工业的发展，当然更离不开农业、商业、交通、运输业等为信息产业的就业人员提供生活用品和服务。同时，信息产业的发展需要巨额的资金投入，只有通过传统产业的资金积累，才能够为信息产业的投资提供大量资金和各种融资途径。再者，工业化的过程中培养了大量的高级的技术人才，为信息技术的发展和信息技术的吸收提供了可靠的人才支撑。因此，没有高度发达的工业化，信息化的发展也不可能顺利（陈亮，2011）。

二　工业化与信息化的融合

（一）工业化与信息化融合的必要性

工业化与信息化融合发展是工业化的生命力所在，也是信息化的本质要求。信息化是全球发展趋势，对人类社会产生了深远影响。但是，信息化并不是独立存在的，其作用表现在为各行业的服务之中，并与各行业融合发展。信息化是"倍增器"和"催化剂"，只有走融合发展的道路，信息化才能长久存在，并发挥出强大的威力（童有好，2008）。

1. 工业化与信息化融合是工业化发展的需求

一是，在全球环境恶化的今天，传统工业化的低效率、高消耗、高污染等特点决定了它已不再适合当今的发展形势，作为发展中国家的我国不可能再走发达国家先污染再治理的传统的工业发展模式。为了实现可持续发展的目标，我国工业化的发展要求借助于信息化实现节能、减排、资源的高利用率、环境的和谐等目标。正是传统工业化的缺陷和我国发展的客观限制提出了两化融合的新需求。

二是，2010年我国人均GDP为4430美元，按照钱纳里多国模型标准我国已经进入工业化中后期阶段。在工业化发展到一定程度后，制造业发展的市场环境变化对信息的需求和信息技术的应用日益增加，这就要求工业化与信息化有机地融合在一起。

2. 工业化与信息化融合是信息化发展的要求

美国 20 世纪 70 年代中期到 90 年代中期高速的信息科技投入并未同步提升劳动生产率和全要素生产率。这一信息技术投资提升劳动生产率的预期与实际作用之间不一致的现象成为 IT "生产率悖论" 或者 "IT 黑洞"。我国在大力推动信息化建设后也遇到了类似的问题,很多企业甚至认为,"不搞信息化等死,搞了信息化找死"。"IT 黑洞" 之所以出现,除 IT 管理本身的问题外,很大一部分原因是企业信息化没有找到自己前进的方向,很多企业是为信息化而信息化,造成了信息化与工业化两张皮的现象。

信息化与工业化的融合是全方位、多层次、跨区域、一体化的,是信息化与采购、设计、生产、销售、客服等多个环节融合,包括技术融合、产品融合、业务融合和产业衍生四个方面。正是两化融合的这种特征使得信息化可以与企业的战略目标、生产制造、业务需求等实际情况相结合,因此,工业化与信息化融合是信息化发展的需求。

3. 工业化与信息化融合是金融危机现状的需求

目前,发达国家科学技术对经济增长的贡献率已经由 20 世纪初的 5%～20%,提高到 60%～80%,这很大程度上是信息化所做的贡献。20 世纪 90 年代,美国联邦储备局为提高生产率发放的信息技术投资贷款近 500 亿美元,其产生的效应占到了 90 年代后期美国经济中生产率贡献 700 亿美元中的 65%。近10 年来,国际金融危机频发,造成工业增长明显放缓,下行压力加大,大批中小企业陷入困境,大企业受到重创,因此各国都提出 "IT 救市" 计划,希望通过信息技术促使工业企业管理更加精细化、成本更加集约化,实现调整产业结构、加快新兴产业发展。可见,高质量的信息化投资能够产生可观的信息化影响。有学者研究表明,当高水平的战略整合得到实施时,制造业时间是最有效的,所以将信息化与工业化的战略融合到一起,将信息化融入到企业整体流程当中是我国制造业摆脱金融危机困扰的济世良方(尹睿智,2012)。

(二) 工业化与信息化融合的内涵

工业化与信息化融合是指,电子信息技术广泛应用到工业生产的各个环节,信息化成为工业企业经营管理的常规手段。信息化进程和工业化进程不再相互独立进行,不再是单方的带动和促进关系,而是两者在技术、产品、管理等各个层面相互交融,彼此不可分割,并催生工业电子、工业软件、工业信息服务业等新产业。两化融合是工业化和信息化发展到一定阶段的必然产物。

工业化与信息化融合发展的特征是全方位、多层次、跨领域、一体化。信息化不只是与某个门类工业融合,而且是与所有工业门类都融合。信息化不只是与工业企业的某个环节融合,而且是与采购、设计、生产、销售、客服等多个环节融合。两化融合不仅体现在技术、产品层面，还体现在管理、产业层面（金江军等，2011）。

信息化与工业化融合的含义：一是指信息化与工业化发展战略的融合，即信息化发展战略与工业化发展战略要协调一致，信息化发展模式与工业化发展模式高度配合，信息化规划与工业化发展规划、计划要密切配合；二是指信息资源与材料、能源等工业资源的融合，能极大节约材料、能源等不可再生资源；三是指虚拟经济与工业实体经济融合，孕育新一代经济的产生，极大促进信息经济、知识经济的形成与发展；四是指信息技术与工业技术、IT 设备与工业装备的融合，产生新的科技成果，形成新的生产力。具体包括：软件与硬件的融合，如与硬件结合的嵌入式软件和行业解决方案，汽车、医疗、机械、石油、化工、钢铁、建材、发电等领域的大宗软硬融合产品；软件与信息服务的融合，如在软件外包的基础上发展国内信息服务外包业务；网络融合，通信、计算机、电视网络加快融合，带来技术与业务的创新发展，产业链上下游整合成为核心竞争力；制造业与运营业的融合，电视、通信运营商不断介入制造领域，融合互动成为商业模式和业务创新的基点；信息化与装备制造业的融合，通过信息化改造提升传统产业，推进产业结构优化升级，支撑优势、支柱产业做大做强（童有好，2008）。

由于发达国家信息化的实施一般都是在完成工业化以后，其对工业化与信息化的融合问题没有深入研究，自党的十七大以来，我国政府提出信息化和工业化的融合，国内学者也纷纷就两化融合展开研究，但由于时间尚短，关于工业化和信息化的融合的内涵，至今没有统一的定义。姜奇平（2008）以生产方式为视角提出，工业化和信息化的融合是生产方式内在矛盾发生、演变和转化的过程，融合的过程中使信息技术产业的发展与传统产业改造结合起来。周振华（2008）提出，工业化与信息化融合的核心是创新，是全社会的系统集成创新。安筱鹏（2008）认为融合是指产品融合、生产方式融合、产业发展融合、体制融合。金江军（2009）认为，信息化与工业化的融合是全方位一体化的，是信息化与采购、设计、生产、销售、客服等多个环节融合，可分为技术融合、产品融合、业务融合和衍生产业四个方面。周叔莲（2008）认为信息化与工业化融合，其内涵不仅是在工业部门应用信息技术，而且是在国民经济各个部门应用和社会的各个领域应用信息技术，在技术、产品、业务、市场等多个层次实行融合。史炜等（2010）认为两化融合不是简单的"生产"和"产品"关系，是一个过程、一整套的流程，是为了同样发展目标而促使不同发展路径进行互补的完整的服务体系。

学者们关于工业化和信息化的融合的定义，至今没有达成统一，但基本特征是一致的：①"融合"是一种优化和升级，两化融合的目的是以信息化带动工业化，以工业化促进信息化，提高产业竞争力。②"融合"是一种过程，不是一蹴而就的，两化融合周期是不可逾越的。③"融合"是多层次和多部门的，是技术、产品、服务、市场等多个层次的全面融合，是 IT 部门、因特网部门、电信部门和企业的联动。

（三）工业化与信息化融合的层次

推进两化融合要从宏观、中观、微观三个层次进行，即从区域、行业、企业三个层次来推进两化融合（表 2-9）。

表 2-9　国家推进两化融合的三个层次

层次	含义	工业和信息化部开展的相关工作	典型抓手
区域	地方政府推进两化融合	国家级两化融合试验区	开展两化融合试验区、示范区建设
行业	信息化与行业融合发展	国家新型工业化产业示范基地、重点行业两化融合发展水平评估	建设行业信息化公共服务平台
企业	企业信息化建设	中小企业信息化工程	组织企业申报两化融合试点示范项目

在区域层次，主要是各级地方工业和信息化主管部门制定两化融合政策，编制两化融合发展规划，组织开展两化融合试验区、示范区等建设，组织实施一批两化融合项目，开展两化融合培训和交流等。工业和信息化部已批准上海市、重庆市、广州市、南京市、青岛市、珠江三角洲地区、呼包鄂乌地区（呼和浩特—包头—鄂尔多斯—乌海）、唐山暨曹妃甸作为国家级两化融合试验区。目前，许多地区都已编制或正在编制两化融合发展规划，制定推进两化融合的工作计划并组织实施。

在行业层次，主要是各级地方工业和信息化主管部门推进信息化与本地支柱产业、重点产业的融合发展，各大行业协会开展两化融合宣传、培训，发掘、总结、提升、推广两化融合典型经验，开展本行业两化融合评估工作，对本行业企业信息化进行指导。工业和信息化部先后批准两批共 128 个"国家新型工业化产业示范基地"，其中第一批 62 个，第二批 66 个。这些基地涵盖电子信息、石油化工、汽车摩托车、船舶、航空航天、生物医药、装备制造、钢铁、有色金属、纺织、家电等行业。工业和信息化部与有关行业协会联合开展了钢铁、化肥、重型机械、轿车、造纸、棉纺织、肉制品加工 7 个行业的两化融合发展水平评估工作。

在企业层次，主要是围绕工业产品研发设计、生产过程控制、企业管理、市场营销、技术改造等环节推进两化融合。工业和信息化部中小企业司从应用的角度推进中小企业信息化，组织实施中小企业信息化工程。2010 年，工业和信息化部中小企业司组织编制了《中国中小企业信息化服务市场调查和发展报告》，组织开展了中小企业信息化发展指南前期研究，组织实施了中小企业健康成长计划、百万中小企业信息化体验计划、育林计划等，组织建设了一批中小企业信息化公共平台（金江军等，2011）。

（四）工业化与信息化融合的途径及模式

很多学者对信息化和工业化之间的融合途径及模式进行了研究，主要的观点可分为以下几类：①林兆木（2002）指出，信息化对工业化的带动关系表现为信息产业对传统产业的渗透结合，强调通过信息技术与传统技术、信息产业与传统产业相结合带动工业的发展。②杨冰之（2003）提出，人类社会的发展不一定遵循"先工业化后信息化"的既定路线和历史逻辑，可以将两者结合起来，实现跨越式的经济发展，在此过程中要同时重视工业化、信息化各自发展及融合式的发展。③叶帆（2004）提出，信息化和工业化是相互促进的关系，并提出以其合力的作用带动信息化、工业化的发展。④金江军（2009）认为，信息化与工业化融合模式主要包括企业-产业互动模式、挑战-应对模式、雁行模式、区域集群模式、政府主导模式。信息化与工业化融合应该逐级推进，梯度展开，可以划分为初始级、基本级、适应级、成熟级、优化级五个阶段。

由此可见，工业化与信息化互为条件、互相融合、密不可分。在两化融合过程中要同时重视工业化、信息化各自发展及融合式的发展；只有不断加大两者之间的兼容、融合和渗透力度，才能促进工业化的快速发展，为实现现代化创造条件。

（五）工业化与信息化融合的关键和重点

许多学者认为，推进工业化与信息化的融合关键是找到两者融合的突破口或者切入点。金江军等（2011）指出，推进信息化和工业化的融合突破口是制造业，推进信息化与生产性服务业融合发展现代服务业，与工业化的产业衍生并发展新产业。郭丽君（2008）则认为，推进信息化与工业化融合的关键是突破核心基础产业发展，并注重信息技术与传统产业的融合，重点支持汽车、石化、电力、机床、金融等应用电子产品和装备的发展。还有的学者认为，推进信息化工业化的融合，关键是根据信息化和工业化融合中的主要内容，逐层推进，才能达到信息化与工业化全面融合的效果。周宏仁（2008）认为，推动信息化与工业化融合需要从传统产业的信息化改造、新型产业、推进工业企业信息化观念、融合的管理模式四个维度进行研究。工业和信息化部童有好（2008）认为，信息化和工业化的融合形成了高科技产业发展的重要基础，要以技术创新为动力，以提供公共服务平台为重要途径，并要求政府引导与市场机制有效结合。金江军（2009）提出，信息化要着重与工业化的核心——工业融合，即在工业领域广泛应用信息技术，其次，才是要推动信息化与为工业化服务或起支撑作用的产业融合。综上，学者们认为在推进两化融合时应抓住重点，首先是对传统核心基础工业产业进行信息化改造和优化升级，逐层推进，全面实现信息化、工业化的融合。

第三章

中国工业行业的信息化水平

第一节 信息化水平的测度模型

一 国际上常用的信息化水平测度方法

世界信息化的迅速发展，不仅对各国经济发展产生了极其深远的影响，而且对信息化发展的理论研究提出了新的要求。采用定量分析方法获得的测算结果，可以从数量上揭示各国信息化发展的状况，展示不同历史时期信息化的发展程度，认识信息化发展的基本规律及人类社会发展的趋势，比较研究各国信息化发展的经验与政策效果，从而为借鉴它国发展经验，完善我国的信息化发展提供政策依据。

归纳起来，国际上有关信息化发展与理论研究主要有下述两个基本方向，相应地，与两种信息化理论观点相联系，信息化评价与监测的指标体系和方法研究基本上也可归为两个类别，即波拉特法和信息化指数法。

（一）波拉特法

1977 年由美国马克·波拉特教授创立的经济结构法，又称波拉特法。他从人类信息活动的经济角度和生产结构与就业职业分类入手，着眼于与物质经济相对独立的产业构成——信息产业，考察信息经济在国民生产总值（GNP）中所占的比例，对信息产业运行机制进行研究。其基本论点是：信息经济已成为继农业、工业、服务业之后形成的第四产业——信息业，其产值可以用投入产出法从 GNP 中分离。代表性著作有马克卢普的《美国知识的生产与分配》、波拉特的《信息经济》等。

波拉特根据自己对美国信息产业的独特划分，建立了一个以信息部门占GNP 比例为指标体系的测算模型。波拉特理论和方法的核心内容是将信息部门从国民经济的各部门中逐一识别出来，并将信息部门区分为一级信息部门和二级信息部门两大类。区分标准是看其经济活动的结果——产品或服务是否在市场上直接出售。一级信息部门是所有向市场提供信息产品和信息服务的企业；二级信息部门是应用信息技术和设备的企业和政府管理部门。也就是说，利用投入产出表和部门分类，分别对一级信息部门和二级信息部门的信息增值加以测度，将这两大类信息部门的年增加值综合后，看其在国民生产总值中所占的比重。

按照波拉特测算模式，需要根据两项指标测度信息经济规模与信息经济发展：一是信息部门或信息产业产值在GNP中的比重；二是信息劳动者在总劳动人口中所占比例。其中，GNP代表直接提供给社会最终消费及使用的商品及劳务的总量，增加值指在生产商品和提供劳务的过程中所增加的价值，包括固定资产折旧，不包括中间消耗的物质产品和服务价值。这一理论分析和指标体系为研究信息化发展程度和信息化对经济增长的贡献，提供了一套可操作的理论与方法，可用来衡量一个国家、地区、城市信息化水平的高低。

1. 一级信息部门产值的测算

测算一级信息部门产值的基本方法有两种，一是最终需求法，二是增值法。这两种方法是测算GNP的主要统计核算方法中常用的两种。

一是，最终需求法：

$$GNP=C+I+G+（X-M）$$

其中，C（消费）表示消费者对最终产品和服务的需求量和消费量；I（投资）表示企业对最终产品的需求量、消费量；G（政府购买）表示政府对最终产品和服务的需求量和消费量；$X-M$（出口净额）表示产品和服务的国外销售额减去从国外的购买额。

二是，增值法。

这种方法是将所有企业的销售或营业收入扣除从别的企业购买生产资料的支出之后的余额相加，求得一定时期内社会生产的新增加价值总额。用增值法可以在一定程度上避免GNP的重复计算问题。

波拉特运用以上两种方法对美国的一级信息部门的产值进行了测算，数据的来源是美国经济分析局提供的"投入产出磁带"，按上述理论逐一识别出信息行业，收集和整理出有关的数据之后，再汇集成系统的全国性统计数据。

2. 二级信息部门产值的测算

鉴于二级信息部门产值的测算较为困难，波拉特将这类不直接进入市场的信息产品和服务的价值，看作是由这些产品和服务在生产时所耗费的劳动力与这两种资源的价值所构成的，即二级信息部门的产值由以下两方面可测算的投入量构成。

一是，在非信息行业的信息劳动者的收入。美国劳动统计局的"产业－职业结构矩阵"数据库，将劳动力人数变换为劳动者收入，从而按产业逐步测算出二级信息部门的信息劳动者的总收入。

二是，非信息行业购入的信息资本（如用于信息生产和服务的各种机器设备等固定资产）的折旧。

波拉特利用了美国经济分析局的"产业－流通矩阵"数据库的数据进行了测算，将以上两项数据汇总之后，即得到了二级信息部门的总产值。再加上一级信息部门总产值，就得到了信息产业的国民生产总值。

波拉特指标体系存在局限性，主要表现在以下三点。

一是，它属于典型的纯经济结构分析法。该指标体系关注的是一国或一个地区的产业构成变化，考察的是信息产业对经济增长和经济发展的贡献大小，忽视了对非经济领域，对社会公共事业、居民生活，以及对人类生存方式和质量的反映。而非经济领域、社会公共事业、居民生活，以及对人类生存方式和质量的提高恰恰是信息化作用的重要方面，是不容忽视的。

二是，信息产业中的传统部分对计算结果的影响甚大。以计算机和现代通信技术为核心的信息化的重要时代特征在该指标体系中未能很好地得以体现。

三是，波拉特指标体系的最大缺陷是对统计数据有严格要求，而当前许多国家实行的社会经济统计体系一般难以满足这种要求。由于各国或地区的统计制度、产业分类标准等存在较大差距，不得不进行推算或估算，造成计算结果的较大偏差。这样，数据来源不同，应用波拉特指标体系测度的结果也就有所差异。

尽管波拉特法有这些缺憾，但其仍不失为国际上公认的一种测度信息化水平的好方法。经济合作与发展组织（OECD）接受了这一方法，并经常利用这一方法分析成员国信息化水平，该水平成为一个国家、地区现代化发展的重要标志。

（二）信息化指数法

从人类发展的社会角度，研究信息的社会化和社会化信息所引起的经济格局的变革。其基本观点是：信息是人类社会发展和社会活动中不可缺少的资源要素，信息是生产力，是继农业、工业后的又一种新的人类社会形态。代表性著作有托夫勒的《第三次浪潮》、贝尔的《后工业社会的来临》、斯托尼尔的《信息财富——简论后工业经济》、霍肯的《下一代经济》等。1965年，日本学者小松崎清介建立了信息化指数模型，受到世人极大关注。20世纪80年代以来仍有不少学者依据这一模型对各国信息化程度进行有效的统计分析与国际比较，我国也先后进行了多例测算。可以说，这一模型已成为信息经济领域中宏观测度社会信息化程度的一种重要方法。

信息化指数是在信息化指标体系基础上计算得来的。这一指标体系选取了社会信息化活动中最有代表性的活动指标，归为四个要素，如信息量水平包括每平方千米人口密度、人均媒体分享程度度量、人均通信度量；信息装备水平包括每万人计算机数目、每百人电视机数目、每百人电话机数目；信息产业主体水平包括每百人中在校大学生数、第三产业从业人员比例；信息类消费水平包括个人消费中基本生活费用以外的消费比例，如图 3-1 所示。

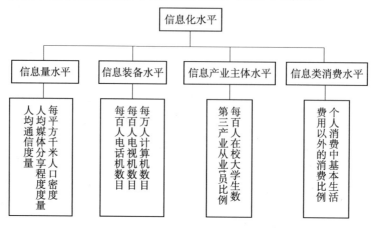

图 3-1　信息化指数模型

这些指标不仅是具体的，而且是可以测度的，基本上从各个侧面反映了信息化程度的总体水平。具体测算方法是采用算术平均法，即视 11 项指标变量权数相等，确定某国家或地区某一年的各项指标数为基年的基数，权数为 100，然后将被测地区某年的各项指标值分别除以基年的各项指标值，再分别按大类累加除以项数，求得各大类的平均指数，最后，将各大类平均指数相加除以常数 4（四大类），其商即为最终所求的代表社会信息化水平的"信息化指数"。

由于有基年的参照，可以比较所得"信息化指数"这个反映该国家或地区的社会信息化水平的总指标，进而进行国际与国内比较，以调控各相关指标变量的增长，加速社会信息化进程。这种方法既可以从时间序列角度研究发展趋势，也可以从截面上考察不同国家信息化发展的程度差别。

和波拉特法相比较，这种方法弥补了对社会生活信息化方面统计太弱的缺陷，信息社会指标体系的可比性大大提高了，在纵向与横向比较各国或地区不同时期信息化程度方面，显示出直观、简便、实用的特点，而且数据容易收集，比较简单。但其不足也是明显的，表现在：第一，对信息产业的作用反映不够，对国民经济中信息化的作用反映太弱。第二，商业色彩浓厚。它虽然力图测算和比较各国或地区吸收和有效利用信息及信息技术的能力，但作为一个企业，国际数据公司关心的主要不是被测算的国家或地区的政府如何在比较中去定位自己，而是测算结果能否预示更多的商机。第三，在信息技术飞速发展的今天，明显感到整个体系概括得不全。第四，在汇总计算上运用算术平均值不尽合理，结果只具有相对意义等。

尽管从总体上讲，波拉特法和信息化指数法的科学性和可操作性都较好，但是它们本身在严谨性、准确性和完整性等方面还存在一些问题。为此，一些组织机构及专家学者对此提出了修改意见，建立了一些新的方法。

(三) 其他的信息化水平测算方法

1. 国际电信联盟指标体系与信息建设指数

国际电信联盟于 1995 年向正在召开的以"信息社会"为主题的西方七国会议，提出了一套七国信息化程度的指标体系。该指标体系包括以下六组指标。

(1) 电话主线——每百名居民拥有的电话线数；数字交换的电话主线数。

(2) 蜂窝式电话——每百人中蜂窝式电话的用户数；蜂窝式电话在七国中分布情况。

(3) 综合业务数字网 (ISDN) ——每千人中 ISDN 的用户数；ISDN 用户在七国中的分布情况。

(4) 有线电视——有线电视的用户数；已装上有线电视的住户占全部住户的百分数。

(5) 计算机——每百人中拥有的个人电脑 (PC) 数；每十万人中拥有的国际因特网主机数。

(6) 光纤——光缆公里长度年增长数；光纤公里长度的年增长数。

这一新的指标体系，考虑了近年来以西方七国为代表的世界信息化发展的新特点与新趋势，忽略了各国信息产业划分与研究角度等方面的不同，突出了更为简便、直观和实用的特点，更易于掌握各国信息化发展的程度。

国际电信联盟把信息产业界定为包括以下行业的范畴：电信服务和设备、计算机服务和设备、声音与电视广播和设备、声像娱乐。根据这一定义，国际电信联盟估计的 1994 年全球信息产业规模已达到 14 250 亿美元。信息产业的增长超过了经济增长的速度，而且不受经济下降趋势的影响。例如，1991 年，全球经济下降 2.8%，但信息产业却增长了 5.6%。信息产业对于全球经济的贡献增大了，1994 年，这一贡献达到了 5.9%。

2. 国际数据集团的信息建设指数

国际数据集团 (IDC) 于 1996 年提出了信息建设指数，以评价各国收集信息、吸收信息及有效使用信息的能力。信息建设指数是根据与信息相关的社会基础建设、通信建设及电脑普及率三大项目进行评分，以此比较各国信息化发展程度。

在 20 个指数组成要素中，有 5 个直接与电脑有关，其中对社会建设的考查重点有新闻自由、阅报人口、大学及职业学校人数；通信建设包括平均每人的电话、收音机、传真机、移动电话数量，以及有线电视与卫星电视普及率等；电脑普及率包括每人拥有电脑数量及网络电脑比率、教育用电脑销量、软硬件支出金额、因特网使用者及网络服务厂家数等。1996 年，列入评价的国家有 55 个，信息技术支出金额占世界的 97%。

3. 国际数据通信公司的信息社会指标法

国际数据公司是国际数据集团下属的信息研究机构，它提出了用"信息社会坐标"（ISI）方法比较和测量各国获取、吸收和有效利用信息的能力。

ISI 坐标变量分成三组，每组再细分成更具体的指标。以下是国际数据通信公司的信息化测算指标体系。

（1）社会基础结构。在校中学生人数、在校小学生人数、阅读报纸人数、新闻自由程度、公民自由程度。

（2）信息基础结构。电话家庭普及率、电话故障数/电话线数、人均收音机拥有数、人均电视机拥有数、人均传真机拥有数、人均移动电话拥有数、有线电视及卫星电视覆盖率。

（3）计算机基础结构。人均 PC 机拥有数、家庭 PC 机普及率、用于政府和商业的 PC 机/非农业劳动人数、用于教育的 PC 机/学生和教员人数、联网 PC 所占百分比、用于软件的开销/用于硬件的开销、因特网服务提供者总数、人均因特网主机数。

国际数据公司采用回归分析、正规化、标准化等方法，对 55 个国家和地区的数据进行了分析比较，按得分的多少，将这 55 个国家分成四组，根据 ISI 得分的情况来确定国家所属的组别和具有的特性。按 ISI 方法，我国排在第 49 位。还有 150 个国家 ISI 得分在 300 以下。

二 我国信息化水平的测度指标体系

（一）国家信息化水平测度指标体系

信息产业部（现为工业和信息化部）2001 年发布《国家信息化指标构成方案》。建立全国统一的信息化指标体系，对于科学评价国家及地区信息化水平，以及正确指导各地信息化发展具有重要意义。

国家信息化指标构成方案及说明见表 3-1。

表 3-1 国家信息化指标构成方案及说明

序号	指标名称	指标解释	指标单位	资料来源
1	每千人广播电视播出时间	目前,传统声、视信息资源仍占较大比重,用此指标测度传统声、视频信息资源	小时/千人(总人口)	根据广电总局(现为国家新闻出版广电总局)资料统计
2	人均带宽拥有量	带宽是光缆长度基础上通信基础设施实际通信能力的体现,用此指标测度实际通信能力	千比特/人(总人口)	根据信息产业部资料统计
3	人均电话通话次数	话音业务是信息服务的一部分,通过这个指标测度电话主线使用率,反映信息应用程度	通话总次数/人(总人口)	根据信息产业部、统计局资料统计
4	长途光缆长度	用来测度带宽,是通信基础设施规模最通常使用的指标	芯长公里	根据信息产业部、统计局资料统计
5	微波占有信道数	目前微波通信已经呈明显下降趋势,用这个指标反映传统带宽资源	波道公里	根据信息产业部、统计局资料统计
6	卫星站点数	由于我国幅员广阔,卫星通信占有一定地位	卫星站点	根据广电总局、信息产业部、统计局资料统计
7	每百人拥有电话主线数	目前,固定通信网络规模决定了话音业务规模,用这个指标反映主线普及率(含移动电话数)	主线总数/百人(总人口)	根据信息产业部资料统计
8	每千人有线电视台数	有线电视网络可以用作综合信息传输,用这个指标测度有线电视的普及率	有线电视台数/千人(总人口)	根据广电总局、统计局资料统计
9	每百万人因特网用户数	用来测度因特网的使用人数,反映出因特网的发展状况	因特网用户人数/百万人(总人口)	根据CNNIC、统计局资料统计
10	每千人拥有计算机数	反映计算机普及程度,计算机指全社会拥有的全部计算机,包括单位和个人拥有的大型机、中型机、小型机、PC机	计算机拥有数/千人(总人口)	根据统计局住户抽样数据资料统计
11	每百户拥有电视机数	包括彩色电视机和黑白电视机,反映传统信息设施	电视机数/百户(总家庭数)	根据统计局住户抽样资料统计
12	网络资源数据库总容量	各地区网络数据库总量及总纪录数、各类内容(学科)网络数据库及总纪录数构成,反映信息资源状况	吉(G)	在线填报
13	电子商务交易额	指通过计算机网络所进行的所有交易活动(包括企业对企业,企业对个人,企业对政府等交易)的总成交额,反映信息技术应用水平	亿元	抽样调查
14	企业信息技术类固定投资占同期固定资产投资的比重	企业信息技术类投资指企业软件,硬件,网络建设、维护与升级及其他相关投资,反映信息技术应用水平	百分比	抽样调查
15	信息产业增加值占GDP比重	信息产业增加值主要指电子、邮电、广电、信息服务业等产业的增加值,反映信息产业的地位和作用	百分比	根据统计局资料统计

续表

序号	指标名称	指标解释	指标单位	资料来源
16	信息产业对GDP增长的直接贡献率	信息产业增加值中当年新增部分与GDP中当年新增部分之比,反映信息产业对国家整体经济的贡献	百分比	根据统计局资料统计
17	信息产业研发与开发经费支出占全国研究与开发经费支出总额的比重	主要反映国家对信息产业的发展政策。从国家对信息产业研发经费的支持程度反映国家发展信息产业的政策力度	百分比	根据科技部、统计局资料统计
18	信息产业基础设施建设投资占全部基础设施建设投资比重	全国基础设施投资指能源、交通、邮电、水利等国家基础设施的全部投资,从国家对信息产业基础设施建设投资的支持程度反映国家发展信息产业的政策力度	百分比	根据信息产业部、广电总局、统计局资料统计
19	每千人中大学毕业生比重	反映信息主体水平	拥有大专毕业文凭数/千人（总人口）	根据统计局资料统计
20	信息指数	指个人消费中除去衣食住外杂费的比率,反映信息消费能力	百分比	根据统计局资料统计

资料来源:国家信息化测评中心,http://www.niec.org.cn/gjxxh/zbfa01.htm,2001 年 7 月 29 日

(二)企业信息化效能指标体系

2004 年,国家信息化测评中心推出了第一个中国企业信息化指标体系。该指标体系第一次将"建设有效益的信息化"的要求以评价指标的形式落到实处,第一次提出从效能角度评估企业信息化水平,建立企业信息化标杆库,构成可以反映统计规律性的基本数据库,并以此为重要刻度之一,准确评价企业信息化水平及效益水平。

企业信息化效能指标,是反映和评价企业信息化实效的一套评价指标体系,包含适宜度和灵敏度两大类指标。适宜度指标,主要从"是否合理"的角度,考察企业在信息化过程中的行为和状况,主要计算方法是通过考察企业的实际情况与标杆值的相似度,判断其是否适宜。

企业信息化效能指标的标杆值,是一套"标杆值"体系,根据企业所处的行业、规模和发展阶段的不同,评价其信息化实效的标杆值也各不相同。中国企业信息化标杆企业库,是"标杆值"体系的一个重要参考系统。

灵敏和有活力,是企业信息化的最重要目标。灵敏度指标,通过考察其灵敏程度的水平及质量,判断其得分。效能指标总分,是适宜度和灵敏度得分的综合。企业信息化效能指标体系如表 3-2 所示。

表 3-2　企业信息化效能指标体系

序号	一级指标	二级指标	三级指标	指标解释	指标内容构成举例
1	适宜度	战略适宜度	企业战略匹配度	企业信息化战略与企业战略之间配合协调程度	主营业务相关度等
2			技术战略适宜度	企业信息化技术战略与技术环境之间的配合协调程度	战略性合作伙伴的信息技术战略等
3		应用适宜度	管理信息化应用适宜度	管理信息化水平的合理性	营销管理应用的深度、广度等
4			数据库应用适宜度	数据库应用的合理性	数据库整合的领域等
5			安全应用适宜度	企业信息安全状况的合理性	安全费用等
6		投资适宜度	投资理念适宜度	企业主要领导对企业信息化的正确认识水平	投资的价值导向等
7			投资力度适宜度	反映企业信息化投资力度的合理性	投资规模等
8			客户价值适宜度	反映信息化投资给上下游及最终客户带来的实际价值水平	客户满意度等
9		资源匹配适宜度	信息化的投入结构适宜度	反映信息化投入在各要素之间分配状况的合理性	培训费用等
10			人力资源结构适宜度	反映信息化人力资源结构的合理性	员工结构、**CIO** 的业务背景等
11			系统运行协调度	反映系统运行状况和功能发挥状况的合理性	信息系统平均无故障运行时间等
12		组织、文化适宜度	企业组织的网络化程度	反映企业结构的合理性和企业行为的网络化状况合理性	信息化管理部门的设置、产品编码标准化状况等
13			企业文化适宜度	反映企业文化对企业信息化支持程度	管理科目编码标准化状况、员工学习状况等
14	灵敏度		信息灵敏度	反映企业收集各种外部信息的渠道、手段和速度水平	终端顾客信息反馈速度、数据挖掘状况等
15			管理运行灵敏度	反映企业管理运行的智能和速度水平	虚拟财务决算速度等
16			对外反应灵敏度	反映企业对外反应的智能、广度和综合速度水平	企业定制化水平、客户服务电话拨通率等
17			创新灵敏度	企业创新能力	产品创新灵敏度等

资料来源：国家信息化测评中心，http://www.ciq.com.cn/tx_xn.htm，2001 年 7 月 29 日

（三）区域信息化发展指标体系

区域信息化发展指标体系是在国家信息化要素中，选择反映信息化发展水平典型指标和对指标加权、排序、综合计算而成，具体数据通过国家、部门和地区各类统计报表、有关单位抽样统计获取，主要应用于国家信息化发展水平

纵向比较和地区间横向比较。指标数据绝大部分可在现有的统计数据中得到，个别数据通过定向调查获得。该指标体系不仅反映国家或地区的信息化发展水平，而且反映信息化各个要素之间的平衡发展状况，反映信息化建设与国民经济和社会发展之间的协调一致性（修文群，2002）。区域信息化发展指标体系如表 3-3 所示。

表 3-3　区域信息化发展指标体系

一级指标	二级指标	权重	三级指标
区域信息化发展指数	信息资源	18	人均数据库数量
			人均网络（域名）站点数量
			人均科技成果数量
			人均专利数量
			人均商标数量
			人均电子出版物数量
			电视播出时间
			广播播出时间
			人均邮电业务量
			人均报刊发行量
			人均图书出版量
			人均图书拥有量
	信息产业	18	人均信息产业国内生产总值
			信息产业增加值占 GDP 比重
			人均信息产业基本建设更新改造投资
			人均信息产业新增固定资产
	信息设备	16	计算机网络密度
			计算机网络设备普及率
			电信网络密度（光缆、微波、卫星）
			电信设备普及率（交换机）
			邮电局分布率
			广电（电台、电视、有线电视）普及率
			广电设施覆盖率
			人均信息建筑业产值
	信息应用	18	人均国家重大信息工程项目投资额
			行业信息化率
			行业信息系统普及率
			人均行业信息投资额
			人均信息消费额
			人均信息消费比重
			因特网普及率
			软件普及率
			计算机普及率
			电子信用卡普及率
			手机传真电话普及率
			POS、ATM 普及率
			电视有线电视普及率

续表

一级指标	二级指标	权重	三级指标
区域信息化发展指数	信息政策	14	信息化组织机构
			信息化政策、规划、法规、标准
			科研经费投入率
			信息产业投资率
	信息人才	16	信息产业人员比例
			政府部门、其他行业信息技术人员比例
			科研人员比例
			高校教工、学生比例

（四）其他信息化指标体系

我国学者对信息化水平进行测算时，结合中国的具体情况，在充分吸收国外现有测评方法科学性的基础上，提出了一些具有中国特色的信息化指标体系和测评方法，并进行了一些实证研究。对特定行业（主要是机械行业）的信息化水平也进行了初步研究，但还未形成统一的行业信息化测评指标体系。

第二节　中国工业行业信息化水平的测度指标体系

一　中国工业行业信息化水平测度指标体系建立的意义及原则

（一）建立中国工业行业信息化水平测度指标体系的意义

工业行业信息化是经济信息化的中观层面，它是指在各行业和各地区大规模应用信息技术，改善工业行业的技术状态和管理水平，高效地开发信息资源，渗透到经济活动的各方面和各环节。

工业行业信息化建设是一场革命，在提高工业行业管理水平、促进管理现代化、转换经营机制、建立现代企业制度、有效降低成本、加快技术进步、增强市场竞争力、提高经济效益等方面都有着现实和深远的意义，是带动工业行业各项工作创新和升级的突破口，也是解决当前工业行业管理中突出问题的有效措施。

工业行业信息化，是一项系统工程，涉及工业行业的方方面面。制定工业行业信息化指标体系的目的，是在宏观战略和具体操作上指导工业行业的信息化进程，帮助我国工业行业在信息化建设过程中少走弯路。通过对信息化指标的统计分析，定量地衡量工业行业的信息化发展程度，可以提高政府推进信息化建设的决策的科学性和准确性，使宏观决策部门和工业行业管理部门能够有效地指导和促进信息化建设工作，为研究制定经济和社会发展计划提供量化、科学的依据。

对工业行业而言，信息化指标体系的建立，将有助于工业行业明确信息化的战略和目的，有助于工业行业深化改革，提高管理水平，完善经营机制，提高效率，提高可持续发展能力，合理计算并提高信息化的投入产出比，改善竞争表现，并在全球经济竞争中，扮演更加重要的角色。

由于各国或地区的统计方法制度、产业分类标准等存在较大差距，数据来源不同，有必要建立中国工业行业信息化水平的测度指标体系。

（二）建立中国工业行业信息化水平测度指标体系的原则

指标是反映系统要素或现象的数量概念和具体数值，它包括两个部分：指标名称和指标数值。所有的指标都有一个共同的特征，即能够简化那些反映复杂现象的信息。指标体系是指一系列互相联系、互相补充的指标所组成的统一整体。构成指标体系的指标，既有直接从原始数据中得来的，用以反映子系统的特征，也有在对基本指标的抽象和总结的基础上，用"比""度"等表示的，用以说明指标子系统的内在联系。设置指标体系是为了对工业行业信息化水平进行全面评估，构建测度指标时应遵循以下几个原则。

一是科学性原则。科学性是最基本的原则。工业行业信息化水平的测度指标需要有相对明确的含义，指标设置与应用评价相一致。数据的选取、计算等要以公认的科学理论为依据。反映在逻辑性上要合理，指标体系应紧密结合行业信息化的现实状况，具有相对的客观性。

二是系统性原则。在建立指标体系时，要把工业行业信息化作为一个系统进行分析。工业行业信息化应由不同层次、不同作用的项目组成，而不是数据的简单罗列、集合或叠加。划分层次有利于对工业行业信息化的结构、功能、特点有比较透彻的认识，而且可在具体的比较中，针对每个项目的特点采用不同的措施。

三是动态性原则。工业行业信息化系统是一个有时空变化的复杂系统，它将随着科技发展不断向前推进，不仅要能反映工业行业信息化的现况，而且能够根据新的经济特征变化做出相应的调整，预测工业行业信息化的发展潜力。

四是代表性原则。由于工业行业信息化外延的广泛性和模糊性，所以描述工业行业信息化进程的因素很多，但作为系统化的指标体系，要在众多可用指标中筛选那些最具代表性、最灵敏的主导性指标。

五是实用性原则。指标体系需体现统计的工具性，要考虑指标量化的难易程度和可靠性。选用指标最好有现实的或能够计算的数据作为基础。

六是可比性原则。可比性是设计工业行业信息化指标体系和实际运作中的重要环节，它决定着测度结果的可信度。选用指标时必须注意指标口径的一致性，保证指标体系不仅能进行工业行业间的横向比较，且可以进行某一时间序列上的纵向比较。另外，在指标选取时要注意将不可比的因素转化为可比因素。

二 中国工业行业信息化水平测度指标体系的架构

参照波拉特信息经济学原则和以往有关信息化水平测度的研究，本书认为，信息化测度应当包含信息的产生和信息的消费两种内容，即在总体上，指标群应当包括两大类，一类属于工业行业提供信息的能力水平度量，另一类则是工业行业对相关信息的需求水平度量。但针对工业行业领域的特殊状况，具体的指标类型还应根据产业界的特殊品质和客观上数据的可采集性，特别还要强调人-人、人-物、物-物三个层次的系统化知识和信息。

工业行业提供信息的能力类似有关文献中提到的信息资源水平。但信息资源（或信息量）的概念严格地说可以包含能动性信息资源（由于具有信息的创造和加工能力而表现为信息源）和被动性信息资源（因信息相关设施的激励，如人均通话次数的增长实际多由于电话机数的增长等资源类型）两类，单纯提出信息资源的指标对分析信息经济的发展而言并不是清晰的概念，因此本书特别强调提供信息的能力（相当于能动性信息资源能力）和对相关信息的需求能力（相当于被动性信息资源能力）两类不同的信息化水平影响因素。

其中，中国工业行业信息提供能力水平 M_1，主要参考前述有关机械行业信息化水平测度的文献，以产生系统信息的生产力要素为核心。工业行业内相关信息的需求能力则是衡量工业行业信息化水平的另一特殊方面，用意是突出信息化过程发展的潜在需求水平，显然，任何行业信息化水平的提高过程，都必须顺应行业自身发展的需求，这也就是 M_2 指标群所反映的内容。

图 3-2 是中国工业行业信息化水平测度指标体系的架构。

工业行业信息技术装备水平 N_1：工业行业中，信息技术装备的形式很多，除了直接应用大、中、小型计算机和微型机等通用的信息技术装备以外，数控设备、加工中心等数字和程序化电子设备、机械设备，以及高精密设备等都可以在一定程度上反映出信息技术装备的作用。但是这些指标的数据难以获取，以微电子控制经费表示。

工业行业科技创新实力 N_2：产业科技创新实力越强，提供的信息水平越高。以工业行业中的科学家和工程师、科技活动经费总额、新产品产值

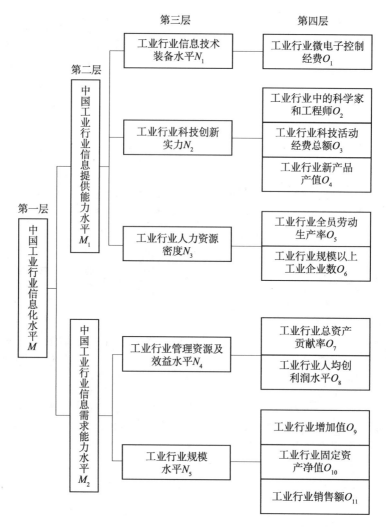

图 3-2　中国工业行业信息化水平测度指标体系的架构

表示。

工业行业人力资源密度 N_3：行业的人力资源越多，劳动生产率越高，行业中企业的集中度越高，即大中型企业越多，则该行业可能提供的信息量水平也就越高。

工业行业管理资源及效益水平 N_4：行业管理资源越丰富，经营管理的效益越高，则对相关信息的需求水平也越高。

工业行业规模水平 N_5：行业总体资产水平越高，市场效益越好，市场销售水平越高，则相应的经营体系越为复杂，对相关信息的需求水平越高。

第三节　中国工业行业信息化水平的测度

● 一　中国工业行业 36 个分行业信息化水平的测度

（一）数据的获取及调整

1. 原始数据的获取

中国工业行业 36 个分行业主要由规模以上工业企业和大中型企业构成。目前我们缺少全部工业企业的相应数据，但是，规模以上工业企业和大中型工业企业在我国全部工业企业中，在很多指标上都占有绝对多数，因此，这些数据具有广泛的代表性，这一特点在信息化方面表现得尤为明显。

微电子控制经费 O_1、科学家和工程师 O_2、科技活动经费总额 O_3、新产品产值 O_4，来自《中国科技统计年鉴》（1999～2011），且用各行业大中型工业企业的数据。其中，O_1 项，2009 年和 2010 年数据缺失，2009 年 O_1 值以 X（$X=$ 2008 年 O_1 值×2−2007 年 O_1 值）代替，2010 年 O_1 值以 Y（$Y=$2009 年 O_1 值 ×2−2008 年 O_1 值）代替；O_2 项，2009 年和 2010 年以 R&D 人员代替；O_3 项，2004 年和 2008 年以科技活动经费内部支出总额代替，2009 年和 2010 年以 R&D 经费内部支出代替。O_4 项，1998 年燃气生产和供应业项数值缺失，以 1997 年和 1999 年该项的平均值代替；2003 年燃气生产和供应业项数值缺失，以 2002 年和 2004 该项的平均值代替；2009 年燃气生产和供应业项数值缺失，以 2008 年和 2010 该项的平均值代替。

全员劳动生产率 O_5、规模以上工业企业数 O_6、总资产贡献率 O_7、工业行业增加值 O_9、固定资产净值 O_{10}、工业行业销售额 O_{11}、利润总额 R_1、行业人数 R_2、流动资产净值 R_3，来自《中国统计年鉴》（1999～2011）和《中国工业经济统计年鉴》（1999～2011）。其中，O_{10} 项 2009 年和 2010 年用的是固定资产净值数据；O_{11} 项，1998～2004 年用的是产品销售收入数据，2005～2010 年用的是工业销售产值数据；R_3 项，2009 年和 2010 年用的是流动资产合计数据。其中，O_9 项，2004 年数据缺失，以 2003 年和 2005 年该项平均值代替。

由于回归分析的需要，要求保证 1998～2010 年中行业的一致性及数据的一致性，所以工业行业分行业中没有分析木材及竹材采运业、其他矿采选业、其他制造业、武器弹药制造业等行业。由于 1997 年及以前年份的统计口径及数据存在较大的不可比性，只收集 1998～2010 年的相关数据。

对工业行业 36 个分行业 1998～2010 年各行业统一编号（H_1，H_2，……，H_{468}）。

2. 数据的调整

1998~2000 年微电子控制经费 O_1、科技活动经费总额 O_3、新产品产值 O_4 单位为千元,为了和 2001~2010 年的一致,转换为万元。

查得的数据均为当年价格,应转换为不变价格。由于是对中国工业行业进行分析,以《中国统计年鉴 2011》工业品出厂价格指数进行调整。工业品出厂价格指数如表 3-4 所示。

表 3-4 工业品出厂价格指数

年份	1998	1999	2000	2001	2002	2003	2004	2005	2006	2007	2008	2009	2010
指数	100.0	97.6	100.3	99.0	96.8	99.1	105.1	110.3	113.6	117.1	125.2	118.4	124.9

行业人均利润 O_8=行业利润总额 R_1/行业人数 R_2。调整后的数据见附录 1。

(二)中国工业行业信息化水平的测度方法之一——主成分分析法

主成分分析法是考察多个变量间相关性的一种多元统计方法,它是研究如何通过少数几个主分量(即原始变量的线性组合)来解释多变量的方差——协方差结构。简单来说,主成分分析法是简化数据结构的方法,也就是设法将原来指标重新组合成一组新的互相无关的几个综合指标来代替原来指标,同时根据实际需要从中选取几个较少的综合指标尽可能多地反映原来指标的信息。

1. 主成分分析法的算法与步骤

设 $\{y_{tj}\}$ 为评价参数矩阵,其中 y_{tj} 为第 t 个行业第 j 项指标实际值,$t=1$,2,$\cdots$,n;$j=1$,2,$\cdots$,J。

(1)对参数矩阵进行标准化处理:

$$y_{tj}^* = \frac{(y_{tj} - \overline{y_j})}{\sqrt{\dfrac{1}{n-1}\sum_{t=1}^{n}(y_{tj} - \overline{y_j})^2}} \tag{3-1}$$

$$\overline{y_{tj}} = \frac{\sum_{t=1}^{n} y_{tj}}{n} \tag{3-2}$$

(2)计算参数相关矩阵。参数相关矩阵为 $\boldsymbol{R} = (r_{ij})_{J \times J}$,其元素 r_{ij} 按下列公式计算:

$$r_{ij} = \frac{1}{n-1}\sum_{k=1}^{n} y_{ki}^* y_{kj}^* \tag{3-3}$$

(3)求相关矩阵 $\boldsymbol{R}$ 的 J 个特征根,记为 $\lambda_1 \geqslant \lambda_2 \cdots \lambda_j \geqslant 0$。

(4)计算累计贡献率:

$$u_m = \frac{\sum_{j=1}^{m}\lambda_j}{\sum_{j=1}^{J}\lambda_j} < U \qquad (3-4)$$

其中，U 为给定的理想信息含量比，$U < 1$。满足式（3-4）的特征根称为主特征根。设主特征根为 $\lambda_1, \lambda_2, \cdots, \lambda_l$。计算主特征根相应的特征向量 $C_1, C_2, \cdots, C_l$，其中，第 k 个特征向量为 $C_{1k}, C_{2k}, \cdots, C_{Jk}$。

（5）计算各行业各主成分得分和综合得分。

2. 主成分分析法的计算结果

为了保证各年计算结果的可比性，把所有数据作为一个整体进行主成分分析。应用 SPSS 统计分析软件对 11 项指标数据降低至三维处理。主成分分析的结果：累计贡献率达到 86.317%＞85%。

（1）单个贡献率和累计贡献率。

单个贡献率和累计贡献率如表 3-5 所示。

表 3-5　单个贡献率和累计贡献率

特征向量	特征根	单个贡献率/%	累计贡献率/%
X_1	5.656	51.418	51.418
X_2	2.748	24.986	76.404
X_3	1.090	9.913	86.317
X_4	0.844	7.673	93.990
X_5	0.188	1.710	95.700
X_6	0.140	1.275	96.974
X_7	0.114	1.033	98.007
X_8	0.086	0.780	98.787
X_9	0.071	0.646	99.433
X_{10}	0.047	0.432	99.865
X_{11}	0.015	0.135	100.000

（2）主成分特征向量表。

由表 3-5 可知，第一主成分 X_1 对行业信息化水平影响最大，单个贡献率达到 51% 以上；第二主成分 X_2 对行业信息化水平的影响次于第一主成分，单个贡献率达到 24% 以上；第三主成分 X_3 的单个贡献率达到 9% 以上。前三个特征根的累计贡献率已达 86.317%，说明数据经过变换后，前三个特征根所反映出来的信息占全部信息量的 85% 以上，基本上反映了评价指标体系的全部信息，所以只取前三个特征向量对中国工业行业的信息化水平进行分析评价。这三个特征向量的具体数值如表 3-6 所示。

表 3-6　主成分特征向量表

指标	特征向量		
	Z_1（主成分1）	Z_2（主成分2）	Z_3（主成分3）
O_1	0.880	−0.018	−0.247
O_2	0.887	−0.0180	0.309
O_3	0.890	−0.156	0.337
O_4	0.845	−0.162	0.418
O_5	0.220	0.922	0.012
O_6	0.549	−0.272	0.014
O_7	0.089	0.930	0.184
O_8	0.212	0.922	0.061
O_9	0.941	0.145	−0.192
O_{10}	0.628	0.055	−0.749
O_{11}	0.953	−0.054	−0.104

（3）每年各行业各主成分得分、综合得分。

1998～2010 年每年各行业各主成分得分如表 3-7 所示。

表 3-7　每年各行业各主成分得分

Obs	Z_1	Z_2	Z_3	Obs	Z_1	Z_2	Z_3	Obs	Z_1	Z_2	Z_3
1	−0.589 11	−0.564 56	−0.141 62	17	−0.799 12	−0.376 19	0.098 89	33	−0.719 18	−0.484 19	0.147 53
2	−0.459 05	0.004 54	0.050 09	18	−0.478 37	−0.250 56	−0.147 83	34	0.147 65	−0.187 68	−1.673 14
3	−0.842 56	−0.455 11	0.069 15	19	−0.036 58	−0.628 48	−0.422 38	35	−0.854 06	−0.660 13	−0.039 98
4	−0.805 23	−0.366 30	0.101 12	20	−0.602 20	−0.290 57	0.193 72	36	−0.779 47	−0.483 50	−0.062 34
5	−0.807 14	−0.417 05	0.082 63	21	−0.643 14	−0.461 63	−0.156 27	37	−0.589 08	−0.586 44	−0.189 42
6	−0.509 92	−0.617 48	−0.187 30	22	−0.753 18	−0.362 07	0.095 77	38	−0.395 31	0.261 88	0.024 79
7	−0.691 55	−0.456 59	−0.009 29	23	−0.640 55	−0.439 96	0.013 77	39	−0.840 29	−0.426 42	0.083 32
8	−0.625 37	−0.175 41	0.059 01	24	−0.321 10	−0.666 01	−0.358 15	40	−0.797 86	−0.302 87	0.121 20
9	−0.498 19	1.741 68	0.592 62	25	−0.095 40	−0.564 10	−0.449 49	41	−0.804 35	−0.403 58	0.077 74
10	−0.299 93	−0.660 42	−0.346 66	26	−0.630 32	−0.507 36	−0.037 66	42	−0.498 84	−0.550 55	−0.187 24
11	−0.665 89	−0.445 45	0.002 16	27	−0.581 79	−0.498 93	−0.012 50	43	−0.674 70	−0.393 75	0.013 38
12	−0.755 15	−0.410 11	0.053 93	28	−0.222 29	−0.674 32	0.317 61	44	−0.585 37	−0.139 30	0.022 62
13	−0.797 39	−0.452 41	0.046 14	29	−0.412 82	−0.622 79	0.263 49	45	−0.438 37	1.755 66	0.484 27
14	−0.818 51	−0.313 48	0.124 59	30	0.048 91	−0.637 32	0.441 40	46	−0.240 15	−0.604 61	−0.358 70
15	−0.673 47	−0.469 16	−0.045 02	31	−0.203 55	−0.544 48	0.343 02	47	−0.652 85	−0.402 09	0.018 57
16	−0.738 88	−0.336 02	0.062 59	32	0.012 92	−0.419 04	0.563 48	48	−0.753 62	−0.405 69	0.050 71

续表

Obs	Z_1	Z_2	Z_3	Obs	Z_1	Z_2	Z_3	Obs	Z_1	Z_2	Z_3
49	-0.787 90	-0.407 45	0.053 63	82	-0.200 81	-0.531 09	-0.292 62	115	-0.643 15	-0.276 23	0.046 61
50	-0.815 39	-0.322 97	0.118 21	83	-0.627 02	-0.352 63	0.048 24	116	-0.562 15	-0.097 96	0.042 84
51	-0.663 32	-0.431 87	-0.045 46	84	-0.745 22	-0.346 43	0.069 31	117	-0.384 61	2.092 79	0.494 80
52	-0.724 27	-0.305 81	0.059 75	85	-0.776 37	-0.349 52	0.073 82	118	-0.148 82	-0.559 90	-0.306 27
53	-0.795 21	-0.361 11	0.107 29	86	-0.810 63	-0.272 13	0.131 65	119	-0.585 24	-0.342 85	0.043 88
54	-0.430 62	-0.185 97	-0.223 95	87	-0.619 77	-0.400 21	-0.049 32	120	-0.718 45	-0.316 47	0.091 37
55	0.071 44	-0.622 27	-0.458 36	88	-0.717 72	-0.273 17	0.067 55	121	-0.757 01	-0.348 10	0.066 31
56	-0.565 40	-0.240 24	0.198 50	89	-0.794 48	-0.348 66	0.106 72	122	-0.802 54	-0.265 73	0.128 39
57	-0.554 19	-0.321 21	-0.225 75	90	-0.341 84	-0.149 35	-0.250 01	123	-0.571 80	-0.392 45	-0.094 15
58	-0.745 79	-0.412 08	0.061 64	91	0.122 85	-0.585 56	-0.272 62	124	-0.693 25	-0.251 96	0.048 88
59	-0.617 70	-0.415 41	-0.004 31	92	-0.487 88	-0.185 39	0.263 91	125	-0.787 01	-0.321 43	0.111 15
60	-0.286 68	-0.624 95	-0.371 11	93	-0.553 11	-0.197 29	-0.060 60	126	-0.306 10	-0.092 48	-0.395 04
61	0.086 44	-0.569 05	-0.519 62	94	-0.724 26	-0.396 86	0.052 29	127	0.285 76	-0.589 25	-0.423 28
62	-0.582 53	-0.418 44	-0.028 62	95	-0.589 23	-0.379 25	-0.008 57	128	-0.445 53	-0.158 11	0.262 34
63	-0.563 82	-0.466 52	-0.021 50	96	-0.237 05	-0.589 89	-0.313 73	129	-0.578 16	-0.390 01	-0.096 34
64	-0.205 29	-0.646 66	0.295 65	97	0.064 29	-0.475 01	-0.301 40	130	-0.707 78	-0.331 69	0.057 98
65	-0.393 31	-0.594 96	0.274 95	98	-0.516 40	-0.347 74	0.054 31	131	-0.556 25	-0.346 87	-0.005 57
66	0.183 96	-0.623 41	0.516 30	99	-0.540 00	-0.433 82	-0.019 27	132	-0.199 49	-0.575 69	-0.333 80
67	-0.110 75	-0.511 99	0.373 28	100	-0.157 06	-0.615 13	0.316 30	133	0.124 48	-0.435 34	-0.310 53
68	0.282 47	-0.367 15	0.492 29	101	-0.356 44	-0.575 23	0.327 57	134	-0.476 62	-0.371 26	-0.006 63
69	-0.709 68	-0.432 33	0.164 25	102	0.332 63	-0.627 84	0.707 18	135	-0.505 27	-0.396 23	-0.025 51
70	0.219 26	-0.197 20	-1.835 77	103	-0.007 48	-0.462 80	0.439 75	136	-0.104 25	-0.594 23	0.346 49
71	-0.849 06	-0.638 30	-0.043 29	104	0.602 65	-0.312 08	0.964 39	137	-0.362 22	-0.529 44	0.302 45
72	-0.762 58	-0.458 03	-0.106 54	105	-0.695 61	-0.341 34	0.202 02	138	0.568 55	-0.588 67	0.789 92
73	-0.528 37	-0.579 00	-0.092 79	106	0.384 26	-0.155 13	-2.085 37	139	0.101 92	-0.462 10	0.569 39
74	-0.052 88	2.694 70	0.403 12	107	-0.840 38	-0.603 51	-0.023 51	140	0.852 33	-0.408 20	1.049 20
75	-0.836 88	-0.387 53	0.096 07	108	-0.771 42	-0.522 33	-0.107 91	141	-0.677 37	-0.256 88	0.263 32
76	-0.790 09	-0.242 02	0.149 42	109	-0.493 84	-0.516 75	-0.084 24	142	0.544 10	-0.066 18	-2.522 59
77	-0.799 58	-0.426 84	0.057 17	110	-0.045 49	2.152 84	0.116 07	143	-0.838 61	-0.550 84	-0.020 56
78	-0.476 62	-0.453 66	-0.151 21	111	-0.830 71	-0.336 42	0.112 41	144	-0.764 52	-0.521 33	-0.131 59
79	-0.654 01	-0.310 94	0.061 51	112	-0.782 07	-0.250 02	0.134 77	145	-0.400 46	-0.457 53	-0.186 62
80	-0.573 53	-0.119 73	0.045 06	113	-0.798 58	-0.400 84	0.059 29	146	-0.128 67	2.120 37	0.123 85
81	-0.431 43	1.871 88	0.527 91	114	-0.455 98	-0.394 68	-0.128 57	147	-0.824 52	-0.319 40	0.107 60

续表

Obs	Z_1	Z_2	Z_3	Obs	Z_1	Z_2	Z_3	Obs	Z_1	Z_2	Z_3
148	−0.784 89	−0.213 68	0.149 26	181	−0.333 67	−0.413 44	−0.149 70	214	0.757 74	0.096 90	−3.310 11
149	−0.791 42	−0.376 93	0.058 86	182	−0.031 91	2.232 05	0.189 38	215	−0.816 82	−0.431 85	−0.006 78
150	−0.404 54	−0.373 55	−0.151 73	183	−0.797 31	−0.115 84	0.174 50	216	−0.747 90	−0.535 66	−0.196 39
151	−0.614 65	−0.250 08	0.033 15	184	−0.769 30	−0.068 32	0.201 66	217	−0.153 45	−0.223 99	−0.092 85
152	−0.538 82	−0.031 72	0.031 26	185	−0.783 07	−0.300 69	0.089 97	218	0.198 37	3.209 64	0.406 09
153	−0.275 56	2.741 25	0.616 24	186	−0.332 88	−0.306 08	−0.191 21	219	−0.722 95	0.591 38	0.455 87
154	−0.041 34	−0.549 66	−0.359 94	187	−0.572 27	−0.190 53	0.069 40	220	−0.726 26	0.423 32	0.374 59
155	−0.543 84	−0.363 02	0.044 83	188	−0.506 87	0.017 58	0.050 18	221	−0.770 08	−0.192 84	0.123 55
156	−0.698 41	−0.296 66	0.080 18	189	−0.201 07	3.355 52	0.731 78	222	−0.228 31	−0.203 52	−0.249 92
157	−0.751 39	−0.327 69	0.056 13	190	0.063 68	−0.548 54	−0.358 48	223	−0.533 57	−0.128 58	0.026 11
158	−0.795 10	−0.267 36	0.120 25	191	−0.504 38	−0.348 94	0.021 38	224	−0.494 22	0.092 73	0.080 92
159	−0.541 88	−0.313 14	−0.084 73	192	−0.654 90	−0.252 08	0.100 62	225	−0.096 24	4.146 82	0.946 78
160	−0.683 85	−0.216 71	0.046 29	193	−0.735 49	−0.314 53	0.065 69	226	0.189 50	−0.531 27	−0.418 06
161	−0.778 36	−0.365 66	0.084 34	194	−0.781 69	−0.272 06	0.104 16	227	−0.443 86	−0.346 26	0.032 57
162	−0.283 25	0.141 94	−0.356 18	195	−0.473 78	−0.281 37	−0.133 63	228	−0.631 35	−0.215 23	0.096 34
163	0.447 14	−0.519 04	−0.468 93	196	−0.664 61	−0.196 69	0.040 27	229	−0.697 47	−0.207 57	0.100 74
164	−0.347 40	−0.130 51	0.359 36	197	−0.761 90	−0.335 61	0.098 63	230	−0.754 13	−0.221 75	0.128 04
165	−0.594 38	−0.321 86	−0.081 21	198	−0.272 84	0.368 60	−0.228 54	231	−0.431 16	−0.239 33	−0.112 16
166	−0.683 30	−0.273 43	0.079 00	199	0.625 95	−0.404 61	−0.417 24	232	−0.656 93	−0.186 26	0.021 03
167	−0.523 48	−0.326 50	−0.022 23	200	−0.301 02	−0.081 99	0.314 11	233	−0.741 39	−0.318 42	0.115 40
168	−0.160 17	−0.548 34	−0.383 90	201	−0.604 72	−0.145 26	0.050 11	234	−0.135 70	0.696 19	−0.184 65
169	0.285 16	−0.341 65	−0.185 36	202	−0.657 23	−0.220 81	0.102 41	235	0.772 51	−0.175 05	−0.277 81
170	−0.448 87	−0.339 46	−0.026 85	203	−0.473 12	−0.338 60	−0.047 49	236	−0.259 23	−0.048 37	0.264 34
171	−0.466 66	−0.369 78	−0.028 02	204	−0.057 22	−0.463 04	−0.391 53	237	−0.607 04	−0.145 58	0.049 75
172	−0.023 33	−0.531 32	0.369 83	205	0.709 76	−0.150 85	−0.219 54	238	−0.582 59	−0.175 85	0.112 10
173	−0.311 24	−0.457 51	0.329 03	206	−0.314 61	−0.209 08	−0.069 24	239	−0.415 36	−0.341 12	−0.082 48
174	0.832 95	−0.484 32	1.040 34	207	−0.424 68	−0.311 90	0.039 40	240	0.037 52	−0.390 48	−0.492 78
175	0.225 95	−0.456 48	0.653 29	208	0.134 08	−0.495 78	0.430 89	241	1.115 31	0.090 50	−0.015 34
176	1.076 45	−0.470 81	1.082 85	209	−0.132 51	−0.489 34	0.458 96	242	−0.217 39	−0.001 52	0.036 52
177	−0.656 00	−0.208 23	0.270 44	210	1.172 36	−0.410 59	1.384 97	243	−0.328 46	−0.246 46	0.012 68
178	0.743 46	0.006 53	−2.932 60	211	0.406 06	−0.459 78	0.777 11	244	0.326 73	−0.451 59	0.516 88
179	−0.832 55	−0.536 29	−0.025 13	212	1.583 09	−0.523 54	1.389 12	245	−0.091 75	−0.434 18	0.422 10
180	−0.757 97	−0.532 84	−0.166 89	213	−0.601 92	−0.216 53	0.224 96	246	1.351 02	−0.477 40	1.352 29

续表

Obs	Z_1	Z_2	Z_3	Obs	Z_1	Z_2	Z_3	Obs	Z_1	Z_2	Z_3
247	0.574 97	−0.417 58	0.841 12	280	0.651 35	−0.509 53	0.605 95	313	2.024 59	0.021 49	−0.250 36
248	2.119 71	−0.564 14	1.324 17	281	0.069 40	−0.419 10	0.518 32	314	0.354 33	0.514 58	0.251 16
249	−0.580 72	−0.212 96	0.215 23	282	1.878 14	−0.742 20	1.829 36	315	−0.078 94	−0.248 68	−0.021 31
250	1.034 06	0.166 02	−3.601 81	283	0.895 75	−0.522 78	0.964 82	316	0.940 77	−0.494 24	0.718 40
251	−0.803 91	−0.376 44	−0.005 25	284	2.556 84	−0.784 49	1.745 83	317	0.301 48	−0.354 97	0.620 51
252	−0.741 32	−0.517 97	−0.196 88	285	−0.503 20	−0.157 58	0.279 12	318	2.349 09	−0.725 14	2.232 37
253	0.048 20	−0.149 42	−0.112 33	286	1.415 70	0.295 23	−4.415 03	319	1.347 22	−0.537 57	1.138 89
254	0.686 74	4.316 43	0.141 01	287	−0.795 31	−0.317 65	−0.014 31	320	3.319 60	−0.832 77	1.611 67
255	−0.707 06	0.355 24	0.285 35	288	−0.737 57	−0.528 92	−0.234 04	321	−0.420 44	−0.093 66	0.303 75
256	−0.678 59	0.741 70	0.460 12	289	0.274 80	−0.165 32	−0.215 24	322	1.710 85	0.507 64	−4.998 88
257	−0.745 20	0.092 52	0.258 40	290	0.589 35	4.745 04	0.425 79	323	−0.763 20	−0.155 71	−0.019 87
258	−0.071 85	−0.107 69	−0.259 26	291	−0.669 63	0.425 13	0.277 21	324	−0.706 08	−0.443 97	−0.272 26
259	−0.468 86	−0.059 47	0.039 08	292	−0.604 91	1.095 74	0.531 35	325	0.495 56	−0.070 23	−0.166 83
260	−0.388 01	0.182 58	0.206 81	293	−0.716 21	0.157 30	0.247 72	326	0.624 81	4.390 52	0.173 24
261	−0.032 28	4.389 67	0.924 48	294	0.095 09	−0.021 01	−0.301 46	327	−0.580 09	0.922 80	0.380 86
262	0.430 99	−0.562 16	−0.445 36	295	−0.400 37	0.027 50	0.050 70	328	−0.561 64	1.106 91	0.495 35
263	−0.381 88	−0.325 00	0.004 61	296	−0.307 29	0.298 79	0.164 95	329	−0.675 43	0.324 45	0.304 11
264	−0.576 69	−0.211 95	0.090 19	297	0.086 18	5.007 57	0.938 98	330	0.337 29	0.131 57	−0.347 23
265	−0.654 75	−0.166 06	0.121 92	298	0.608 01	−0.549 13	−0.528 80	331	−0.290 71	0.154 53	0.092 43
266	−0.723 82	−0.211 30	0.116 66	299	−0.305 80	−0.297 45	−0.015 60	332	−0.193 38	0.441 68	0.192 22
267	−0.331 44	−0.224 00	−0.272 83	300	−0.524 35	−0.146 77	0.096 21	333	0.262 77	6.188 07	1.248 33
268	−0.623 18	−0.201 26	−0.004 86	301	−0.593 26	−0.092 92	0.103 34	334	0.838 94	−0.515 59	−0.570 60
269	−0.716 84	−0.326 19	0.101 05	302	−0.687 26	−0.169 83	0.119 82	335	−0.192 57	−0.253 22	−0.026 23
270	−0.097 54	−0.064 47	−0.396 14	303	−0.200 10	−0.164 42	−0.235 17	336	−0.460 06	−0.064 50	0.121 92
271	1.172 67	−0.269 58	−0.426 40	304	−0.592 66	−0.144 84	−0.006 56	337	−0.522 61	0.068 83	0.143 35
272	−0.151 42	−0.042 30	0.311 73	305	−0.692 20	−0.305 21	0.100 06	338	−0.649 30	−0.148 94	0.117 16
273	−0.531 38	−0.257 35	−0.000 19	306	0.055 44	−0.253 78	−0.576 55	339	−0.122 92	−0.035 79	−0.230 50
274	−0.536 61	−0.175 59	0.130 70	307	1.431 05	−0.283 21	−0.532 79	340	−0.550 40	−0.063 16	0.005 04
275	−0.323 57	−0.344 85	−0.116 42	308	−0.048 93	−0.042 79	0.347 13	341	−0.668 13	−0.283 81	0.100 25
276	0.191 57	−0.451 13	−0.535 76	309	−0.475 42	−0.167 41	0.015 89	342	0.306 81	0.514 47	−0.539 86
277	1.566 43	−0.041 21	−0.097 88	310	−0.464 02	−0.184 40	0.138 92	343	1.997 38	−0.124 10	−0.459 69
278	−0.016 33	0.067 34	0.057 55	311	−0.197 32	−0.310 87	−0.171 51	344	0.111 49	0.143 54	0.479 39
279	−0.206 04	−0.270 63	0.018 43	312	0.405 02	−0.364 46	−0.666 50	345	−0.396 82	0.077 43	0.138 86

续表

Obs	Z_1	Z_2	Z_3	Obs	Z_1	Z_2	Z_3	Obs	Z_1	Z_2	Z_3
346	−0.389 55	−0.056 47	0.210 38	379	2.292 80	−0.320 99	−0.539 42	412	−0.505 59	0.019 96	0.026 46
347	−0.080 91	−0.241 21	−0.100 79	380	0.214 05	0.235 94	0.576 20	413	−0.611 16	−0.172 17	0.137 46
348	0.656 19	−0.210 02	−0.763 16	381	−0.412 13	−0.116 90	0.128 95	414	0.460 65	1.664 61	−0.620 73
349	2.720 88	0.202 69	0.019 59	382	−0.351 02	−0.115 57	0.177 85	415	2.505 53	−0.173 25	−1.472 88
350	0.628 17	0.652 96	0.175 46	383	0.018 99	−0.257 44	−0.085 39	416	0.337 96	0.352 11	0.486 02
351	0.139 67	−0.220 20	−0.018 27	384	0.933 08	−0.248 22	−0.768 28	417	−0.403 85	0.176 69	0.094 32
352	1.333 34	−0.492 22	0.836 76	385	3.119 50	−0.115 79	0.104 17	418	−0.295 03	0.120 14	0.148 86
353	0.591 95	−0.285 89	0.822 26	386	0.740 36	0.214 72	−0.061 76	419	0.084 03	−0.191 45	−0.191 55
354	3.028 28	−0.644 39	2.601 60	387	0.344 56	−0.274 82	0.022 27	420	1.142 34	−0.155 31	−1.210 85
355	1.918 22	−0.559 64	1.577 82	388	1.740 10	−0.646 00	0.816 63	421	2.884 80	0.055 60	−1.733 74
356	4.201 82	−1.065 64	2.212 07	389	0.921 91	−0.428 47	0.994 59	422	0.785 82	0.363 37	−0.615 84
357	−0.299 25	−0.047 85	0.440 53	390	3.503 95	−0.813 05	2.860 14	423	0.410 54	−0.224 31	−0.189 99
358	2.090 80	0.734 10	−5.765 38	391	2.326 67	−0.627 53	1.844 76	424	1.959 82	−0.578 53	0.460 19
359	−0.718 18	0.210 45	0.045 02	392	4.572 43	−1.229 25	2.595 28	425	1.060 93	−0.331 87	0.781 73
360	−0.707 62	−0.381 66	−0.279 15	393	−0.268 13	−0.066 74	0.457 40	426	4.022 63	−0.601 41	2.570 03
361	0.790 93	0.208 23	−0.196 75	394	2.219 31	0.296 44	−6.445 51	427	2.528 78	−0.536 63	1.533 17
362	0.780 45	4.147 71	0.062 89	395	−0.683 23	0.369 91	0.062 81	428	4.583 00	−1.069 54	1.653 77
363	−0.489 36	1.254 55	0.454 19	396	−0.706 94	−0.410 81	−0.286 68	429	−0.261 70	−0.019 61	0.398 05
364	−0.549 15	0.861 91	0.351 10	397	0.865 45	0.186 59	−0.887 79	430	2.573 13	0.588 45	−8.153 22
365	−0.634 50	0.412 38	0.341 43	398	0.708 73	2.277 42	−1.355 44	431	−0.633 82	0.561 87	−0.001 63
366	0.558 79	0.129 32	−0.402 28	399	−0.488 52	0.874 85	0.170 41	432	−0.698 84	−0.403 54	−0.370 51
367	−0.201 52	0.166 18	0.060 28	400	−0.522 85	0.785 38	0.195 48	433	1.037 02	0.413 92	−1.124 81
368	−0.152 01	0.443 40	0.184 49	401	−0.615 57	0.456 07	0.274 79	434	0.911 21	2.941 86	−1.133 47
369	0.260 38	6.223 75	1.191 60	402	0.779 62	0.190 40	−0.748 36	435	−0.385 61	1.176 60	0.113 44
370	0.981 71	−0.540 11	−0.628 12	403	−0.085 44	0.337 78	−0.042 23	436	−0.477 10	1.142 44	0.262 94
371	−0.121 51	−0.245 02	−0.048 99	404	−0.096 17	0.647 33	0.053 45	437	−0.571 12	0.646 10	0.311 34
372	−0.430 25	0.023 80	0.148 98	405	0.353 35	6.510 16	1.162 68	438	0.980 93	0.355 94	−0.817 77
373	−0.445 56	0.114 18	0.153 46	406	1.192 27	−0.493 19	−0.704 95	439	0.020 37	0.466 37	−0.031 83
374	−0.616 77	−0.096 24	0.145 70	407	−0.053 10	−0.161 22	−0.062 43	440	−0.027 02	0.737 94	0.092 61
375	−0.065 91	−0.086 78	−0.229 09	408	−0.385 44	0.094 15	0.138 27	441	0.398 19	6.768 62	1.260 57
376	−0.530 26	−0.034 76	0.036 04	409	−0.395 49	0.219 64	0.098 42	442	1.399 46	−0.400 93	−0.649 33
377	−0.637 18	−0.260 53	0.122 77	410	−0.587 54	−0.009 90	0.138 29	443	0.002 78	−0.065 68	−0.048 25
378	0.247 61	−0.720 39	−0.896 12	411	−0.033 22	−0.013 91	−0.377 48	444	−0.334 66	0.230 95	0.171 15

续表

Obs	Z_1	Z_2	Z_3	Obs	Z_1	Z_2	Z_3	Obs	Z_1	Z_2	Z_3
445	−0.332 74	0.360 18	0.094 30	453	−0.333 18	0.498 75	0.239 40	461	1.346 16	−0.234 31	0.942 54
446	−0.554 53	0.085 06	0.147 63	454	−0.210 13	0.140 45	0.207 87	462	4.803 24	−0.566 28	3.035 33
447	0.037 45	0.093 94	−0.371 02	455	0.220 19	−0.104 88	−0.130 94	463	3.137 52	−0.618 90	2.085 22
448	−0.482 93	0.100 93	0.074 06	456	1.415 69	−0.025 09	−1.350 30	464	5.425 78	−1.172 25	2.346 31
449	−0.599 70	−0.089 60	0.149 26	457	3.317 93	0.116 77	−1.652 57	465	−0.171 51	0.094 08	0.517 44
450	0.625 83	1.733 25	−0.724 38	458	1.090 95	0.576 23	−0.609 65	466	2.835 56	0.770 99	−8.613 86
451	2.926 02	0.007 73	−1.585 74	459	0.573 99	−0.095 83	−0.151 61	467	−0.584 38	0.889 73	0.066 80
452	0.473 85	0.431 57	0.606 50	460	2.347 02	−0.501 33	0.379 31	468	−0.692 86	−0.347 99	−0.371 50

用式 $I = 0.514\,18 \times Z_1 + 0.249\,86 \times Z_2 + 0.099\,13 \times Z_3$ 计算信息化水平，由于所得信息化水平值较小，扩大 100 倍（不影响相对比较的结果），结果见附录 1。

由表 3-5 和表 3-6 可得到三个主成分的解释，具体如下。

（1）第一主成分。这一成分中最重要的因素是微电子控制经费 O_3、科技活动经费总额 O_3、新产品产值 O_4、规模以上企业数 O_6、工业增加值 O_9、工业销售额 O_{11}，它们代表了工业行业信息技术装备水平 N_1、工业行业科技创新实力 N_2、工业行业规模水平 N_5。说明在工业行业信息化水平中，受工业行业信息提供能力水平 M_1 中的工业行业信息技术装备水平和工业行业科技创新实力两个因素影响较大；受工业行业信息需求能力水平 M_2 中工业行业规模水平影响较大。

（2）第二主成分。这一成分中最重要的因素是全员劳动生产率 O_5、总资产贡献率 O_7、人均创利润水平 O_8。说明工业行业人力资源密度 N_3、工业行业管理资源及效益水平 N_4 对工业行业信息化水平影响较大。

（3）第三主成分。这一成分中最重要的因素是固定资产净值 O_{10}。

（三）中国工业行业信息化水平的测度方法之二——算数平均法

由于主成分分析的结果只具有相对比较的意义，且计算出的信息化水平还有负数，不便于后面对 CD 函数取对数分析，所以下面用算数平均法求信息化水平，并与主成分分析法的结果比较。

为了保证不同年分、不同工业行业的信息化水平能比较，对数据作整体处理。

1. 归一化

对 O_1 列数据作归一化处理：由于相对值较小，为计算方便，均乘以 100。

$$O_{i1\text{归一化}} = \frac{O_{i1}}{\sum\limits_{i=1}^{486} O_{i1}} \times 100 \tag{3-5}$$

对 O_2 到 O_{11} 列，同样作归一化处理。

2. 算数平均法计算信息化水平

信息化水平算数平均法的计算公式为

$$I_i = \sum_{j=1}^{11} O_{ij} \,, \quad i=1,\ 2,\ \cdots,\ 486 \tag{3-6}$$

（四）主成分分析法与算数平均法所得结果的比较

把用主成分分析法与算数平均法计算的信息化水平由低到高排列，如表 3-8 所示。可以看出，两种方法计算的结果（排序）总体一致，说明用算数平均法计算出的信息化水平总体上能反映中国工业行业信息化水平的相对状况。后续各章均用算数平均法计算的信息化水平分析。

表 3-8 主成分分析法与算数平均法计算信息化水平结果的比较

H	I（主成分法）	H	I（平均法）	H	I（主成分法）	H	I（平均法）	H	I（主成分法）	H	I（平均法）
35	−60.804 433	35	0.051 954	111	−50.002 474	149	0.341 004	185	−46.885 123	148	0.435 724
71	−60.034 736	71	0.076 291	432	−49.688 536	36	0.342 134	22	−46.824 088	121	0.436 793
107	−58.523 166	107	0.115 781	4	−49.553 319	86	0.351 911	37	−46.819 861	84	0.439 189
143	−57.086 950	143	0.152 415	149	−49.527 979	40	0.355 302	15	−46.796 984	33	0.444 413
179	−56.457 170	179	0.173 685	17	−49.508 087	144	0.358 101	94	−46.637 554	157	0.460 048
3	−54.008 770	3	0.180 013	396	−49.456 068	125	0.367 324	122	−46.631 898	183	0.461 907
180	−53.941 181	39	0.200 543	147	−49.309 065	180	0.368 051	197	−46.583 172	233	0.468 819
216	−53.786 662	75	0.228 321	287	−48.971 885	161	0.369 313	158	−46.370 417	94	0.475 028
108	−53.785 468	111	0.268 616	53	−48.847 241	122	0.373 984	84	−46.286 584	221	0.480 949
144	−53.640 635	215	0.276 655	50	−48.823 656	216	0.388 728	157	−46.266 191	16	0.483 021
288	−53.460 147	5	0.277 198	360	−48.687 803	85	0.388 970	21	−46.152 359	69	0.499 951
39	−53.034 497	13	0.286 720	14	−48.683 663	158	0.389 437	194	−45.958 093	193	0.500 711
252	−53.011 201	41	0.290 320	12	−48.540 375	12	0.390 446	1	−45.800 965	230	0.505 118
215	−52.856 840	147	0.294 101	89	−48.504 329	48	0.395 743	16	−45.767 171	120	0.514 083
36	−52.777 609	77	0.295 654	48	−48.383 396	185	0.399 505	69	−45.664 423	269	0.518 253
13	−51.846 899	4	0.306 918	161	−48.321 757	72	0.401 722	26	−45.459 819	7	0.529 031
75	−51.761 099	14	0.309 494	58	−48.031 951	76	0.405 877	51	−45.348 190	52	0.538 501
72	−51.710 839	113	0.311 850	468	−48.003 282	287	0.406 582	11	−45.347 490	324	0.544 171
77	−51.211 050	50	0.315 033	85	−47.920 990	252	0.414 433	76	−45.190 599	184	0.549 498
5	−51.102 634	17	0.317 123	33	−47.614 212	197	0.415 260	112	−45.123 632	130	0.550 800
251	−50.793 360	53	0.330 922	125	−47.396 247	194	0.417 171	193	−45.024 926	396	0.561 053
41	−50.671 137	49	0.332 742	40	−47.390 517	288	0.418 058	233	−44.932 730	156	0.561 102
113	−50.489 127	89	0.338 111	86	−47.175 304	58	0.418 730	43	−44.397 138	15	0.565 103
49	−50.161 220	108	0.340 023	7	−47.058 774	22	0.422 840	52	−44.289 561	266	0.571 777
324	−50.097 301	251	0.340 130	121	−46.964 485	112	0.422 869	148	−44.216 960	11	0.572 136

续表

H	I（主成分法）	H	I（平均法）	H	I（主成分法）	H	I（平均法）	H	I（主成分法）	H	I（平均法）
130	−44.105 555	88	0.574 509	232	−38.223 376	95	0.806 772	374	−32.673 447	93	1.001 542
269	−44.007 015	360	0.574 900	119	−38.223 031	63	0.811 341	65	−32.363 329	78	1.003 557
120	−43.942 581	305	0.579 775	377	−38.054 799	20	0.816 255	18	−32.322 945	223	1.035 925
23	−43.791 857	105	0.581 834	151	−37.523 884	73	0.819 024	80	−32.034 887	134	1.045 742
6	−43.503 911	323	0.585 616	78	−37.340 858	413	0.824 408	170	−31.828 031	273	1.046 107
47	−43.430 742	432	0.589 417	131	−37.323 438	268	0.830 923	301	−31.801 193	274	1.047 002
323	−43.329 784	43	0.600 444	268	−37.119 491	129	0.834 076	150	−31.638 110	291	1.060 251
221	−43.189 646	51	0.608 628	228	−36.885 570	165	0.840 502	449	−31.594 170	18	1.060 743
88	−43.059 244	26	0.619 459	24	−36.701 550	123	0.845 234	359	−31.222 459	340	1.067 228
230	−43.047 200	47	0.620 845	265	−36.606 372	264	0.850 829	227	−31.151 274	171	1.069 772
73	−42.554 779	21	0.626 940	155	−36.589 132	6	0.854 973	46	−31.010 397	114	1.071 133
156	−42.528 660	229	0.639 403	159	−36.526 509	374	0.858 901	116	−30.927 340	152	1.083 040
27	−42.504 959	166	0.640 649	20	−36.303 941	213	0.862 114	239	−30.697 818	29	1.084 525
87	−42.355 899	341	0.642 768	177	−36.252 052	99	0.877 362	274	−30.683 320	203	1.085 681
105	−42.291 567	124	0.643 310	135	−36.133 172	155	0.877 630	293	−30.440 382	446	1.093 988
305	−42.225 494	141	0.647 996	8	−35.953 051	449	0.887 059	223	−30.388 825	227	1.099 243
59	−42.182 887	468	0.649 182	338	−35.945 737	131	0.901 399	96	−30.037 411	365	1.100 769
183	−42.160 714	23	0.661 359	10	−35.359 550	220	0.902 474	340	−29.828 474	285	1.121 357
124	−41.456 275	192	0.672 478	167	−35.294 391	42	0.909 200	300	−29.674 689	195	1.125 212
266	−41.340 619	302	0.672 649	98	−34.702 343	57	0.910 299	101	−29.452 938	376	1.127 777
42	−41.261 798	257	0.674 546	114	−34.581 408	109	0.915 292	231	−29.261 185	395	1.128 755
166	−41.182 481	37	0.679 566	191	−34.440 849	249	0.916 436	207	−29.238 921	170	1.132 359
63	−40.860 364	1	0.681 646	413	−34.363 916	44	0.918 674	410	−29.086 738	145	1.138 070
79	−40.787 234	160	0.682 606	237	−34.357 262	237	0.924 297	54	−29.008 330	92	1.143 616
62	−40.691 617	79	0.686 791	201	−34.226 231	301	0.926 694	181	−28.970 996	65	1.148 570
83	−40.572 576	83	0.698 798	29	−34.175 421	187	0.928 314	137	−28.855 231	337	1.156 293
341	−40.451 378	377	0.721 105	304	−34.157 488	304	0.929 149	309	−28.470 543	336	1.158 877
129	−40.427 783	59	0.725 235	213	−34.129 731	56	0.930 470	152	−28.187 921	401	1.172 605
123	−40.139 927	115	0.728 410	264	−34.053 862	201	0.932 014	132	−27.950 702	150	1.181 100
160	−40.118 114	87	0.732 372	60	−34.034 473	238	0.934 356	376	−27.776 193	188	1.186 662
229	−40.049 994	202	0.733 410	93	−33.970 014	359	0.935 721	263	−27.710 081	207	1.189 112
95	−39.857 859	228	0.735 728	145	−33.872 752	255	0.937 721	92	−27.102 031	310	1.206 251
115	−39.509 693	196	0.739 119	134	−33.848 703	80	0.954 971	310	−27.089 188	259	1.207 824
165	−39.409 024	177	0.741 196	273	−33.754 710	329	0.957 281	285	−27.043 814	256	1.208 081
184	−39.263 895	27	0.754 659	171	−33.511 774	159	0.957 479	186	−26.659 253	239	1.209 895
109	−39.138 803	265	0.757 224	187	−33.497 591	191	0.961 632	82	−26.495 583	309	1.222 513
192	−38.974 719	232	0.761 120	257	−33.443 283	98	0.967 612	275	−26.407 663	54	1.222 700
99	−38.796 142	338	0.768 104	44	−33.354 764	410	0.975 136	168	−25.741 836	412	1.224 253
57	−38.758 998	293	0.779 418	203	−33.257 911	135	0.975 549	267	−25.343 557	2	1.233 475
196	−38.688 331	62	0.779 659	238	−33.238 125	167	0.980 844	395	−25.264 929	263	1.237 423
141	−38.636 989	119	0.795 353	56	−33.106 805	300	0.986 079	412	−25.235 411	101	1.239 622
302	−38.393 436	151	0.801 654	249	−33.047 105	116	0.992 882	259	−25.206 255	231	1.244 089
202	−38.295 369	8	0.801 828	195	−32.716 022	219	0.994 084	28	−25.129 958	137	1.251 681

续表

H	I（主成分法）	H	I（平均法）	H	I（主成分法）	H	I（平均法）	H	I（主成分法）	H	I（平均法）
188	−25.125 606	224	1.253 593	335	−16.488 679	400	1.632 647	407	−7.377 315	172	2.032 660
446	−24.924 061	128	1.258 140	55	−16.418 493	200	1.640 959	445	−7.174 541	339	2.045 231
118	−24.677 738	372	1.266 233	408	−16.095 604	335	1.655 432	467	−7.154 595	465	2.050 139
255	−24.650 844	24	1.291 697	417	−15.415 377	357	1.657 035	198	−7.084 548	378	2.058 381
128	−24.260 447	10	1.300 790	61	−14.924 868	118	1.668 974	276	−6.732 612	9	2.070 473
173	−24.173 088	181	1.303 979	67	−14.786 663	100	1.672 118	296	−6.699 313	306	2.076 325
336	−24.058 271	448	1.322 013	162	−14.548 681	168	1.680 947	383	−6.302 650	103	2.118 684
90	−23.787 056	321	1.338 153	209	−14.490 283	279	1.682 553	411	−5.797 698	332	2.128 773
64	−23.782 238	186	1.352 696	200	−14.412 815	328	1.689 356	272	−5.752 593	190	2.142 100
337	−23.730 559	373	1.353 976	217	−14.406 893	311	1.692 412	367	−5.612 090	375	2.154 928
329	−23.608 126	60	1.381 827	378	−14.151 256	162	1.709 058	400	−5.322 631	30	2.156 633
25	−23.455 996	437	1.384 725	190	−13.984 987	331	1.710 584	454	−5.234 810	443	2.162 241
299	−23.310 287	408	1.394 772	409	−13.871 941	393	1.714 210	106	−4.790 275	240	2.167 366
220	−23.052 362	299	1.395 347	34	−13.683 636	445	1.715 764	127	−4.225 832	55	2.169 419
2	−22.993 338	295	1.403 767	38	−13.537 274	236	1.745 469	32	−4.219 982	61	2.178 232
243	−22.921 106	173	1.406 827	260	−13.338 800	217	1.749 506	364	−3.219 960	253	2.204 679
381	−22.833 761	381	1.408 593	371	−12.855 600	399	1.752 312	327	−2.994 475	383	2.205 201
224	−22.292 775	275	1.412 306	240	−12.712 475	418	1.764 459	253	−2.368 747	97	2.207 878
206	−22.086 895	243	1.423 639	357	−12.215 593	467	1.764 499	419	−2.361 517	32	2.211 968
126	−21.965 901	90	1.430 064	236	−11.917 291	429	1.771 437	453	−2.296 477	368	2.213 834
19	−21.771 245	431	1.432 253	70	−11.851 593	25	1.776 777	443	−1.976 433	308	2.228 091
448	−21.575 589	346	1.453 142	256	−11.798 737	296	1.792 959	281	−1.765 007	435	2.234 824
291	−21.061 065	46	1.457 772	97	−11.550 479	136	1.805 851	399	−1.570 382	45	2.234 955
321	−20.947 117	267	1.458 762	245	−11.381 690	303	1.806 639	465	−1.338 854	411	2.260 114
31	−20.670 504	28	1.495 888	347	−11.186 290	209	1.809 604	208	−1.222 169	403	2.263028
100	−20.309 580	206	1.497 321	91	−11.016 862	371	1.819 109	66	−0.999 535	281	2.304 753
372	−20.050 912	382	1.500 012	393	−10.919 976	242	1.819 551	139	−0.661 193	91	2.312 374
311	−19.613 074	164	1.503 383	242	−10.853 680	198	1.850 872	308	−0.143 839	278	2.331 317
154	−19.427 605	96	1.508 186	172	−10.808 817	67	1.869 090	447	0.595 126	234	2.342 899
295	−19.396 625	409	1.510 648	418	−10.692 644	154	1.908 335	142	1.316 735	81	2.350 599
346	−19.355 660	126	1.521 197	270	−10.553 225	270	1.913 834	294	1.375 943	294	2.359 106
222	−19.301 701	38	1.534 993	315	−10.483 833	367	1.914 931	278	1.413 529	133	2.359 569
382	−19.173 318	260	1.545 220	331	−10.170 443	19	1.923 838	351	1.498 558	419	2.367 653
365	−18.936 280	64	1.551 401	437	−10.136 011	245	1.925 814	292	1.542 292	139	2.398 952
431	−18.567 066	444	1.562 466	429	−10.000 329	204	1.935 693	332	2.997 957	208	2.405 941
373	−18.535 781	327	1.563 387	444	−9.740 643	436	1.954 291	403	3.627 926	226	2.411 731
204	−18.392 857	82	1.566 992	339	−9.499 473	315	1.954 592	328	3.688 965	351	2.434 354
219	−17.877 312	345	1.569 884	306	−9.205 627	258	1.970 004	262	3.699 790	404	2.441 641
164	−17.561 164	132	1.591 022	30	−9.033 561	347	1.972 986	169	4.288 593	276	2.474 023
401	−17.532 096	222	1.597 361	258	−8.954 891	454	1.978 874	368	5.091 772	447	2.487 292
279	−17.173 310	364	1.604 846	375	−7.828 190	363	1.991 731	312	5.111 743	66	2.491 506
345	−17.092 417	292	1.607 649	226	−7.674 807	407	2.000 187	163	5.373 841	439	2.569 642
136	−16.772 970	417	1.621 497	103	−7.588 594	272	2.001 220	436	6.619 811	34	2.573 575
303	−16.731 614	31	1.627 829	133	−7.555 393	453	2.023 600	175	6.688 414	117	2.636 991

续表

H	I（主成分法）	H	I（平均法）	H	I（主成分法）	H	I（平均法）	H	I（主成分法）	H	I（平均法）
455	7.403 088	440	2.660 508	117	37.419 464	189	3.902 852	189	80.756 840	212	5.870 424
289	7.865 343	127	2.661 117	402	37.425 414	235	3.946 561	388	81.426 919	388	5.994 329
102	8.426 485	289	2.686 076	397	40.361 196	74	3.984 759	212	82.088 339	434	6.193 994
214	8.569 341	344	2.698 064	174	41.040 516	178	4.004 332	424	90.876 906	322	6.412 686
234	8.587 117	455	2.699 049	452	41.159 959	386	4.007 845	218	94.421 428	355	6.481 301
178	9.319 206	175	2.700 529	406	41.993 197	361	4.010 022	343	95.043 397	424	6.487 787
68	10.230 788	70	2.707 926	283	42.560 042	350	4.048 715	282	96.160 107	326	6.540 371
244	10.640 077	169	2.789 466	386	42.820 362	214	4.108 892	355	100.289 005	282	6.583 430
363	10.686 735	68	2.864 029	420	42.853 406	370	4.114 049	313	102.155 455	254	6.587 712
435	10.695 779	317	2.864 349	316	43.145 025	397	4.121 882	379	104.523 921	343	6.627 260
387	11.070 705	244	2.864 660	422	43.379 551	422	4.138 975	248	108.022 092	290	6.637 722
404	11.758 965	102	2.865 428	361	43.920 390	174	4.153 729	225	108.049 510	362	6.761 080
298	12.300 236	387	2.896 140	140	44.026 781	384	4.161 738	434	109.121 550	313	6.828 250
439	12.384 332	262	2.920 174	389	46.556 226	414	4.174 902	415	109.900 043	369	6.892 651
317	12.783 084	330	2.926 273	146	47.591 121	283	4.181 994	460	111.913 132	333	6.894 098
423	13.621 352	312	2.957 183	271	49.333 911	140	4.237 344	261	117.185 074	248	7.065 241
344	14.071 286	380	2.980 664	350	50.353 512	316	4.240 387	391	122.240 248	379	7.202 948
211	17.094 267	423	3.041 850	322	51.098 635	389	4.276 736	318	124.796 742	405	7.256 049
330	17.188 475	163	3.057 523	438	51.224 554	438	4.366 154	284	129.172 654	394	7.312 168
199	17.939 091	211	3.094 126	433	52.513 797	433	4.555 328	427	131.814 923	358	7.337 377
440	17.966 517	106	3.125 271	110	52.602 304	450	4.574 698	421	132.533 071	460	7.378 522
348	20.927 364	342	3.154 347	425	54.008 227	406	4.619 421	451	134.923 733	391	7.403 319
250	21.612 490	325	3.194 017	176	54.319 280	420	4.629 323	297	138.858 227	441	7.468 480
325	22.072 357	153	3.292 631	442	55.503 161	425	4.655 760	326	143.551 252	415	7.683 375
138	22.361 698	298	3.293 410	182	56.006 424	225	4.677 558	362	144.387 460	318	7.793 509
380	22.613 436	416	3.335 008	394	57.625 153	250	4.682 831	254	144.558 599	284	7.908 880
342	23.278 616	366	3.415 241	456	58.779 348	176	4.732 519	349	145.161 084	427	7.931 249
9	23.776 158	314	3.423 698	414	59.124 358	271	4.756 996	290	153.083 782	430	8.330 050
334	24.597 534	138	3.448 248	241	59.456 261	218	4.793 651	457	157.137 052	349	8.528 510
459	25.615 980	459	3.467 742	153	60.432 950	241	4.858 008	385	158.538 005	421	8.670 689
45	26.127 266	199	3.492 960	307	61.223 956	261	5.000 663	354	165.396 883	451	8.738 901
280	26.767 070	146	3.493 270	210	63.750 426	458	5.010 941	320	165.856 124	466	9.034 342
247	27.468 006	247	3.511 078	458	64.448 643	210	5.049 382	463	166.531 704	385	9.323 894
366	27.975 343	348	3.537 421	352	64.553 652	352	5.108 818	333	180.500 657	463	9.388 336
81	29.820 493	142	3.538 233	430	66.185 491	442	5.133 393	369	180.707 180	354	9.436 956
205	30.549 122	353	3.574 609	319	67.129 429	319	5.149 348	390	188.203 969	320	9.584 190
370	30.756 126	280	3.581 462	450	68.305 269	398	5.233 870	405	192.356 984	457	9.714 501
416	30.992 642	110	3.653 826	74	68.606 814	456	5.283 680	441	202.090 992	390	10.471 176
353	31.444 847	182	3.709 800	358	68.694 946	307	5.305 743	356	211.351 621	356	11.545 671
235	32.593 225	104	3.711 667	246	70.943 356	461	5.381 509	426	217.285 282	426	12.019 317
104	32.749 354	452	3.713 560	461	72.705 597	246	5.458 361	428	225.319 079	428	12.359 997
314	33.566 115	334	3.787 601	277	78.542 897	286	5.620 430	392	230.118 180	392	12.383 245
384	34.159 084	205	3.800 119	466	79.673 529	297	5.666 675	462	262.913 092	462	13.802 915
286	36.403 180	402	3.869 110	398	79.908 726	277	5.754 440	464	272.951 645	464	14.391 093

二 中国 30 个省域工业行业信息化水平的测度

1. 数据的获取及调整

（1）原始数据的获取。

中国 30 个省域工业行业主要是由规模以上工业企业和大中型企业构成的。目前我们缺少全部工业企业的相应数据，但是，规模以上工业企业和大中型工业企业在我国全部工业企业中，在很多指标上都占有绝对多数，因此，这些数据具有广泛的代表性，这一特点在信息化方面表现得尤为明显。

微电子控制经费 O_1、科学家和工程师 O_2、科技活动经费总额 O_3、新产品产值 O_4，来自《中国科技统计年鉴》（1999～2011），且用各行业和各地区大中型工业企业的数据。其中，O_1 项，2009 年和 2010 年数据缺失，2009 年 O_1 值以 X（X＝2008 年 O_1 值×2－2007 年 O_1 值）代替，2010 年 O_1 值以 Y（Y＝2009 年 O_1 值×2－2008 年 O_1 值）代替；O_2 项，2009 年和 2010 年以 $R\&D$ 人员代替；O_3 项，2004 年和 2008 年以科技活动经费内部支出总额代替，2009 年和 2010 年以 $R\&D$ 经费内部支出代替。

全员劳动生产率 O_5、规模以上工业企业数 O_6、总资产贡献率 O_7、工业增加值 O_9、固定资产净值 O_{10}、工业销售额 O_{11}、利润总额 R_1、行业人数 R_2、流动资产净值 R_3，来自《中国统计年鉴》（1999～2011）和《中国工业经济统计年鉴》（1999～2011）。其中，O_{10} 项 2009 年和 2010 年用的是固定资产净值数据；O_{11} 项，1998～2004 年用的是产品销售收入数据，2005～2010 年用的是工业销售产值数据；R_3 项，2009 年和 2010 年用的是流动资产合计数据。

由于回归分析的需要，要求保证 1998～2010 年省域工业行业的一致性及数据的一致性，所以省域工业行业分中没有分析我国西藏、台湾、香港和澳门。由于 1997 年及以前年份的统计口径及数据存在较大的不可比性，只收集 1998～2010 年的相关数据。对 30 个省域工业行业 1998～2010 年各行业统一编号（S_1，S_2，…，S_{390}）。

（2）数据的调整。

1998～2000 年微电子控制经费 O_1、科技活动经费总额 O_3、新产品产值 O_4 单位为千元，为了和 2001～2010 年的一致，转换为万元。

查得的数据均为当年价格，应转换为不变价格。由于是对中国工业行业进行分析，以《中国统计年鉴 2011》工业品出厂价格指数进行调整（表 3-4）。

行业人均利润 O_8＝行业利润总额 R_1/行业人数 R_2。

2. 中国 30 个省域工业行业的信息化水平

同理，用算数平均值法测得中国 30 个省域工业行业的信息水平，结果见表 3-9。

表 3-9　中国 30 个省域工业行业的信息化水平

S	1998年	S	1999年	S	2000年	S	2001年	S	2002年	S	2003年	S	2004年	S	2005年	S	2006年	S	2007年	S	2008年	S	2009年	S	2010年
S_1	1.208 023 4	S_{31}	1.207 25	S_{61}	1.468 192	S_{91}	1.600 003	S_{121}	1.692 479	S_{151}	1.923 161	S_{181}	2.540 511	S_{211}	2.588 854	S_{241}	3.089 799	S_{271}	3.666 287	S_{301}	3.645 19	S_{331}	4.079 969	S_{361}	4.679 088
S_2	1.018 468	S_{32}	1.163 778	S_{62}	1.415 772	S_{92}	1.508 298	S_{122}	1.701 355	S_{152}	1.886 931	S_{182}	2.488 188	S_{212}	2.991 861	S_{242}	3.533 622	S_{272}	4.007 364	S_{302}	4.175 74	S_{332}	4.279 321	S_{362}	5.177 388
S_3	1.287 246 6	S_{33}	1.448 56	S_{63}	1.663 42	S_{93}	1.799 79	S_{123}	1.982 854	S_{153}	2.399 816	S_{183}	2.680 585	S_{213}	3.119 271	S_{243}	3.600 2	S_{273}	4.251 026	S_{303}	4.676 41	S_{333}	4.961 315	S_{363}	5.731 531
S_4	0.694 362	S_{34}	0.679 144	S_{64}	0.792 67	S_{94}	0.861 965	S_{124}	1.034 819	S_{154}	1.320 391	S_{184}	1.648 474	S_{214}	1.930 018	S_{244}	2.462 687	S_{274}	3.009 189	S_{304}	3.251 463	S_{334}	2.864 409	S_{364}	3.346 044
S_5	0.409 670 1	S_{35}	0.450 634	S_{65}	0.552 79	S_{95}	0.589 358	S_{125}	0.692 601	S_{155}	0.913 849	S_{185}	1.293 148	S_{215}	1.707 62	S_{245}	2.197 997	S_{275}	2.936 301	S_{305}	3.399 41	S_{335}	4.157 036	S_{365}	4.916 552
S_6	1.488 668 7	S_{36}	1.676 316	S_{66}	2.038 894	S_{96}	2.300 114	S_{126}	2.537 581	S_{156}	2.835 509	S_{186}	3.183 745	S_{216}	3.526 606	S_{246}	4.082 556	S_{276}	4.834 366	S_{306}	5.425 566	S_{336}	5.965 256	S_{366}	6.650 77
S_7	0.683 706 4	S_{37}	0.877 508	S_{67}	0.949 92	S_{97}	1.129 791	S_{127}	1.259 676	S_{157}	1.404 366	S_{187}	1.406 507	S_{217}	1.926 767	S_{247}	2.248 586	S_{277}	2.808 377	S_{307}	2.847 036	S_{337}	3.553 45	S_{367}	3.765 847
S_8	0.990 107 4	S_{38}	1.205 223	S_{68}	1.915 05	S_{98}	1.840 669	S_{128}	1.900 037	S_{158}	2.283 571	S_{188}	2.612 315	S_{218}	3.192 267	S_{248}	3.556 385	S_{278}	3.630 547	S_{308}	3.784 801	S_{338}	3.073 779	S_{368}	3.737 54
S_9	2.543 714 7	S_{39}	3.069 558	S_{69}	3.417 445	S_{99}	3.566 753	S_{129}	4.054 106	S_{159}	4.490 335	S_{189}	5.129 368	S_{219}	5.238 308	S_{249}	6.112 7	S_{279}	6.692 842	S_{309}	6.291 164	S_{339}	6.319 419	S_{369}	6.876 504
S_{10}	2.975 971 2	S_{40}	3.315 873	S_{70}	3.725 813	S_{100}	4.309 615	S_{130}	5.112 843	S_{160}	5.873 836	S_{190}	6.868 334	S_{220}	8.102 391	S_{250}	9.546 492	S_{280}	12.011 87	S_{310}	14.291 11	S_{340}	15.345 12	S_{370}	17.855 4
S_{11}	1.737 220 7	S_{41}	1.956 76	S_{71}	2.265 445	S_{101}	2.638 09	S_{131}	3.038 966	S_{161}	3.928 851	S_{191}	4.606 192	S_{221}	6.182 856	S_{251}	7.214 155	S_{281}	8.367 366	S_{311}	8.784 927	S_{341}	9.091 429	S_{371}	10.532 28
S_{12}	0.811 907 9	S_{42}	1.029 889	S_{72}	1.136 566	S_{102}	1.243 828	S_{132}	1.470 837	S_{162}	1.716 178	S_{192}	1.779 857	S_{222}	2.065 145	S_{252}	2.374 921	S_{282}	2.968 093	S_{312}	3.521 95	S_{342}	3.833 666	S_{372}	4.693 064
S_{13}	0.945 654 4	S_{43}	1.081 711	S_{73}	1.204 532	S_{103}	1.485 431	S_{133}	1.670 577	S_{163}	2.232 487	S_{193}	2.331 33	S_{223}	2.728 984	S_{253}	3.157 804	S_{283}	3.678 635	S_{313}	3.747 984	S_{343}	3.883 008	S_{373}	4.549 198
S_{14}	0.558 560 5	S_{44}	0.617 404	S_{74}	0.692 94	S_{104}	0.691 402	S_{134}	0.770 995	S_{164}	0.908 035	S_{194}	1.102 353	S_{224}	1.331 375	S_{254}	1.722 139	S_{284}	2.121 866	S_{314}	2.465 147	S_{344}	2.630 9	S_{374}	3.097 21
S_{15}	2.324 834 7	S_{45}	2.778 96	S_{75}	3.384 44	S_{105}	3.624 428	S_{135}	4.129 631	S_{165}	4.890 69	S_{195}	5.839 347	S_{225}	7.199 918	S_{255}	8.390 477	S_{285}	10.401 73	S_{315}	11.793 89	S_{345}	13.198 6	S_{375}	14.856 04
S_{16}	1.345 127 3	S_{46}	1.417 795	S_{76}	1.616 047	S_{106}	1.706 191	S_{136}	1.882 073	S_{166}	2.161 778	S_{196}	2.532 484	S_{226}	3.095 805	S_{256}	4.006 135	S_{286}	5.321 507	S_{316}	5.587 584	S_{346}	5.951 538	S_{376}	6.670 287
S_{17}	1.232 038 5	S_{47}	1.411 801	S_{77}	1.527 296	S_{107}	1.591 642	S_{137}	1.733 849	S_{167}	1.914 511	S_{197}	2.181 005	S_{227}	2.467 912	S_{257}	2.728 549	S_{287}	3.344 825	S_{317}	3.935 35	S_{347}	4.295 02	S_{377}	5.163 721
S_{18}	0.885 938	S_{48}	0.981 728	S_{78}	1.066 508	S_{108}	1.178 522	S_{138}	1.290 827	S_{168}	1.498 795	S_{198}	1.712 269	S_{228}	1.986 848	S_{258}	2.387 831	S_{288}	2.999 614	S_{318}	3.531 216	S_{348}	4.033 353	S_{378}	4.978 617
S_{19}	2.981 576	S_{49}	3.430 983	S_{79}	3.922 714	S_{109}	4.435 482	S_{139}	4.971 472	S_{169}	5.967 085	S_{199}	6.604 286	S_{229}	8.250 902	S_{259}	10.284 73	S_{289}	12.335 2	S_{319}	13.521 24	S_{349}	14.093 56	S_{379}	16.493 58
S_{20}	0.553 279 7	S_{50}	0.612 968	S_{80}	0.755 863	S_{110}	0.778 32	S_{140}	0.811 071	S_{170}	0.970 069	S_{200}	1.202 363	S_{230}	1.367 802	S_{260}	1.578 637	S_{290}	1.964 432	S_{320}	1.96	S_{350}	2.230 175	S_{380}	2.860 242
S_{21}	0.329 301 6	S_{51}	0.305 223	S_{81}	0.381 538	S_{111}	0.462 135	S_{141}	0.625 868	S_{171}	0.698 075	S_{201}	0.999 921	S_{231}	0.980 05	S_{261}	1.314 88	S_{291}	1.583 421	S_{321}	1.605 652	S_{351}	2.009 298	S_{381}	2.325 305
S_{22}	0.543 591	S_{52}	0.638 79	S_{82}	0.749 788	S_{112}	0.893 075	S_{142}	1.003 334	S_{172}	1.195 339	S_{202}	1.429 866	S_{232}	1.550 383	S_{262}	1.809 206	S_{292}	2.267 843	S_{322}	2.610 196	S_{352}	2.782 754	S_{382}	3.596 3
S_{23}	1.294 778 8	S_{53}	1.388 095	S_{83}	1.305 984	S_{113}	1.390 584	S_{143}	1.717 28	S_{173}	1.816 301	S_{203}	2.065 902	S_{233}	2.471 954	S_{263}	2.930 666	S_{293}	3.665 532	S_{323}	4.107 534	S_{353}	4.633 581	S_{383}	5.126 631
S_{24}	0.470 524 1	S_{54}	0.513 884	S_{84}	0.554 213	S_{114}	0.628 975	S_{144}	0.671 083	S_{174}	0.754 097	S_{204}	0.929 364	S_{234}	1.057 218	S_{264}	1.274 103	S_{294}	1.517 061	S_{324}	1.571 59	S_{354}	1.707 987	S_{384}	2.056 692
S_{25}	1.022 139 6	S_{55}	1.067 83	S_{85}	1.113 909	S_{115}	1.171 931	S_{145}	1.248 583	S_{175}	1.387 216	S_{205}	1.690 57	S_{235}	1.711 67	S_{265}	2.077 911	S_{295}	2.275 594	S_{325}	2.185 134	S_{355}	2.311 6	S_{385}	2.643 281
S_{26}	0.776 569 5	S_{56}	0.831 183	S_{86}	0.992 096	S_{116}	1.051 134	S_{146}	1.150 74	S_{176}	1.396 578	S_{206}	1.736 584	S_{236}	2.055 941	S_{266}	2.439 362	S_{296}	2.809 117	S_{326}	3.371 806	S_{356}	3.221 301	S_{386}	3.929 477
S_{27}	0.522 883 6	S_{57}	0.554 219	S_{87}	0.630 641	S_{117}	0.654 253	S_{147}	0.747 948	S_{177}	0.800 892	S_{207}	0.939 878	S_{237}	0.996 175	S_{267}	1.235 373	S_{297}	1.654 663	S_{327}	1.437 242	S_{357}	1.581 826	S_{387}	1.831 175
S_{28}	0.172 846 4	S_{58}	0.268 267	S_{88}	0.315 791	S_{118}	0.384 856	S_{148}	0.495 123	S_{178}	0.519 365	S_{208}	0.905 913	S_{238}	1.293 957	S_{268}	1.718 89	S_{298}	1.937 363	S_{328}	2.049 551	S_{358}	1.578 255	S_{388}	2.043 587
S_{29}	0.245 847 5	S_{59}	0.265 914	S_{89}	0.333 648	S_{119}	0.348 465	S_{149}	0.370 353	S_{179}	0.427 26	S_{209}	0.543 492	S_{239}	0.619 686	S_{269}	0.738 697	S_{299}	0.994 007	S_{329}	1.025 767	S_{359}	1.269 246	S_{389}	1.454 491
S_{30}	0.492 655 2	S_{60}	0.522 334	S_{90}	1.037 639	S_{120}	1.261 675	S_{150}	1.054 552	S_{180}	1.412 523	S_{210}	1.940 97	S_{240}	2.962 966	S_{270}	3.061 546	S_{300}	3.163 668	S_{330}	3.176 416	S_{360}	2.537 571	S_{390}	3.264 443

第四节　中国工业行业信息化水平的差异

一 中国工业行业36个分行业信息化水平的差异分析

（一）中国工业行业36个分行业信息化水平的差异

以2010年为例，信息化水平I由小到大排列（表3-10）。可见，中国工业行业36个分行业信息化水平存在较大差异。信息化水平最高的为黑色金属冶炼及压延加工业，最低的为水的生产和供应业，信息化差异比为14.96：1。

表3-10　中国工业行业36个分行业信息化水平的差异

行业	H_{36}	H_{17}	H_{14}	H_{16}	H_5	H_{12}	H_{13}	H_{35}	H_4	H_{22}	H_{21}	H_{33}
平均值计算I	0.649 2	0.887 1	1.094 0	1.322 0	1.384 7	1.562 5	1.715 8	1.764 5	1.954 3	1.978 9	2.023 6	2.050 1
行业	H_{11}	H_3	H_{15}	H_7	H_{36}	H_{17}	H_8	H_{23}	H_{27}	H_{20}	H_6	H_1
平均值计算I	2.162 2	2.234 8	2.487 3	2.569 6	0.649 2	0.887 1	2.660 5	2.699 0	3.467 7	3.713 6	4.366 2	4.555 3
行业	H_{18}	H_{26}	H_{10}	H_{24}	H_{29}	H_2	H_{28}	H_9	H_{19}	H_{34}	H_{31}	H_{25}
平均值计算I	4.574 7	5.010 9	5.133 4	5.283 7	5.381 5	6.194 0	7.378 5	7.468 5	8.738 9	9.034 3	9.388 3	9.714 5

（二）中国工业行业36个分行业信息化水平的变化趋势

中国工业行业36个分行业信息化水平在1998～2010年有逐年提高的趋势，这与实际情况是吻合的。电力、热力的生产和供应业（H_{34}）信息化水平的变化趋势如图3-3所示。

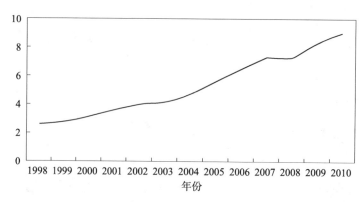

图3-3　电力、热力的生产和供应业（H_{34}）信息化水平的变化趋势

（三）中国工业行业 36 个分行业信息化水平差异的变动

变异系数是指样本偏离平均值的程度，它反映着样本相应指标的总体差异。通过变异系数的变化，可以从动态角度来揭示信息化水平差异的变动情况。变异系数是标准差与均数之比，用百分数表示，是一种不带测量单位的相对差异量。

$$CV = \frac{s}{\overline{X}} \cdot 100\% \qquad (3-7)$$

其中，标准差：

$$s = \sqrt{\frac{\sum (X - \overline{X})^2}{n-1}} \qquad (3-8)$$

从表 3-11 可见，在 1998~2005 年，中国工业行业 36 个分行业信息化水平的差异在不断扩大，在 2005 年到达最高点之后，信息化水平的差异开始逐渐缩小。

表 3-11　中国工业行业 36 个分行业信息化水平差异的变动

年份	1998	1999	2000	2001	2002	2003	2004	2005	2006	2007	2008	2009	2010
变异系数/%	72.41	73.82	81.31	81.24	82.09	83.08	83.14	84.15	82.68	81.54	81.58	78.34	78.54

（四）中国工业行业 36 个分行业信息化供需能力组合

中国工业行业信息化水平 M 由工业行业信息提供能力水平 M_1 和工业行业信息需求能力水平 M_2 构成。工业行业信息提供能力水平 M_1 由微电子控制经费 O_1、科学家和工程师 O_2、科技活动经费总额 O_3、新产品产值 O_4、全员劳动生产率 O_5、规模以上企业数 O_6 计算；工业行业信息需求能力水平 M_2 由总资产贡献率 O_7、人均创利润水平 O_8、工业增加值 O_9、固定资产净值 O_{10}、工业销售额 O_{11} 决定。也就是说，某一行业的 M_1 等于该行业的微电子控制经费 O_1、行科学家和工程师 O_2、科技活动经费总额 O_3、新产品产值 O_4、全员劳动生产率 O_5、规模以上企业数 O_6 归一化后的数值之和；某一行业的 M_2 等于该行业的总资产贡献率 O_7、人均创利润水平 O_8、工业增加值 O_9、固定资产净值 O_{10}、工业销售额 O_{11} 归一化后的数值之和。以 2010 年为例，中国工业行业 36 个分行业如表 3-12 所示。

表 3-12　中国工业行业 36 个分行业信息化供需能力比较（M_1、M_2 比较）

行业	M_1	标识符	M_2	标识符	所在象限	行业	M_1	标识符	M_2	标识符	所在象限
H_1	1.861 9	—	2.693 4	+	2	H_5	0.420 4	—	0.964 3	—	3
H_2	2.233 2	—	3.960 8	+	2	H_6	1.591 7	—	2.774 4	+	2
H_3	0.550 8	—	1.684 0	—	3	H_7	1.080 3	—	1.489 3	—	3
H_4	0.533 8	—	1.420 5	—	3	H_8	1.083 1	—	1.577 4	—	3

续表

行业	M_1	标识符	M_2	标识符	所在象限	行业	M_1	标识符	M_2	标识符	所在象限
H_9	3.311 1	+	4.157 4	+	1	H_{23}	1.342 6	—	1.356 5	—	3
H_{10}	2.863 2	+	2.270 2	+	1	H_{24}	2.287 5	—	2.996 1	+	2
H_{11}	0.955 4	—	1.206 9	—	3	H_{25}	5.365 2	+	4.349 3	+	1
H_{12}	0.544 0	—	1.018 5	—	3	H_{26}	2.379 6	+	2.631 4	+	1
H_{13}	0.619 1	—	1.096 7	—	3	H_{27}	1.700 9	—	1.766 9	—	3
H_{14}	0.384 6	—	0.709 4	—	3	H_{28}	4.570 0	+	2.808 5	+	1
H_{15}	1.183 4	—	1.303 9	—	3	H_{29}	3.414 6	+	1.967 0	—	4
H_{16}	0.568 1	—	0.753 9	—	3	H_{30}	9.625 0	+	4.177 9	+	1
H_{17}	0.363 0	—	0.524 1	—	3	H_{31}	6.278 8	+	3.109 5	+	1
H_{18}	1.538 9	—	3.035 8	+	2	H_{32}	10.694 3	+	3.696 8	+	1
H_{19}	4.624 6	+	4.114 3	+	1	H_{33}	1.113 4	—	0.936 8	—	3
H_{20}	2.041 6	—	1.672 0	—	3	H_{34}	2.822 3	+	6.212 1	+	1
H_{21}	0.947 2	—	1.076 4	—	3	H_{35}	0.492 8	—	1.271 7	—	3
H_{22}	1.069 3	—	0.909 6	—	3	H_{36}	0.231 6	—	0.417 6	—	3

注：对应 M_1 列，大于 $\overline{M_1}$ 用符号"＋"表示，小于 $\overline{M_1}$ 用符号"－"表示；对应 M_2 列，大于 $\overline{M_2}$ 用符号"＋"表示，小于 $\overline{M_2}$ 用符号"－"表示（"＋"表示高于平均值的行业，"－"表示低于平均值的行业）。

$$\overline{M_1} = 2.296\ 863\ 276, \overline{M_2} = 2.169\ 754\ 597$$

以 M_1 为横轴，M_2 为纵轴，可得中国工业行业 36 个分行业信息化水平的结构因素比较，如图 3-4 所示。

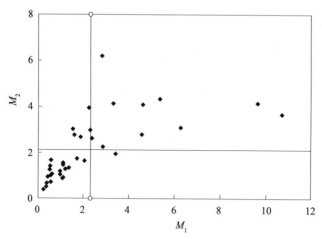

图 3-4　中国工业行业 36 个分行业信息化供需能力组合图

从图 3-4 可以看出，某些行业 M_1、M_2 水平均衡或较为均衡，但另外一些行业则表现出两种能力水平不均衡的状况。某些行业"行业提供信息能力"较强，而"行业信息需求能力"则较弱；另一些行业则有较高的"行业信息需求能力"，但"行业提供信息能力"水平却较低。从图 3-4 还可以看出，行业间 M_1

的差距和 M_2 的差距均较大，M_1、M_2 较小的行业相对集中且多，M_1 大或 M_2 大的行业少且离散。

可以分为以下几种典型的行业类型。

(1)"明星"型。指行业信息供给能力和行业信息需求能力两水平均高的行业类型，如 H_9、H_{10}、H_{19}、H_{25}、H_{26}、H_{28}、H_{30}、H_{31}、H_{32}、H_{34} 等，是持续高速发展的行业。

(2)"经济效益"型。指行业信息需求能力水平高，但行业提供信息能力水平低的类型，如 H_1、H_2、H_6、H_{18}、H_{24} 等。这类行业客观上面临国外厂商的强大竞争压力，应加大行业信息技术装备水平，提高科技创新实力，提高劳动生产率。

(3)"规模投入"型。指行业总体提供信息能力水平高，而行业信息需求能力水平低的行业，如 H_{29} 等。这类行业客观上面临国外厂商的强大竞争压力，应努力提高行业管理资源及效益水平。

(4)"滞眠"型。指在行业信息供给能力和行业信息需求能力均表现低水平，因而使行业信息化水平低，如 H_{35}、H_{36} 等，这是产业政策调整时重点扶持的行业。

二 中国 30 个省域工业行业信息化水平的差异分析

(一) 中国 30 个省域工业行业信息化水平的差异

以 2010 年为例，信息化水平 I 由小到大排列（表 3-13、图 3-5）。可见，中国 30 个省域工业行业信息化水平存在较大差异，其中，工业行业信息化水平最高的为江苏省，最低的是宁夏回族自治区，两者差异比为 12.28:1。

表 3-13 中国 30 个省域工业行业信息化水平的差异 (2010 年)

代码	地区	平均值计算	代码	地区	平均值计算
S_{29}	宁夏	1.454 491 394	S_1	北京	4.679 087 716
S_{27}	甘肃	1.831 175 264	S_{12}	安徽	4.693 063 807
S_{28}	青海	2.043 587 322	S_5	内蒙古	4.916 552 420
S_{24}	贵州	2.056 691 900	S_{18}	湖南	4.978 617 277
S_{21}	海南	2.325 304 951	S_{23}	四川	5.126 630 848
S_{25}	云南	2.643 280 786	S_{17}	湖北	5.163 720 917
S_{20}	广西	2.860 242 353	S_2	天津	5.177 387 598
S_{14}	江西	3.097 209 532	S_3	河北	5.731 530 654
S_{30}	新疆	3.264 443 490	S_6	辽宁	6.650 769 696
S_4	山西	3.346 044 133	S_{16}	河南	6.670 286 707
S_{22}	重庆	3.596 299 519	S_9	上海	6.876 503 522
S_8	黑龙江	3.737 540 262	S_{11}	浙江	10.532 276 01
S_7	吉林	3.765 846 795	S_{15}	山东	14.856 038 52
S_{26}	陕西	3.929 476 580	S_{19}	广东	16.493 582 83
S_{13}	福建	4.549 198 445	S_{10}	江苏	17.855 401 88

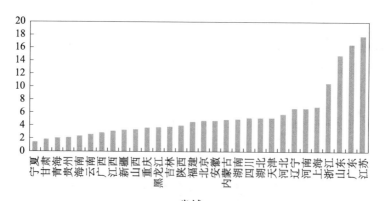

图 3-5　中国 30 个省域工业行业信息化水平的差异（2010 年）

（二）中国 30 个省域工业行业信息化水平的分类

对 1998～2010 年中国 30 个省域工业行业的信息化水平排序进行归类（表 3-14，得分越高排名越靠前）发现，一是长三角、珠三角等沿海经济发达地区工业行业信息化水平明显高于其他地区；二是东部地区省域工业行业信息化水平较高，中部地区次之，西部地区较低；三是 30 个省域中，江苏省和广东省的工业行业信息化水平最高，并列第一，宁夏的工业行业信息化水平排在末尾，内蒙古的工业行业信息化水平排名提高较大。

表 3-14　1998～2010 年中国 30 个省域工业行业信息化水平的排序归类

地区	省域	1998	1999	2000	2001	2002	2003	2004	2005	2006	2007	2008	2009	2010
东部地区	江苏	2	2	2	2	1	2	1	2	2	2	1	1	1
	广东	1	1	1	1	2	1	2	1	1	1	2	2	2
	山东	4	4	4	3	3	3	3	3	3	3	3	3	3
	浙江	5	5	5	5	5	5	5	4	4	4	4	4	4
	上海	3	3	3	4	4	4	4	5	5	5	5	5	5
	辽宁	6	6	6	6	6	6	6	6	6	7	7	6	7
	河北	9	7	8	8	7	7	7	8	8	8	8	8	8
	天津	13	13	12	12	12	13	11	10	10	9	9	11	9
	北京	11	11	11	10	13	11	9	13	12	11	14	13	15
	福建	15	14	14	13	14	9	12	12	11	10	12	15	16
	海南	28	28	28	28	28	28	26	29	27	28	27	26	26
中部地区	河南	7	8	9	9	9	10	10	9	7	6	6	7	6
	湖北	10	9	10	11	10	12	13	15	15	14	11	10	10
	湖南	16	17	17	17	16	16	14	18	18	17	15	14	12
	安徽	17	16	15	16	15	15	16	16	19	18	16	16	14
	吉林	20	18	20	19	17	18	22	20	20	21	21	17	18
	黑龙江	14	12	7	7	8	8	8	7	9	13	12	19	19
	山西	19	20	21	22	21	21	20	19	16	16	19	20	21
	江西	21	22	24	24	24	25	25	25	24	24	23	22	23

续表

地区	年份 省域	1998	1999	2000	2001	2002	2003	2004	2005	2006	2007	2008	2009	2010
西部 地区	四川	8	10	13	14	11	14	14	14	14	12	10	9	11
	内蒙古	27	27	27	27	26	24	23	22	21	19	17	12	13
	陕西	18	19	19	20	19	19	17	17	17	20	18	18	17
	重庆	23	21	23	21	22	22	21	23	23	23	22	21	20
	新疆	25	25	18	15	20	17	15	11	13	15	20	23	22
	广西	22	23	22	23	23	23	24	24	26	25	26	25	24
	云南	12	15	16	18	18	20	19	21	22	22	24	24	25
	贵州	26	26	26	26	27	27	28	28	28	29	28	27	27
	青海	30	29	30	29	29	29	29	26	25	26	25	29	28
	甘肃	24	24	25	25	25	26	27	28	29	27	29	28	29
	宁夏	29	30	29	30	30	30	30	30	30	30	30	30	30

（三）中国 30 个省域工业行业信息化水平的变化趋势

中国 30 个省域工业行业信息化水平在 1998~2010 年逐年提高，这与实际情况是相吻合的。其中，选取出重庆市的工业行业信息化水平得分进行分析（图 3-6），可以看出，信息化水平逐年上升，但在 2008 年、2009 年有所放缓，在 2010 年又开始提升，这与全球金融危机导致工业行业信息化投入减少是相吻合的。

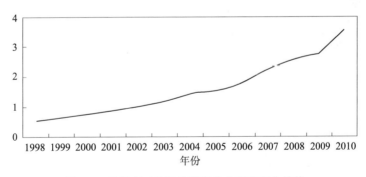

图 3-6　重庆市工业行业信息化水平的变化趋势

（四）中国 30 个省域工业行业信息化供需能力组合图

信息提供能力 M_1 由 O_1、O_2、O_3、O_4、O_5、O_6 算得；信息需求能力 M_2 由 O_7、O_8、O_9、O_{10}、O_{11} 算得。M_1 为 O_1、O_2、O_3、O_4、O_5、O_6 归一化后之和；M_2 为 O_7、O_8、O_9、O_{10}、O_{11} 归一化后之和。以 2010 年为例，中国 30 个省域工业行业信息化供需能力如表 3-15 所示。

表 3-15 中国 30 个省域工业行业信息化供需能力比较（M_1、M_2 比较）

代码	省域	M_1	标识符	M_2	标识符	所在象限
S_1	北京	2.741 823 062	—	1.937 264 653	—	3
S_2	天津	2.546 543 973	—	2.630 843 625	—	3
S_3	河北	2.489 100 468	—	3.242 430 187	+	2
S_4	山西	1.464 066 339	—	1.881 977 793	—	3
S_5	内蒙古	1.876 604 797	—	3.039 947 623	+	2
S_6	辽宁	3.245 571 066	+	3.405 198 63	+	1
S_7	吉林	1.793 744 48	—	1.972 102 315	—	3
S_8	黑龙江	1.446 177 806	—	2.291 362 456	—	3
S_9	上海	3.829 258 842	+	3.047 244 68	+	1
S_{10}	江苏	11.007 154 98	+	6.848 246 905	+	1
S_{11}	浙江	6.640 259 761	+	3.892 016 254	+	1
S_{12}	安徽	2.355 482 661	—	2.337 581 146	—	3
S_{13}	福建	2.212 390 136	—	2.336 808 309	—	3
S_{14}	江西	1.314 589 72	—	1.782 619 812	—	3
S_{15}	山东	8.050 827 105	+	6.805 211 414	+	1
S_{16}	河南	2.909 589 928	+	3.760 696 779	+	1
S_{17}	湖北	2.525 354 19	—	2.638 366 727	—	3
S_{18}	湖南	2.527 120 926	—	2.451 496 351	—	3
S_{19}	广东	10.110 416 42	+	6.383 166 405	+	1
S_{20}	广西	1.185 447 586	—	1.674 794 767	—	3
S_{21}	海南	0.703 444 748	—	1.621 860 203	—	3
S_{22}	重庆	2.138 624 28	—	1.457 675 24	—	3
S_{23}	四川	2.474 569 407	—	2.652 061 441	—	3
S_{24}	贵州	0.952 234 353	—	1.104 457 547	—	3
S_{25}	云南	1.006 916 088	—	1.636 364 698	—	3
S_{26}	陕西	1.590 449 583	—	2.339 026 997	—	3
S_{27}	甘肃	0.812 551 816	—	1.018 623 447	—	3
S_{28}	青海	0.705 385 541	—	1.338 201 781	—	3
S_{29}	宁夏	0.600 490 76	—	0.854 000 634	—	3
S_{30}	新疆	0.887 413 598	—	2.377 029 891	—	3

$$\overline{M_1} = 2.804\ 786\ 81,\ \overline{M_2} = 2.691\ 955\ 96$$

以 M_1 为横轴，M_2 为纵轴，（$\overline{M_1}$，$\overline{M_2}$）为坐标原点，可得中国省域工业行业信息化水平的结构化差异，如图 3-7 所示。

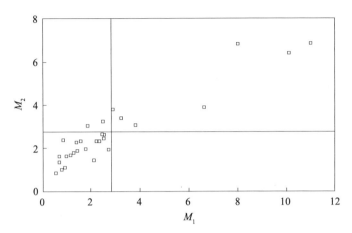

图 3-7 中国 30 个省域工业行业信息化供需能力组合图

从图 3-7 可以看出,某些省域工业行业 M_1、M_2 均衡或较为均衡,但另外一些省域工业行业则表现出供需能力不均衡的状况。某些省域工业行业"提供信息能力"较强,而"信息需求能力"则较弱;另一些省域工业行业则有较高的"信息需求能力",但"提供信息能力"水平却较低。从图 3-8 还可以看出,省域间 M_1 的差距和 M_2 的差距均较大,M_1、M_2 较小的省域工业行业相对集中且多,M_1 大或 M_2 大的省域工业行业少且离散。

可以分为以下几种典型的省域工业行业类型。

(1)"供需成效"型。指信息供给能力和信息需求能力均高的省域类型,如 S_6(辽宁)、S_9(上海)、S_{10}(江苏)、S_{11}(浙江)、S_{15}(山东)、S_{16}(河南)、S_{19}(广东),是工业行业持续高速发展的省域。

(2)"供不应需"型。指信息需求能力高,但提供信息能力低的类型,如 S_3(河北)、S_5(内蒙古)。这类省域工业行业客观上面临外来工业企业的强大竞争压力,应加大工业行业信息技术装备水平,提高科技创新实力,提高劳动生产率。

(3)"供大于需"型。指总体提供信息能力高,而信息需求能力低的省域工业行业,我国目前暂无此种类型。

(4)"供需失效"型。指信息供给能力和信息需求能力均表现低的省域类型,如 S_{29}(宁夏)、S_{30}(新疆)等 21 个省域,这是产业政策调整时重点扶持的省域,是区域协调发展的重点关注地区。

第四章 中国工业行业信息化建设对经济增长的贡献

第一节 信息化建设对经济增长贡献率的测度模型

一 内生经济增长理论

自亚当·斯密以来，整个经济学界围绕着驱动经济增长的因素争论了长达200多年，最终形成的比较一致的观点是，一个相当长的时期里，一国的经济增长主要取决于下列三个要素：①随着时间的推移，生产性资源的积累；②在一国的技术知识既定的情况下，现有资源存量的使用效率；③技术进步。

但是，20世纪60年代以来最流行的新古典经济增长理论，依据以劳动投入量和物质资本投入量为自变量的柯布-道格拉斯生产函数建立的增长模型，把技术进步等作为外生因素来解释经济增长，因此就得到了当要素收益出现递减时长期经济增长停止的结论。

可是，90年代初期形成的"新经济学"，即内生经济增长理论则认为，长期增长率是由内生因素解释的，也就是说，在劳动投入过程中包含着因正规教育、培训、在职学习等而形成的人力资本，在物质资本积累过程中包含着因研究与开发、发明、创新等活动而形成的技术进步，从而把技术进步等要素内生化，得到因技术进步的存在要素收益会递增而长期增长率是正的结论。

罗默模型、卢卡斯模型和格鲁斯曼-赫普曼模型是最著名的内生经济增长模型，其他还有很多侧重不同的增长方面，诸如金和罗伯森的知识传播内生增长模型、阿格赫恩和豪威特的模仿与创造性消化内生增长模型，以及国际贸易内生增长模型。所有这些模型表达出来的一个重要思想是，企业是经济增长的最终推动力，特别是这些模型试图说明企业如何积累知识，这种知识广义地包括人力资本和技术变化。这种知识积累表示为增加人力资本、生产新产品和提高产品质量。这些模型表明，知识和积累过程会出现外部性或知识外溢效应，需要政府政策的干预，各种政策旨在扶持研究与开发、革新、人力资本形成甚至关键性产业部门。

综上所述，我们对内生经济增长理论所表达的经济增长的原因作出如下简单的非技术性陈述：第一，获取新"知识"（包括革新、技术进步、人力资本积累等概念）；第二，刺激新知识运用于生产（市场条件、产权、政治稳定，以及宏观经济稳定）；第三，提供运用新知识的资源（人力、资本、进口品等）。内生经济增长理论突出了第一个方面，而第二个方面隐含在各种内生增长模型中，因为这些模型对企业面临的市场条件、产权和经济稳定性做了假定，同时，还强调了这两个方面出现于企业层次上。最后一个方面按理说也隐含在内生增长模型中，因为，从数学上讲，这些模型都建立了消费者模型，用来解释（比如说）在人力资本投资的收益率是正的既定情况下，随着时间的推移消费者配置消费的动态最适化问题。

二　信息化与内生经济增长

（一）知识积累和技术进步是经济增长的源泉

索洛在 1956 年发表了一篇题为"对经济增长理论的贡献"的著名论文，提出了一个资本产出率可变的经济增长模型。

索洛模型假定一个效益为常数的两要素生产函数：$Y = F(K,L)$。其中，K 为资本，L 为劳动，Y 表示产出。模型还假定劳动力 L 以给定的外生速度 n 增长。可以看出，索洛没有考虑技术进步对产出的影响，他考虑两方面的生产要素：一方面是可积累的资本；另一方面是可积累的劳动。在没有外生变量（如技术进步）的情况下，资本边际效率无限递减的结果：随着资本积累的增加，边际效率越来越低，最终将导致经济增长源的枯竭。因此，依据索洛的模型，长期的经济增长只有在外生变量的作用下才能实现。

自 20 世纪 70 年代初以来，关于增长理论的研究停滞不前，其原因是新古典增长理论模型存在很大的局限。80 年代中期，以罗默、卢卡斯及其追随者为代表的一批经济学家，在对新古典增长理论重新思考的基础上，探讨了长期经济增长的可能前景，用新的理论解释经济增长。

罗默于 1986 年建立了一个内生经济增长模型，该模型除了考虑资本和劳动两个生产要素外，还加进了第三个要素——知识。罗默定义知识为非排他性的公共物品，具有正的外部效应，而知识的溢出效应体现在导致新设计和新产品生产，知识存量的增加提高劳动者的生产效率（黄亚钧，1998）。

相比之下罗默的理论更趋合理。主要表现在：①罗默承认知识能提高投资收益，从而说明了一定时期内投资收益率提高和各国间经济增长率的非收敛性及长期收益增长的原因。②新古典理论认为技术进步只是外生的、偶然的、无成本的资源，而罗默等的理论认为知识是一个生产要素，在经济活动中必然像在机器上投资一样在知识上投资。③罗默承认投资促进知识积累，知识又刺激投资，形成一种良性循环，从而得出投资的持续增长能永久地提高增长率的结论，而传统经济理论则否认这一观点。

内生增长理论的突出之处是，强调经济增长不是外部力量（如外生技术变化、人口增长）而是经济体系内部力量（如内生技术变化）的产物。该理论认为将技术进步具体为专业化知识（特殊技能），强调专业知识和人力资本积累是现代经济增长的主要推动力，可使经济产出收益递增，因此，知识和人力资本积累率高，经济增长率和收入水平就高。

(二) 信息与知识的关系

国内外许多专家和学者对信息概念与内涵进行了大量研究。从中不难发现，信息与知识的关系极为密切，但不等同。通常"在研究信息经济学时，一般把经过加工的信息叫做知识；后者是前者的一部分，在研究知识经济学时，又将信息认作是知识的一部分"。对此，张守一（1992）认为，"依据这两种观点，既不能研究信息经济学，也不能研究知识经济学"。信息的许多特性也是知识的特性，如客观性、依附性、普遍性、无限性、层次（等级）性、变换性、滞后性与超前性、可度量性、共享性、空间与时间的传递性、时效性与非时效性。对于同一条信息或知识，不同的人由于观测能力、理解能力与目的的不同，所获得的信息量或知识量是不同的，有些人获得的信息或知识全面、系统、深刻，而另一些人获得的信息或知识既不全面、不系统，也不深刻。知识除了与信息有共同的特性外，它还有信息所没有的特性，其中最突出的特性是人脑，人脑是生产知识的唯一源泉，其最大特点是知识生产具有复杂性、随机性、突然性，投入与产出之间的关系极为复杂。

经济合作与发展组织将知识划分为四类：第一类是知道是什么的知识；第二类是知道为什么的知识，指自然原理和规律方面的科学理论；第三类是知道怎么样做的知识，指做某些事情的技艺和能力；第四类是知道是谁的知识，它涉及谁知道和谁知道如何做某些事的信息。信息一般是指知道是什么的知识和知道为什么的知识；知道怎么样做的知识和知道是谁的知识则属于知识。

虽然，信息与知识间的区分尚未确定，但普遍的看法是，信息是知识的来源，知识由信息提炼而来。信息化加速了这一过程的实现。

20世纪50年代末，世界进入成熟的工业社会，以机电为代表的诸多新产业，成为经济发展的支柱。从60年代开始，一些经济发达国家已形成了以电子、计算机和通信为主体的新兴产业，社会生产逐步转向以信息生产力的发展为主要特征。到了70年代末80年代初，浪潮汹涌的世界新技术革命，使社会信息量激增，信息传播手段不断更新，信息对社会经济发展的作用和影响日益明显。

西方的学者们逐渐认识到，以开发和利用信息资源为主要特征的信息社会，是以信息产品的生产、交换和利用为主流，并以信息产品引导和控制物质型产品的生产，因而是一种信息型的经济。信息经济的根本特征在于：随着信息技术的广泛应用，信息化的推进，信息已成为比物质、能源更为宝贵的资源，它向世界提供的不是材料或能源，而是知识。"在信息经济的国家里，发展经济的目标是创造和使用信息，以提高各种生产的效率，并创造新的财富。这时的制约因素是所掌握的知识"。

信息革命带来了计算机的普及、全球网络的出现、通信产业的迅猛发展、通信和计算机技术的"数字趋同"，这一切使世界的运行方式发生了根本的变化。产品和服务越来越知识化、智能化、数字化；生产模式正从大批量生产向个性化产品的生产转变，生产工艺越来越智能化，市场和贸易变得越来越电子化。企业的管理将从生产向创新转变而不再是依赖于有形的资源、厂房和资本。消费者的需求会得到越来越大的满足，出现真正的"按需生产"的局面。所有这一切都表明，建立在知识的生产、分配和使用之上的知识经济时代的到来。在这个时代，"决定一个企业成败的是人们头脑中的思想和他们所掌握的信息的质量。知识是创造财富的决定性因素"。其实，无论从今天还是从历史上看，人类社会之所以能有进步，就在于知识的不断生产，知识的创造、存取、学习、交流和使用方式的每一次重大变革都根本性地改变了人类社会，知识的创造、存取、学习和使用方式的速度决定了人类社会的进步速度和方式。当今世界飞速发展的信息化，正在引发着一场知识创造、加工方式和使用方式的根本变革。

信息化加速知识积累和技术进步，从而促进经济增长。信息是知识的来源，知识是由信息提炼而来的。信息化加速了"信息"向"知识"的升华，在推动信息经济壮大的同时，促进了知识经济的形成与发展，并加速实现信息经济向知识经济的转变。从生产力要素构成上看，信息化使知识与技术的投入已经成为生产力诸要素中最重要的要素，对经济增长的"内生作用"更为突出。同时，知识和技术也成为决定劳动力素质、生产要素优化组合、物质与能源开发及利用程度的决定因素，从而使经济发展的面貌得以彻底改观。

三　信息化对经济增长贡献的测度模型

信息化对经济增长贡献率测度模型是建立在投入和产出函数基础上的，其中使用最广泛的用于分析要素投入对产量（产出）的贡献率、规模收益，以及预测国家和地区的工业系统或大企业的生产和发展的就是柯布-道格拉斯生产函数。

常用的柯布-道格拉斯生产函数是

$$Y = A_0 K^\alpha L^\beta \tag{4-1}$$

其中，Y 表示行业总产值，本书中 Y 用行业增加值 O_9；A_0 表示技术进步水平；K 表示资本投入量；L 表示劳动投入量。

其中，技术进步因子（A_0）是一个常数，它仅能表示在考察期内技术进步的平均作用。而事实上，随着技术进步的作用不断提高，它在经济增长和结构变动中的作用是不同的。信息化在行业中应用的实质，是通过改善或提高企业经营管理水平而获得经济效益，这是技术进步的一个重要方面。信息化使知识与技术的投入成为生产力诸要素中最重要的要素，对经济增长的"内生作用"更为突出。因此，本书将技术进步因子分解为两部分，$A_0 = AI^\gamma$，I 表示信息化水平，α、β、γ 分别为资本、劳动、信息化的产出弹性。A 为除去信息化以外的其他技术因素（周先波，2001）。因此，

$$Y = AK^\alpha L^\beta I^\gamma \tag{4-2}$$

对式（4-2）取对数，

$$\ln Y = a + \alpha \ln K + \beta \ln L + \gamma \ln I \tag{4-3}$$

运用回归分析可估计得 γ。

第二节　中国工业行业信息化建设对经济增长贡献的时间序列分析

一　时间序列

时间序列是按时间顺序排列的一组数字序列。时间序列分析就是利用这组数列，应用数理统计方法加以处理，以预测未来事物的发展。时间序列分析是定量预测方法之一，它的基本原理：一是承认事物发展的延续性。应用过去数据，就能推测事物的发展趋势。二是考虑到事物发展的随机性。任何事物发展都可能受偶然因素影响，为此要利用统计分析中加权平均法对历史数据进行处理。该方法简单易行，便于掌握，但准确性差，一般只适用于短期预测。时间序列预测一般反映三种实际变化规律，即趋势变化、周期性变化、随机性变化。

时间序列分析是一种动态数据处理的统计方法，该方法基于随机过程理论和数理统计学方法，研究随机数据序列所遵从的统计规律，以用于解决实际问题。换种说法，时间序列是指将某种现象某一个统计指标在不同时间上的各个数值，按时间先后顺序排列而形成的序列。时间序列分析是根据系统观测得到

的时间序列数据的理论和方法，通过曲线拟合和参数估计来建立数学模型。它一般采用曲线拟合和参数估计方法（如非线性最小二乘法）进行。时间序列分析常用在国民经济宏观控制、区域综合发展规划、企业经营管理、市场潜量预测、气象预报、水文预报、地震前兆预报、农作物病虫灾害预报、环境污染控制、生态平衡、天文学和海洋学等方面。

时间序列建模基本步骤是：①用观测、调查、统计、抽样等方法取得被观测系统时间序列动态数据。②根据动态数据作相关图，进行相关分析，求自相关函数。相关图能显示出变化的趋势和周期，并能发现跳点和拐点。跳点是指与其他数据不一致的观测值。如果跳点是正确的观测值，在建模时应考虑进去，如果是反常现象，则应把跳点调整到期望值。拐点则是指时间序列从上升趋势突然变为下降趋势的点。如果存在拐点，则在建模时必须用不同的模型去分段拟合该时间序列，如采用岭回归模型。③辨识合适的随机模型，进行曲线拟合，即用通用随机模型去拟合时间序列的观测数据。对于短的或简单的时间序列，可用趋势模型和季节模型加上误差来进行拟合。对于平稳时间序列，可用通用 ARMA 模型（自回归滑动平均模型）及其特殊情况的自回归模型、滑动平均模型或组合 ARMA 模型等来进行拟合。当观测值多于 50 个时一般都采用 ARMA 模型。对于非平稳时间序列则要先将观测到的时间序列进行差分运算，化为平稳时间序列，再用适当模型去拟合这个差分序列。

本章在柯布-道格拉斯生产函数中考虑信息化因素，对收集的 1998～2010 年的中国工业行业 36 个分行业和 30 个分省域的时间序列数据，分别用柯布-道格拉斯生产函数取对数，回归分析求得资本、劳动、信息的产出弹性，并与一般多重线性回归进行比较。

二 时间序列数据的一般多重线性回归分析

回归分析是确定两种或两种以上变数间相互依赖的定量关系的一种统计分析方法，运用十分广泛。回归分析按照涉及的自变量的多少，可分为一元回归分析和多元回归分析；按照自变量和因变量之间的关系类型，可分为线性回归分析和非线性回归分析。如果在回归分析中，只包括一个自变量和一个因变量，且两者的关系可用一条直线近似表示，这种回归分析称为一元线性回归分析。如果回归分析中包括两个或两个以上的自变量，且因变量和自变量之间是线性关系，则称为多元线性回归分析。回归分析具体包括线性回归分析、曲线参数估计法、二值 Logistic 回归分析、多项 Logistic 回归分析、有序回归分析、概率单位法、非线性回归分析、权重估计法、二阶段最小二乘回归分析及分类回归分析等。

多重线性回归也称为多元线性回归，是基于最小二乘法原理产生古典统计假设下的最优线性无偏估计，是研究多个自变量与一个因变量之间是否存在某种线性关系的统计学方法。多重线性回归比单因素的线性回归复杂之处不在于多了几个变量，更为重要的是，这些自变量之间可能存在一定的关系，从而导致分析的复杂化。因为我们想了解的是某个自变量对因变量的单独效应，或者说独立效应。因此，必须想办法找出每个自变量的独立影响作用。

（一）一般多重线性回归分析

对中国工业行业 36 个分行业的时间序列数据按式（4-3）回归分析，结果见附录 2。

其中，t 检验为变量的显著性检验。t 值右边括号中的数值是对应系数的 t 检验值。通常，只要 $|t| \geq 2$；便可认为通过了 t 检验（吴承业和龚德恩，1996）。VIF（方差膨胀因子），为共线性诊断统计量，大于 10 说明存在多重共线性（杨楠，2004）。R^2 是决定系数。DW 是检验自相关的统计量，DW 越接近 2，自相关越小。F 检验，方程的显著性检验。

（二）结论

从表 4-1 和附表 2 可以看出，R^2 均接近 1，说明该模型的拟合度比较好，即该模型的回归效果较好。F 检验均通过，说明 Y 与 K、L、I 四个变量对数的线性关系成立。信息化投入对经济增长存在着正向的贡献。但有较多的系数没有通过 t 检验，且有较多的 VIF 值大于 10，说明存在严重的多重共线性。资本、劳动之间存在多重共线性，特别是信息化测度指标体系中包含有资本和劳动的因素，信息化水平与资本、劳动之间的多重共线性更不能忽视。

表 4-1　时间序列数据的一般多重线性回归分析（$H_1 \sim H_4$）

obs	行业	年份	Y	K	L	I	线性回归
1	H_1	1998	602	292 1	464	0.682	$\ln Y = 5.836 - 0.286\ln K + 0.547\ln L + 1.422\ln I$
37	H_1	1999	579	328	6 427	0.680	t 值 (3.068) (−1.463) (1.526) (9.845)
73	H_1	2000	581	333 5	399	0.819	VIF　　　(19.240) (2.709) (15.100)
109	H_1	2001	706	355 8	375	0.915	$R^2 = 0.992$　DW=1.996
145	H_1	2002	949	407 2	380	1.138	$F = 382.633$
181	H_1	2003	1 163	450 3	377	1.304	
217	H_1	2004	1 922	505 0	388	1.750	
253	H_1	2005	2 619	585 2	436	2.205	
289	H_1	2006	3 158	715 2	464	2.686	
325	H_1	2007	4 011	830 1	464	3.194	
361	H_1	2008	4 468	106 42	502	4.010	
391	H_1	2009	5 116	146 99	506	4.122	
433	H_1	2010	5 684	174 42	527	4.555	

续表

obs	行业	年份	Y	K	L	I	线性回归
2	H_2	1998	118 6	278 9	114	1.233	$\ln Y=1.248+0.390\ln K+0.547\ln L+0.741\ln I$
38	H_2	1999	147 4	313 4	111	1.535	t 值　(1.727)　(3.124)　(4.411)　(8.528)
74	H_2	2000	220 2	358 4	58	3.985	VIF　　　　(4.567)　(1.826)　(4.003)
110	H_2	2001	203 9	392 4	60	3.654	$R^2=0.984$　DW=3.078
146	H_2	2002	200 1	413 1	56	3.493	$F=186.829$
182	H_2	2003	241 0	439 8	73	3.710	
218	H_2	2004	342 6	456 0	76	4.794	
254	H_2	2005	436 4	513 2	86	6.588	
290	H_2	2006	527 0	596 2	93	6.638	
326	H_2	2007	550 9	643 4	91	6.540	
362	H_2	2008	546 7	743 0	113	6.761	
398	H_2	2009	605 8	975 7	102	5.234	
434	H_2	2010	573 1	10 331	106	6.194	
3	H_3	1998	54	241	30	0.180	$\ln Y=2.844+0.414\ln K+0.109\ln L+0.860\ln I$
39	H_3	1999	54	211	24	0.201	t 值 (3.776)　(1.930)　(0.249)　(8.410)
75	H_3	2000	62	218	24	0.228	VIF　　　　(42.856)　(28.924)　(9.359)
111	H_3	2001	73	234	24	0.269	$R^2=0.994$　DW=2.703
147	H_3	2002	89	278	25	0.294	$F=510.934$
183	H_3	2003	148	338	27	0.462	
219	H_3	2004	272	411	29	0.994	
255	H_3	2005	387	703	41	0.938	
291	H_3	2006	518	881	45	1.060	
327	H_3	2007	793	118 5	49	1.563	
363	H_3	2008	904	171 9	62	1.992	
399	H_3	2009	119 8	211 8	57	1.752	
435	H_3	2010	137 0	334 9	67	2.235	
4	H_4	1998	111	398	55	0.307	$\ln Y=0.450+0.740\ln K+0.169\ln L+0.719\ln I$
40	H_4	1999	129	409	53	0.355	t 值 (0.772)　(6.911)　(0.799)　(9.393)
76	H_4	2000	139	441	49	0.406	VIF　　　　(11.362)　(2.131)　(9.333)
112	H_4	2001	143	448	45	0.423	$R^2=0.997$　DW=2.461
148	H_4	2002	156	472	43	0.436	$F=870.215$
184	H_4	2003	179	483	41	0.549	
220	H_4	2004	288	501	40	0.902	
256	H_4	2005	388	626	42	1.208	
292	H_4	2006	596	872	45	1.608	
328	H_4	2007	831	110 2	55	1.689	
364	H_4	2008	889	131 1	54	1.605	
400	H_4	2009	112 6	159 8	50	1.633	
436	H_4	2010	118 7	185 5	55	1.954	

三 时间序列数据的岭回归分析

（一）多重共线性与岭回归

1. 多重共线性及其影响

多重共线性指的是，多元回归模型的自变量间存在近似的线性关系，它的存在使得估计的精确性大幅降低，估计值稳定性变差，甚至在回归方程整体高度显著时，一些回归系数通不过显著性检验，正负号倒置，使得无法从回归方程得到合理的经济解释，降低回归方程的应用价值。然而，现实中又很难在众多因素中找到一组互不相关又对因变量有显著影响的变量，也就不可避免地会出现程度不同的共线性问题。作为一个系统，解释变量之间难免会有这样或那样的联系，都会有信息的传递，就像每个人都不能孤立地存在于人类社会之中一样，所以多重共线性可以说是普遍存在的。

克服多重共线性的方法大体上可分为以下两类：一是找出引起多重共线性的变量并将其排除在解释变量之外；二是适当选取变量定义形式或参数估计方法。

2. 岭回归

岭回归是一种用于共线性数据分析的有偏估计回归方法，它实际上是一种改良的最小二乘法，以放弃最小二乘的无偏性，保持其有效性，损失部分信息，放弃部分精确度为代价来寻求效果稍差但更符合实际的回归方程。故岭回归所得剩余标准差比最小二乘回归时要大。

岭回归的原理是，当自变量间存在共线性时，自变量的相关矩阵之行列式就近似为 0，或称为奇异的（slngular）。此时，$X'X$ 也是奇异的。但如果将 $X'X$ 加上正常数矩阵 kI（k 为岭回归系数），则 $X'X+kI$ 的奇异性就会比 $X'X$ 有所改善。因而，可望用 $B(k) = (X'X+kI)^{-1}X'Y$ 作为回归系数的估计值，此值比最小二乘估计稳定，称 $B(k)$ 为回归系数的岭估计。显然，当 $k=0$ 时，$B(k)$ 就退化为最小二乘估计；而当 $k \to \infty$ 时，$B(k)$ 就趋于 0。因此，k 不宜太大。但是，由于 k 的选择是经验性的，岭回归分析时一个重要的问题就是选取多少合适。由于岭回归是有偏估计，k 值不宜太大；而且一般来说我们希望能尽量保留信息，即尽量能让 k 小些。可以通过观察在不同 k 的取值时方程的变动情况，然后取使得方程基本稳定的最小 k 值（张文彤，2002）。

（二）岭回归分析

1. k 值的确定

用 SPSS 软件选定 k 值，以电力、热力的生产和供应业（H_{34}）为例。表 4-2

为不同 k 值时决定系数和各变量系数的变化情况，我们这里只列出了前面的一部分。可见在 $k=0.1$ 附近时，回归系数开始趋于稳定。

表 4-2　不同 k 值时决定系数和各变量系数的变化情况

k	R^2	$\ln K$	$\ln L$	$\ln I$
0.000 00	0.992 98	0.051 713	−0.123 063	1.064 831
0.010 00	0.991 20	0.288 110	−0.030 583	0.732 550
0.020 00	0.989 40	0.327 135	0.038 909	0.620 929
0.030 00	0.987 94	0.338 112	0.086 219	0.559 523
0.040 00	0.986 77	0.341 279	0.119 902	0.519 534
0.050 00	0.985 79	0.341 626	0.144 907	0.491 033
0.060 00	0.984 95	0.340 814	0.164 095	0.469 508
0.070 00	0.984 21	0.339 498	0.179 210	0.452 566
0.080 00	0.983 56	0.337 963	0.191 366	0.438 809
0.090 00	0.982 95	0.336 345	0.201 307	0.427 363
0.100 00	0.982 39	0.334 709	0.209 550	0.417 648
0.110 00	0.981 86	0.333 087	0.216 460	0.409 265
0.120 00	0.981 35	0.331 495	0.222 309	0.401 930
0.130 00	0.980 85	0.329 939	0.227 297	0.395 435
0.140 00	0.980 37	0.328 423	0.231 579	0.389 625
0.150 00	0.979 89	0.326 946	0.235 273	0.384 380
0.160 00	0.979 42	0.325 506	0.238 475	0.379 607
0.170 00	0.978 94	0.324 102	0.241 259	0.375 233
0.180 00	0.978 47	0.322 731	0.243 687	0.371 200
0.190 00	0.977 99	0.321 392	0.245 808	0.367 460
0.200 00	0.977 50	0.320 082	0.247 663	0.363 974
0.210 00	0.977 02	0.318 800	0.249 287	0.360 710
0.220 00	0.976 52	0.317 542	0.250 707	0.357 642
0.230 00	0.976 02	0.316 309	0.251 949	0.354 745
0.240 00	0.975 52	0.315 098	0.253 033	0.352 002
0.250 00	0.975 00	0.313 908	0.253 976	0.349 396
0.260 00	0.974 48	0.312 737	0.254 793	0.346 913
0.270 00	0.973 95	0.311 585	0.255 498	0.344 541
0.280 00	0.973 41	0.310 450	0.256 103	0.342 269
0.290 00	0.972 87	0.309 331	0.256 616	0.340 089
0.300 00	0.972 31	0.308 229	0.257 048	0.337 992
0.310 00	0.971 75	0.307 140	0.257 405	0.335 971
0.320 00	0.971 18	0.306 066	0.257 694	0.334 020
0.330 00	0.970 60	0.305 005	0.257 923	0.332 133
0.340 00	0.970 01	0.303 957	0.258 095	0.330 306
0.350 00	0.969 41	0.302 922	0.258 216	0.328 534
0.360 00	0.968 80	0.301 898	0.258 290	0.326 813
0.370 00	0.968 19	0.300 885	0.258 321	0.325 139
0.380 00	0.967 56	0.299 883	0.258 312	0.323 510
0.390 00	0.966 93	0.298 891	0.258 267	0.321 923

续表

k	R^2	$\ln K$	$\ln L$	$\ln I$
0.400 00	0.966 29	0.297 910	0.258 189	0.320 374
0.410 00	0.965 64	0.296 938	0.258 080	0.318 862
0.420 00	0.964 98	0.295 975	0.257 942	0.317 384
0.430 00	0.964 32	0.295 022	0.257 778	0.315 939
0.440 00	0.963 65	0.294 078	0.257 590	0.314 524
0.450 00	0.962 97	0.293 142	0.257 379	0.313 137
0.460 00	0.962 28	0.292 214	0.257 147	0.311 779
0.470 00	0.961 59	0.291 294	0.256 895	0.310 446
0.480 00	0.960 88	0.290 382	0.256 626	0.309 138
0.490 00	0.960 17	0.289 478	0.256 340	0.307 853
0.500 00	0.959 46	0.288 582	0.256 038	0.306 590

图 4-1 为不同 k 值时各变量的回归系数连成的曲线，该曲线被形象地称为岭迹。可见，当 k 到达 0.1 附近时，三条岭迹都开始变得平稳。

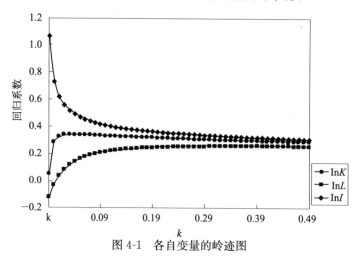

图 4-1　各自变量的岭迹图

从表 4-2、图 4-1 的分析，本书 k 取 0.1。

2. 岭回归输出

以电力、热力的生产和供应业（H_{34}）为例，$k=0.1$ 时岭回归输出如表 4-3 所示。

表 4-3　各变量岭回归时的系数

变量	B	SE（B）	Beta	B/SE（B）
$\ln K$	0.408 657 12	0.040 978 54	0.334 708 97	9.972 467 34
$\ln L$	1.460 623 53	0.340 051 12	0.209 549 69	4.295 305 75
$\ln I$	0.535 922 95	0.050 030 83	0.417 648 03	10.711 854 73
常数	−4.619 051 62	1.696 044 62	0.000 000 00	−2.723 425 77

注：B列是各变量的系数，Beta列是标准化后各变量的系数

$R^2 = 0.982\ 392\ 482\ 3$；$F = 167.381\ 768\ 5$

以电力、热力的生产和供应业（H_{34}）为例，岭回归分析与一般多重线性回归分析回归系数的标准误比较如表4-4所示。可见，岭回归分析中各自变量回归系数的标准误均比一般多重线性回归分析回归系数的标准误小。

表4-4　两种方法回归系数的标准误比较

回归方法	$\ln K$	$\ln L$	$\ln I$
一般多重线性回归	0.331	1.001	0.306
岭回归，$k=0.1$	0.041	0.340	0.050

3. 岭回归结果

为便于比较和分析，k均取0.1，同时将岭回归的结果也放于一般多重线性回归对应的位置，结果见表4-5和附录2。可见，信息化投入对经济增长的贡献总体上大于资本、劳动力投入对经济增长的贡献。

表4-5　时间序列数据的多重线性回归和岭回归分析比较（$H_1 \sim H_4$）

行业	线性回归	岭回归
H_1	$\ln Y = 5.836 - 0.286\ln K + 0.547\ln L + 1.422\ln I$ t值 (3.068) (−1.463) (1.526) (9.845) (19.240) (2.709) (15.100)	$\ln Y = 0.779 + 0.426\ln K - 0.420\ln L + 0.787\ln I$ Beta (0.281) (0.057) (0.622)
H_2	$\ln Y = 1.248 + 0.390\ln K + 0.547\ln L + 0.741\ln I$ t值 (1.727) (3.124) (4.411) (8.528) (4.567) (1.826) (4.003)	$\ln Y = 1.003 + 0.510\ln K + 0.415\ln L + 0.606\ln I$ Beta (0.366) (0.190) (0.585)
H_3	$\ln Y = 2.844 + 0.414\ln K + 0.109\ln L + 0.860\ln I$ t值 (3.776) (1.930) (0.249) (8.410) (42.856) (28.924) (9.359)	$\ln Y = 1.078 + 0.372\ln K + 0.648\ln L + 0.634\ln I$ Beta (0.289) (0.203) (0.483)
H_4	$\ln Y = 0.450 + 0.740\ln K + 0.169\ln L + 0.719\ln I$ t值 (0.772) (6.911) (0.799) (9.393) (11.362) (2.131) (9.333)	$\ln Y = 0.294 + 0.733\ln K + 0.218\ln L + 0.657\ln I$ Beta (0.451) (0.029) (0.512)

第三节　中国工业行业信息化建设对经济增长贡献的横截面分析

一　横截面数据

横截面数据是指，在某一时点收集的不同对象的数据。它对应同一时点上

不同空间（对象）所组成的一维数据集合，研究的是某一时点上的某种经济现象，突出空间（对象）的差异。横截面数据的突出特点就是离散性高。横截面数据体现的是个体的个性，突出个体的差异，通常横截面数据表现的是无规律的而非真正的随机变化。横截面数据是在同一时间，由不同统计单位的相同统计指标组成的数据列。与时序数据相比较，其区别在于数据的排列标准不同，时序数据是按时间顺序排列的，横截面数据是按照统计单位排列的。因此，横截面数据不要求统计对象及其范围相同，但要求统计的时间相同，也就是说必须是同一时间截面上的数据。与时间数据完全一样，横截面数据的统计口径和计算方法（包括价值量的计算方法）也应当是可比的。

在分析横截面数据时，应主要注意两个问题：一是异方差问题，由于数据是在某一时期对个体或地域的样本的采集，不同个体或地域本身就存在差异；二是数据的一致性，主要包括变量的样本容量是否一致、样本的取样时期是否一致、数据的统计标准是否一致。

二 横截面数据的一般多重线性回归分析

对 1998～2010 年每年的横截面数据作一般多重线性回归分析，结果见附录 3。

从表 4-6 和附表 3 可以看出，R^2 均接近 1，说明该模型的拟合度比较好，即该模型的回归效果较好。F 检验均通过，说明 Y 与 K、L、I 四个变量对数的线性关系成立。

表 4-6　横截面数据的回归分析（2010 年）

obs	H	γ	K	L	I	数据分析结果
433	H_1	5 684.13	17 442.06	527.19	4.555 328	一、线性回归
434	H_2	5 731.40	10 331.49	106.06	6.193 994	$\ln Y=4.376+0.116\ln K+0.288\ln L+0.794\ln I$
435	H_3	1 369.79	3 348.65	67.04	2.234 824	t 值　(6.771) (1.118)　(4.875)　(7.181)
436	H_4	1 186.59	1 855.45	55.40	1.954 291	VIF　　　　(7.915)　(2.422)　(5.370)
437	H_5	759.76	1 140.42	56.54	1.384 725	$R^2=0.951$　　　DW=1.043
438	H_6	5 697.23	11 507.72	369.01	4.366 154	$F=206.956$
439	H_7	2 280.37	4 894.78	175.88	2.569 642	
440	H_8	2 299.54	5 225.80	130.02	2.660 508	二、岭回归
441	H_9	3 185.96	3 658.57	21.10	7.468 480	$\ln Y=3.661+0.245\ln K+0.248\ln L+0.611\ln I$
442	H_{10}	5 264.07	13 012.78	647.32	5.133 393	Beta　　　(0.262)　(0.256)　(0.502)
443	H_{11}	2 578.55	4 839.63	447.00	2.162 241	$R^2=0.946$
444	H_{12}	1 696.39	2 730.67	276.37	1.562 466	
445	H_{13}	1 443.88	2 432.12	142.29	1.715 764	
446	H_{14}	765.42	1 810.48	111.73	1.093 988	
447	H_{15}	2 017.75	6 364.38	157.91	2.487 292	
448	H_{16}	778.43	2 243.11	85.06	1.322 013	
449	H_{17}	640.35	1 282.71	128.11	0.887 059	

续表

obs	H	γ	K	L	I	数据分析结果
450	H_{18}	2 981.86	10 697.02	92.15	4.574 698	
451	H_{19}	8 556.93	25 579.30	474.14	8.738 901	
452	H_{20}	2 835.17	7 219.38	173.17	3.713 560	
453	H_{21}	810.89	2 823.11	43.93	2.023 600	
454	H_{22}	1 113.02	2 878.69	102.93	1.978 874	
455	H_{23}	2 589.07	6 431.74	283.30	2.699 049	
456	H_{24}	6 262.54	17 206.14	544.61	5.283 680	
457	H_{25}	9 570.04	29 705.29	345.63	9.714 501	
458	H_{26}	5 140.66	13 605.04	191.59	5.010 941	
459	H_{27}	3 628.28	9 189.26	344.64	3.467 742	
460	H_{28}	6 457.69	19 219.87	539.38	7.378 522	
461	H_{29}	4 032.88	13 514.36	334.22	5.381 509	
462	H_{30}	9 322.56	32 205.57	573.72	13.802 915	
463	H_{31}	7 609.97	21 981.39	604.30	9.388 336	
464	H_{32}	8 747.30	27 226.08	772.75	14.391 093	
465	H_{33}	1 280.46	3 655.58	124.86	2.050 139	
466	H_{34}	9 032.38	47 229.23	275.64	9.034 342	
467	H_{35}	420.66	1 812.45	19.02	1.764 499	
468	H_{36}	341.12	3 368.82	45.92	0.649 182	

三 横截面数据的岭回归分析

图 4-2 是 2010 年横截面数据分析时各自变量的岭迹图。

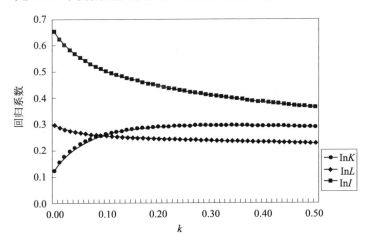

图 4-2　各自变量的岭迹图（2010 年）

取 k 为 0.1，对 1998～2010 年每年的横截面数据均作岭回归分析，结果见附录 3。

取附录 3 中标准化后的系数（贡献率）作图，结果如图 4-3 所示。

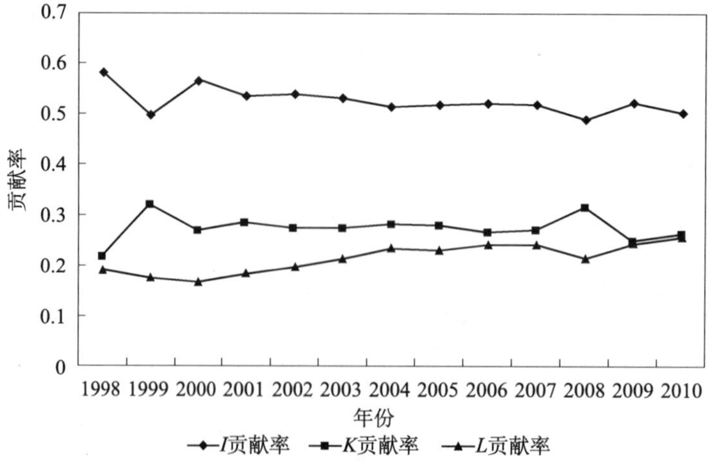

图 4-3　信息化贡献率、资本贡献率、劳动贡献率比较

由图 4-3 可见，信息化贡献率大于资本贡献率，而资本贡献率又大于劳动力贡献率。资本贡献率、劳动力贡献率、信息化贡献率的变化趋势均趋于平缓。

信息化成为促进产业经济增长的第一原动力。说信息化是第一原动力，不是指信息化可以取代投资和劳动，不是指绝对值，而是指加速度。20 世纪 90 年代以来，我国大搞产业信息化建设，信息化成为产业经济新的增长源，在它起作用初期，根据边际效益递减原理，其作用力是最大的，这就是为什么我们的线性回归模型中信息要素的系数大于资本和劳动。信息要素这个新型经济增长源一旦出现，初期对经济增长的推动作用力是最猛的。

第四节　中国工业行业信息化建设对经济增长的贡献差异

一　中国工业行业 36 个分行业信息化建设对经济增长贡献的差异分析

（一）行业中资本、劳动、信息化投入对经济增长的贡献率差异

从附录 2 中提取中国工业行业 36 个分行业资本、劳动和信息化投入对经济增长的贡献率（表 4-7），从图 4-3 和表 4-7 可见，虽然总体上中国工业行业信息化投入对经济增长的贡献率大于资本和劳动力投入对经济增长的贡献率，但在

具体分行业中却呈现不一样的结果，36 个分行业中有 21 个行业中信息化投入对经济增长的贡献占主导优势，9 个行业中劳动力投入对经济增长的贡献占主导优势，6 个行业中资本投入对经济增长的贡献占主导优势。这表明在 36 个分行业中，不能盲目地对所有行业采取一样的应对措施，如都优先加大信息化投入，应有针对性地结合各个行业具体情况。

表 4-7　中国工业行业 36 个分行业资本、劳动、信息化投入对经济增长的贡献率

行业	K	L	I	行业	K	L	I	行业	K	L	I
H_1	0.426	−0.42	0.787	H_{13}	0.494	0.593	0.577	H_{25}	0.594	−0.361	0.812
H_2	0.51	0.415	0.606	H_{14}	0.399	0.539	0.514	H_{26}	0.489	0.599	0.713
H_3	0.372	0.648	0.634	H_{15}	0.577	0.467	0.596	H_{27}	0.422	0.433	0.612
H_4	0.733	0.218	0.657	H_{16}	0.572	0.389	0.652	H_{28}	0.542	0.045	0.768
H_5	0.636	−0.126	0.821	H_{17}	0.472	0.602	0.482	H_{29}	0.559	−0.166	0.74
H_6	0.429	0.14	0.805	H_{18}	0.742	−0.043	0.501	H_{30}	0.474	0.166	0.648
H_7	0.534	0.425	0.625	H_{19}	0.618	−0.245	0.819	H_{31}	0.368	0.474	0.566
H_8	0.616	0.035	0.73	H_{20}	0.493	0.643	0.526	H_{32}	0.422	0.271	0.456
H_9	0.616	−0.282	0.447	H_{21}	1.048	−0.63	0.618	H_{33}	0.454	0.484	0.644
H_{10}	0.661	0.243	0.663	H_{22}	0.545	0.205	0.618	H_{34}	0.409	1.461	0.536
H_{11}	0.417	0.663	0.446	H_{23}	0.483	0.534	0.497	H_{35}	0.687	−0.539	0.573
H_{12}	0.463	0.57	0.467	H_{24}	0.671	−0.375	0.788	H_{36}	0.546	0.001	0.529

（二）行业间信息化建设对经济增长的贡献率差异

从表 4-7 和图 4-4 可见，中国工业行业在 36 个分行业间信息化对经济增长存在不同程度的差异。对中国工业行业 36 个分行业信息化建设贡献率由低到高排序，见表 4-8。可见，各行业信息化建设贡献率的差异较大。

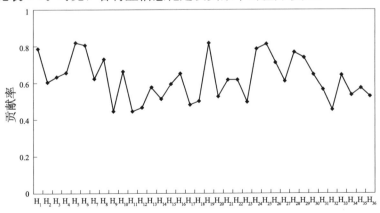

图 4-4　中国工业行业 36 个分行业信息化建设对经济增长的贡献率比较

通俗地说，在该时期内，中国信息丰裕系数的对数每增长一个单位，能够引发工业生产总值的对数平均增长 0.624 25 个单位。尽管上述定量分析结果中不能绝对排除存在自相关因素，但分析结果总体上表明的信息要素成为中国工业经济增长的重要来源这一结论依然是可信的。

信息化对工业内部各分行业的带动作用存在着明显的差异，并非是同步。这可能与信息化向这些行业的渗透、扩散，以及这些行业运用信息技术改造本行业的力度等存在较大的差别相关。其中，信息化对纺织服装、鞋、帽制造业（H_{11}）、烟草制品业（H_9）带动作用较弱值得关注，信息化对非金属矿采选业（H_5）、化学原料及化学制品制造业（H_{19}）带动作用较强。

表 4-8　信息化建设贡献率排序

行业	贡献率	行业	贡献率
H_{11}	0.446	H_{22}	0.618
H_9	0.447	H_7	0.625
H_{32}	0.456	H_3	0.634
H_{12}	0.467	H_{33}	0.644
H_{17}	0.482	H_{30}	0.648
H_{23}	0.497	H_{16}	0.652
H_{18}	0.501	H_4	0.657
H_{14}	0.514	H_{10}	0.663
H_{20}	0.526	H_{26}	0.713
H_{36}	0.529	H_8	0.730
H_{34}	0.536	H_{29}	0.740
H_{31}	0.566	H_{28}	0.768
H_{35}	0.573	H_1	0.787
H_{13}	0.577	H_{24}	0.788
H_{15}	0.596	H_6	0.805
H_2	0.606	H_{25}	0.812
H_{27}	0.612	H_{19}	0.819
H_{21}	0.618	H_5	0.821

$\bar{\gamma} = 0.624\ 25$；SD$=0.116\ 1$

二　中国 30 个省域工业行业信息化建设对经济增长贡献的差异分析

（一）省域工业行业信息化建设对经济增长的贡献差异

1. 省域中工业行业资本、劳动、信息化投入对经济增长的贡献差异

提取中国 30 个省域工业行业资本、劳动和信息化投入对经济增长的贡献率（表 4-9），从图 4-5 和表 4-9 中可得，虽然总体上中国省域工业行业信息化投入对经济增长的贡献率大于资本和劳动力投入对经济增长的贡献率，但在具体省

域的工业行业中却呈现不统一的结果，30 个省域中有 19 个省域中信息化投入对经济增长的贡献占主导优势，6 个省域中资本投入对经济增长的贡献占主导优势，5 个省域中劳动力投入对经济增长的贡献占主导优势。这表明同样在省域工业行业中，也不能盲目地对所有省域的工业行业采取一样的应对措施，应有针对性地结合各个省域工业行业的具体情况。

表 4-9 中国 30 个省域工业行业资本、劳动、信息化对经济增长的贡献率

省域	K	L	I	省域	K	L	I
S_1	0.459	−0.581	0.564	S_{16}	0.629	0.101	0.773
S_2	0.695	−0.65	0.753	S_{17}	0.524	0.14	0.638
S_3	0.5	0.659	0.746	S_{18}	0.645	−0.028	0.814
S_4	0.588	0.776	0.662	S_{19}	0.369	0.453	0.437
S_5	0.669	0.112	0.678	S_{20}	0.626	0.285	0.76
S_6	0.575	0.209	0.888	S_{21}	0.625	0.225	0.48
S_7	0.95	−0.389	0.611	S_{22}	0.795	0.422	0.694
S_8	0.643	0.021	0.589	S_{23}	0.678	−0.054	0.899
S_9	0.363	0.382	0.816	S_{24}	0.561	−0.237	0.757
S_{10}	0.495	0.213	0.566	S_{25}	0.462	0.14	0.661
S_{11}	0.314	0.552	0.366	S_{26}	0.675	−0.33	0.884
S_{12}	0.586	0.287	0.726	S_{27}	0.582	−1.315	0.447
S_{13}	0.487	0.509	0.423	S_{28}	0.682	0.64	0.514
S_{14}	0.674	0.029	0.813	S_{29}	0.549	0.369	0.693
S_{15}	0.439	0.877	0.51	S_{30}	0.538	0.4	0.596

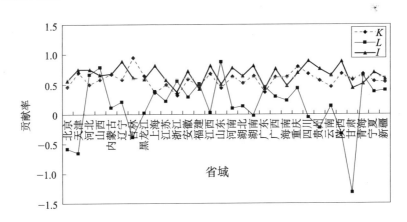

图 4-5 中国 30 个省域工业行业资本、劳动、信息化投入对经济增长的贡献率比较

2. 省域间工业行业信息化建设对经济增长的贡献差异

对中国 30 个省域工业行业信息化建设对经济增长的贡献率进行排序（表 4-10），可得省域间工业行业信息化建设对经济增长的贡献率也存在明显的差异。信息化建设对浙江工业行业（S_{11}）、福建工业行业（S_9）带动作用较弱，信息化

建设对四川工业行业（S_{23}）、辽宁工业行业（S_6）带动作用比较强。

表 4-10　信息化建设贡献率排序

省域	贡献率	省域	贡献率
S_{11}	0.366	S_5	0.678
S_{13}	0.423	S_{29}	0.693
S_{19}	0.437	S_{22}	0.694
S_{27}	0.447	S_{12}	0.726
S_{21}	0.480	S_3	0.746
S_{15}	0.510	S_2	0.753
S_{28}	0.514	S_{24}	0.757
S_1	0.564	S_{20}	0.760
S_{10}	0.566	S_{16}	0.773
S_8	0.589	S_{14}	0.813
S_{30}	0.596	S_{18}	0.814
S_7	0.611	S_9	0.816
S_{17}	0.638	S_{26}	0.884
S_{25}	0.661	S_6	0.888
S_4	0.662	S_{23}	0.899

$\bar{\gamma}=0.658\ 6$；$SD=0.144\ 9$

（二）省域工业行业信息化水平与经济增长的关联性

从图 4-6 可以看出，中国 30 个省域间工业行业信息化水平的差异与省域工业增加值的差异情况大致相同。反映出我国省域工业行业信息化水平与经济增长存在着正相关性。

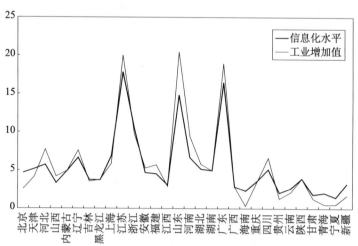

图 4-6　中国省域工业行业信息化水平与经济增长的相关性（2010）

（三）省域工业行业信息化水平与贡献率的四种组合

用直角坐标系的四个象限分别表示（信息化水平高，信息化贡献率高）、

（信息化水平低，信息化贡献率高）、（信息化水平低，信息化贡献率低）、（信息化水平高，信息化贡献率低）四种可能情况的省域工业行业。取 1998～2010 年13 年的省域工业行业信息化水平加权平均值为 M_1，信息化贡献率为 M_2，求得30 个省域的 $\overline{M_1}$ 和 $\overline{M_2}$。

$$\overline{M_1} = 2.821, \overline{M_2} = 0.659$$

对应 M_1 列，大于 $\overline{M_1}$ 用符号"＋"表示，小于 $\overline{M_1}$ 用符号"－"表示；对应 M_2 列，大于 $\overline{M_2}$ 用符号"＋"表示，小于 $\overline{M_2}$ 用符号"－"表示（"＋"表示高于平均值的省域，"－"表示低于平均值的省域）。

表 4-11　中国省域工业行业信息化水平和贡献率的组合

省域	M_1	标识符	M_2	标识符	所在象限	省域	M_1	标识符	M_2	标识符	所在象限
北京	2.568	－	0.564	－	3	河南	3.330	＋	0.773	＋	1
天津	2.719	－	0.753	＋	2	湖北	2.579	－	0.638	－	3
河北	3.046	＋	0.746	＋	1	湖南	2.195	－	0.814	＋	2
山西	1.838	－	0.662	＋	2	广东	8.253	＋	0.437	－	4
内蒙古	1.863	－	0.678	＋	2	广西	1.357	－	0.76	＋	2
辽宁	3.580	＋	0.888	＋	1	海南	1.048	－	0.48	－	3
吉林	1.912	－	0.611	－	3	重庆	1.621	－	0.694	＋	2
黑龙江	2.594	－	0.589	－	3	四川	2.609	－	0.899	＋	2
上海	4.908	＋	0.816	＋	1	贵州	1.054	－	0.757	＋	2
江苏	8.410	＋	0.566	－	4	云南	1.685	－	0.661	＋	2
浙江	5.411	＋	0.366	－	4	陕西	1.982	－	0.884	＋	2
安徽	2.204	－	0.726	＋	2	甘肃	1.045	－	0.447	－	3
福建	2.515	－	0.423	－	3	青海	1.053	－	0.514	－	3
江西	1.439	－	0.813	＋	2	宁夏	0.664	－	0.693	＋	2
山东	7.139	＋	0.51	－	4	新疆	1.991	－	0.596	－	3

以 M_1 为横轴，M_2 为纵轴，可得中国工业行业信息化水平的结构因素比较，如图 4-7 所示。

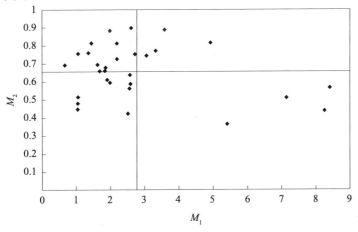

图 4-7　中国省域工业行业信息化水平和贡献率的组合图

从图 4-7 可见，某些省域工业行业 M_1、M_2 水平均衡或较为均衡，但另外一些省域工业行业则表现出两种能力水平不均衡的状况。某些省域工业行业信息化水平较强，而信息化贡献能力则较弱；而另一些省域工业行业有较高的信息化贡献能力，但信息化水平却较低。

可以分为以下几种典型的省域类型。

（1）"双高"型。指工业行业信息化水平和信息化贡献能力两水平均高的省域类型，如河北、辽宁、上海、河南等，是工业产业结构合理、信息化投入对经济增长产生合理贡献的省域。

（2）"支持"型。指工业行业信息贡献能力水平高，但信息化水平低的类型，如天津、山西、内蒙古、安徽、江西、湖南、广西、重庆、四川、贵州、云南、陕西、宁夏等。这类省域工业行业客观上面临信息化投入不足的情况，但却能对经济增长产生预期合理的贡献，应加大支持这些省域的工业行业信息化投入。

（3）"调整"型。指工业行业信息水平高，而信息贡献能力低的省域，如江苏、浙江、山东、广东这经济四大省。这类省域客观上有着强大的工业经济基础和信息化投入能力，但同等的信息化投入却产生比较低的经济增长贡献，应合理调整这类省域工业行业的产业结构和信息化投入比例。

（4）"双低"型。指工业行业信息水平和信息化贡献能力均表现低水平，如北京、吉林、黑龙江、福建、湖北、海南、甘肃、青海、新疆等，这是产业政策调整时重点扶持的省域。

第五章 中国工业行业信息化建设对产出增长速度的贡献

第一节 信息化下的产出增长速度方程

一 产出增长速度方程的含义与作用

产出增长速度方程是描述产出增长速度与投入要素（资金、劳动力、信息等）增长速度和技术进步速度之间关系的经济数学模型，简称增长速度方程。它是从各经济变量相对变化的角度来研究经济增长和技术进步之间的关系的。美国经济学家 R. M. 斯诺首先提出的增长速度方程 $y = a + \alpha k + \beta l$，式中 y 是产出的增长速度，a 是技术进步速度，k 是资金投入的增长速度，l 是劳动力投入的增长速度，α 是资金产出的弹性系数，β 是劳动力产出的弹性系数。由于 y、k、l 的值可从历史统计资料的分析中得到，所以只要估计出参数 α 和 β 的值，即可算出技术进步速度 $a = y - \alpha k - \beta l$。

在应用增长速度方程时，可应用水平法根据统计资料算出某一时期的 y、k、l 的值。设 Y_t、K_t、L_t 和 Y_0、K_0、L_0 分别是测算年 t 和基年 t_0（这里设 $t_0 = 0$）的产出量、资金和劳动量。产出量可根据要求采用总产值、净产值、国民收入或销售产值。劳动量指工作中的有效劳动时间，因无统计资料，可用劳动力人数。资金可按固定资产原值期末数加定额流动资金年平均余额确定，在宏观分析时一般可以不加。

根据增长速度方程可以算出以下三项重要指标：①技术进步对产值增长速度的贡献，资金对产值增长速度的贡献，劳动力对产值增长速度的贡献。②技术进步对新增产值的贡献，资金和劳动力对新增产值的贡献。这里取基年 t_0 的技术水平 $A_0 = 1$，A_t 是测算年 t 的技术水平，Y_0 是基年的产出，Y_t 是测算年 t 的产出。③技术水平。设基年 t_0 的技术水平 $A_0 = 1$，则测算年 t 的技术水平 $A_t = (1+a)t$，式中 a 是技术进步速度。

二 考虑信息化因素的一般增长速度方程

考虑信息化因素后的产出增长型生产函数为

$$Y = A(t)f(K,L,I) \tag{5-1}$$

其中，$A(t)$ 表示除信息化外的技术进步水平；K 表示资本投入量；L 表示劳动投入量；I 表示信息化水平。

对式（5-1）两边求全导数，可得

$$\frac{dY}{dt} = \frac{dA}{dt} \cdot f(K,L,I) + \frac{\partial Y}{\partial K} \cdot \frac{dK}{dt} + \frac{\partial Y}{\partial L} \cdot \frac{dL}{dt} + \frac{\partial Y}{\partial I} \cdot \frac{dI}{dt} \tag{5-2}$$

令式（5-2）两边除以 Y 得

$$\frac{\frac{dY}{dt}}{Y} = \frac{\frac{dA}{dt} \cdot f(K,L,I)}{Af(K,L,I)} + \frac{\partial Y}{\partial K} \cdot \frac{K}{Y} \cdot \frac{\frac{dK}{dt}}{K} + \frac{\partial Y}{\partial L} \cdot \frac{L}{Y} \cdot \frac{\frac{dL}{dt}}{L} + \frac{\partial Y}{\partial I} \cdot \frac{I}{Y} \cdot \frac{\frac{dI}{dt}}{I} \tag{5-3}$$

令 $\alpha = \frac{\partial Y}{\partial K} \cdot \frac{K}{Y}$ 表示资本的产出弹性，$\beta = \frac{\partial Y}{\partial L} \cdot \frac{L}{Y}$ 表示劳动的产出弹性，$\gamma = \frac{\partial Y}{\partial I} \cdot \frac{I}{Y}$ 表示信息化水平变动的产出弹性，$y = \frac{\frac{dY}{dt}}{Y}$ 表示产出增长速度，$k = \frac{\frac{dK}{dt}}{K}$ 表示资本投入增长速度，$l = \frac{\frac{dL}{dt}}{L}$ 表示劳动投入增长速度，$i = \frac{\frac{dI}{dt}}{I}$ 表示信息化水平增长速度，$a = \frac{\frac{dA}{dt}}{A}$ 表示技术进步速度。则，

$$y = a + \alpha k + \beta l + \gamma i \tag{5-4}$$

式（5-4）为考虑信息化因素下的一般增长速度方程，其经济意义说明产出增长速度由资本、劳动、信息和技术进步四个部分组成。

三 柯布-道格拉斯生产函数形式的增长速度方程

式（5-5）为柯布-道格拉斯生产函数形式：

$$Y = AK^{\alpha}L^{\beta}I^{\gamma} \tag{5-5}$$

对式（5-5）取对数，得

$$\ln Y = A + \alpha \ln K + \beta \ln L + \gamma \ln I \tag{5-6}$$

两边求导数，得

$$\frac{\frac{dY}{dt}}{Y} = \frac{\frac{dA}{dt}}{A} + \alpha \frac{\frac{dK}{dt}}{K} + \beta \frac{\frac{dL}{dt}}{L} + \gamma \frac{\frac{dI}{dt}}{I} \tag{5-7}$$

从而得到产出增长型速度方程（离散型），并取 $\Delta t = 1$

$$\frac{\Delta Y}{Y} = \frac{\Delta A}{A} + \alpha \frac{\Delta K}{K} + \beta \frac{\Delta L}{L} + \gamma \frac{\Delta I}{I}$$

令

$$y = \frac{\Delta Y}{Y} \; ; \; a = \frac{\Delta A}{A} \; ; \; k = \frac{\Delta K}{K} \; ; \; l = \frac{\Delta L}{L} \; ; \; i = \frac{\Delta l}{l}$$

则，

$$y = a + \alpha k + \beta l + \gamma i$$

由此可得信息化水平变动对产出增长速度的贡献为

$$\text{EI} = \frac{\gamma i}{y} \tag{5-8}$$

第二节 中国工业行业信息化建设对产出增长速度的贡献率测度

一 信息化建设对中国工业行业 36 个分行业产出增长速度的贡献率测度

使用中国工业行业分行业的时间序列数据，用式（5-8）计算信息化建设对中国工业行业 36 个分行业产出增长速度的贡献率，结果见表 5-1。

二 信息化建设对中国 30 个省域工业行业产出增长速度的贡献率测度

使用中国省域工业行业的时间序列数据，用式（5-8）计算信息化建设对中国 30 个省域工业行业产出增长速度的贡献率，结果见表 5-2。

表 5-1　信息化建设对中国工业行业 36 个分行业产出增长速度的贡献率

年份 行业	1999	2000	2001	2002	2003	2004	2005	2006	2007	2008	2009	2010	合计
H_1	0.063 8	38.444	0.432 4	0.554 6	0.511 2	0.411 5	0.565 1	0.834 4	0.551 1	1.764 5	0.151 2	0.745 5	3.752 5
H_2	0.611 4	1.956 3	0.679 0	1.425 3	0.183 8	0.419 7	0.828 3	0.022 1	-0.196	-2.675	-1.265	-2.061	-0.005
H_3	29.194	0.613 4	0.638 5	0.272 9	0.551 7	0.862 5	-0.085	0.244 4	0.565 4	1.239 5	-0.234	1.218 7	2.923 5
H_4	0.644 5	1.183 8	0.992 9	0.227 5	1.138 3	0.696 1	0.642 3	0.403 4	0.084 8	-0.475	0.042 6	2.391 1	0.664 3
H_5	0.408 7	1.824 3	1.245 9	0.474 2	1.207 4	0.590 6	1.607 0	0.413 3	0.572 8	0.855 3	0.197 6	0.811 3	0.850 7
H_6	0.351 3	1.249 3	0.371 6	0.403 9	0.407 0	0.410 9	0.775 0	0.677 2	0.668 0	1.779 2	0.474 2	1.147 1	0.726 2
H_7	0.976 5	0.515 5	0.375 0	0.249 7	0.553 8	0.243 8	0.486 7	0.462 1	0.591 8	0.841 8	0.550 1	0.919 9	0.563 9
H_8	1.022 1	1.026 4	0.558 7	0.511 8	0.730 4	0.255 2	1.285 9	0.586 2	0.506 7	0.339 6	0.354 6	0.757 7	0.661 3
H_9	1.130 8	1.111 7	0.296 9	0.408 4	0.635 1	1.000 5	0.383 8	0.489 3	0.509 9	-0.001	0.163 5	0.215 3	0.528 6
H_{10}	0.639 4	0.456 8	0.413 2	0.607 3	0.434 4	0.306 1	0.699 8	0.451 8	0.490 3	1.705 2	0.552 8	1.273 5	0.669 2
H_{11}	0.501 5	0.404 1	0.347 0	0.423 7	0.213 4	0.316 2	0.354 5	0.224 1	0.419 1	0.844 5	0.273 8	0.400 8	0.393 6
H_{12}	0.099 8	0.464 5	0.351 6	0.218 4	0.354 7	0.195 7	0.425 0	0.360 6	0.364 5	0.843 6	0.304 3	0.537 9	0.376 7
H_{13}	0.442 0	0.635 1	0.294 7	0.229 0	0.239 0	0.422 9	0.419 1	0.426 1	0.312 2	0.723 2	0.272 9	0.488 7	0.408 8
H_{14}	0.219 2	0.326 9	0.126 0	0.100 1	0.129 5	0.233 9	0.232 5	0.343 2	0.289 3	0.986 8	0.462 2	0.465 0	0.326 2
H_{15}	0.322 5	0.937 6	0.553 3	0.344 8	0.629 2	0.237 9	0.526 7	0.815 6	0.358 3	0.623 3	0.170 5	0.590 0	0.509 1
H_{16}	0.680 8	-4.377 7	0.343 3	0.231 8	0.319 9	0.156 2	0.561 4	0.454 6	0.476 1	0.721 3	0.370 6	0.583 6	0.043 5
H_{17}	1.180 5	0.134 4	0.240 1	0.016 0	0.309 6	0.331 1	0.340 5	0.302 9	0.333 2	0.556 6	0.504 9	0.482 3	0.394 3
H_{18}	0.530 8	0.284 0	0.235 3	0.381 0	0.164 5	0.675 6	-0.591	0.317 6	0.872 1	7.111 1	4.582 4	1.231 3	1.316 2
H_{19}	0.804 6	0.408 3	0.846 9	0.643 2	0.398 6	0.341 4	0.762 2	0.488 1	0.639 4	2.467 3	0.257 8	1.185 6	0.770 3
H_{20}	0.336 7	0.608 4	0.340 5	0.564 6	0.241 5	0.191 1	0.545 6	0.404 0	0.489 0	0.578 4	0.292 3	0.648 6	0.436 7
H_{21}	0.695 5	0.443 5	0.431 9	0.032 5	0.424 2	-0.020	0.440 5	0.499 2	0.585 9	1.439 1	0.565 1	2.881 6	0.701 5
H_{22}	-0.271	1.607 1	0.662 7	0.491 6	0.380 4	0.735 6	0.424 8	0.566 2	0.419 9	0.497 6	0.597 6	0.713 0	0.568 8
H_{23}	0.394 9	0.337 9	0.308 5	0.204 8	0.348 3	0.221 0	0.435 1	0.359 9	0.340	0.908 6	0.195 2	0.568 4	0.385 2

续表

年份＼行业	1999	2000	2001	2002	2003	2004	2005	2006	2007	2008	2009	2010	均值
H24	0.416 0	0.788 6	0.482 4	0.292 8	0.174 8	0.413 0	0.639 8	0.582 3	0.539 3	1.489 4	0.415 9	0.793 3	0.610 6
H25	1.441 4	0.065 2	0.288 8	0.729 6	0.552 0	0.518 6	0.535 1	0.854 7	0.816 9	6.311 5	−0.350	1.687 6	1.120 9
H26	0.741 2	0.741 8	0.342 2	0.709 7	0.564 1	0.319 7	0.671 5	0.548 4	0.363 3	−0.142	0.121 0	2.055 1	0.586 2
H27	0.466 1	0.514 5	0.368 7	0.286 6	0.535 5	0.411 0	0.527 0	0.358 1	0.481 4	1.535 6	0.188 7	0.669 0	0.528 5
H28	0.305 8	0.596 4	0.359 5	0.451 4	0.406 0	0.417 1	0.798 4	0.580 7	0.517 1	1.425 7	0.363 8	0.686 1	0.575 7
H29	0.493 1	0.609 9	0.065 0	0.359 1	0.315 7	0.184 3	0.760 7	0.551 2	0.620 2	1.144 1	0.336 4	0.805 3	0.562 1
H30	0.764 3	1.223 4	0.526 2	0.365 2	0.466 1	0.553 4	1.569 8	0.475 4	0.367 8	0.916 6	0.380 1	0.599 8	0.684 0
H31	0.499 7	0.387 0	0.558 6	0.404 7	0.333 6	0.250 7	0.498 8	0.514 4	0.538 7	0.769 8	0.218 9	0.830 3	0.483 8
H32	0.579 2	0.425 7	0.496 2	0.199 6	0.313 8	0.377 1	0.294 8	0.477 9	1.095 6	0.695 8	−0.007	0.692 7	0.470 1
H33	0.825 3	0.676 6	0.588 7	0.599 7	0.169 7	0.163 5	0.774 6	0.441 7	0.925 2	0.410 8	0.273 5	0.757 4	0.550 6
H34	0.154 4	1.715 2	0.409 1	0.351 6	0.124 2	0.341 4	0.635 7	0.435 7	0.323 3	−0.117	0.617 2	0.867 6	0.488 2
H35	0.162 0	−3.833	0.524 6	0.451 7	0.880 2	0.419 7	0.505 2	0.657 5	0.620 7	0.635 6	0.727 3	1.129 8	0.240 1
H36	0.437 9	−23.851	0.321 3	0.184 4	0.331 3	0.296 0	0.045 2	0.941 5	0.236 0	0.675 3	0.240 1	51.376	2.602 9

表5-2 信息化建设对中国30个省域工业行业产出增长速度的贡献率

年份\省域	1999	2000	2001	2002	2003	2004	2005	2006	2007	2008	2009	2010	EI
S_1	-0.002	0.600 1	0.953 6	0.225 9	0.434 7	1.047 1	0.039 9	1.673 3	0.760 4	0.067 9	0.437 8	1.222 8	0.621 7
S_2	0.953 3	0.649 4	0.288 2	0.521 9	0.335 5	1.069 3	0.600 7	0.466 6	0.586 5	0.274 5	0.147 1	1.373 7	0.605 6
S_3	0.745 0	0.860 7	0.541 9	0.468 5	0.640 0	0.304 1	0.536 7	0.607 7	0.655 4	0.403 3	0.494 1	0.505 1	0.563 5
S_4	-0.513	2.684 0	0.319 5	0.449 5	0.454 1	0.568 0	0.325 9	0.974 6	0.545 0	0.318 1	-4.343	0.450 0	0.186 0
S_5	0.798 1	0.998 5	0.390 6	0.475 9	0.631 4	0.674 0	0.416 6	0.496 8	0.595 3	0.391 0	0.433 4	0.967 2	0.605 7
S_6	0.952 6	0.795 1	1.738 2	0.750 6	0.481 4	0.187 1	0.305 4	0.476 8	0.620 5	0.748 8	0.924 6	0.874 4	0.760 3
S_7	0.917 6	0.294 3	0.570 5	0.433 5	0.370 9	0.006 1	1.873 2	0.396 5	0.457 7	0.069 8	0.625 8	0.168 8	0.515 4
S_8	0.554 3	1.313 6	-2.593	0.277 0	2.161 3	0.704 5	0.488 6	0.431 8	0.153 5	0.194 5	1.023 4	0.415 3	0.427 1
S_9	0.912 5	1.425 0	0.183 7	1.154 6	0.294 7	0.825 5	0.118 6	0.981 9	0.754 7	1.281 2	-0.102	0.494 1	0.693 7
S_{10}	0.332 5	0.521 7	0.611 4	0.454 0	0.294 2	0.317 6	0.508 7	0.433 1	0.675 3	1.582 5	0.210 3	0.456 5	0.533 2
S_{11}	0.253 3	0.292 3	0.277 1	0.178 4	0.414 2	0.233 3	1.216 4	0.298 5	0.259 3	-12.27	0.166 0	0.294 0	-0.699
S_{12}	1.405 3	-47.09	0.449 2	0.592 1	0.490 9	0.170 8	0.379 7	0.465 5	0.569 4	0.714 2	0.218 8	0.490 7	-3.428
S_{13}	0.458 5	0.288 6	0.875 9	0.140 3	0.706 0	0.092 9	0.394 6	0.321 4	0.308 8	0.105 2	0.088 9	0.288 6	0.339 1
S_{14}	0.893 1	1.834 3	-0.011	0.460 0	0.710 8	0.572 6	0.468 1	0.571 5	0.506 7	0.682 9	0.290 4	1.141 1	0.676 7
S_{15}	0.717 8	0.610 6	0.236 7	0.303 5	0.301 4	0.326 0	0.317 1	0.443 0	0.494 3	1.173 8	0.316 2	0.710 4	0.495 9
S_{16}	0.846 1	1.158 2	0.321 3	0.587 0	0.511 2	0.502 0	0.452 0	0.704 2	0.459 8	-0.535	0.237 7	0.728 9	0.497 8
S_{17}	1.170 2	1.295 9	0.362 1	0.491 9	0.478 5	0.591 5	0.563 6	0.428 6	0.446 1	1.108 8	0.191 1	0.569 2	0.615 5
S_{18}	1.041 5	0.624 0	0.522 2	0.405 2	0.574 2	0.427 2	0.440 7	0.671 7	0.641 2	0.847 1	0.447 6	1.123 6	0.647 2
S_{19}	0.390 1	0.321 2	0.538 0	0.273 4	0.311 7	0.276 8	0.409 3	0.501 5	0.539 7	3.282 7	0.156 6	0.418 5	0.618 3
S_{20}	1.886 6	1.496 3	0.313 8	0.302 9	0.840 3	0.705 8	0.385 5	0.373 8	0.500 1	-0.007	0.494 4	0.826 7	0.676 5
S_{21}	-0.233	0.947 3	2.209 1	0.589 1	0.386 3	37.929 0	-0.022	0.776 1	0.230 2	-1.514	-7.942	0.353 6	2.808 9
S_{22}	0.715 9	0.788 4	1.320 2	0.439 2	0.620 1	0.615 8	0.697 5	0.306 7	0.402 7	0.446 0	0.172 9	0.337 5	0.571 9
S_{23}	0.675 2	-3.276	0.278 9	0.797 4	0.314 3	0.492 3	0.533 8	0.660 7	0.564 5	0.725 6	0.533 9	0.560 3	0.238 3
S_{24}	0.665 2	0.771 0	0.976 7	0.294 7	0.376 8	0.911 4	0.381 0	0.650 7	0.926 1	0.261 1	0.370 8	1.581 2	0.680 6
S_{25}	-1.068	0.537 8	0.313 8	0.273 9	0.694 8	1.269 7	0.103 0	0.599 2	0.322 6	-0.340	0.328 3	0.800 6	0.319 6
S_{26}	0.260 5	1.093 1	0.396 5	0.447 1	0.806 0	0.989 6	0.364 1	0.477 6	0.510 3	1.024 7	-0.241	0.975 9	0.592 0
S_{27}	0.239 4	1.105 8	0.073 5	0.366 1	0.279 9	0.341 4	0.480 6	0.471 2	0.574 8	-0.387	0.763 8	0.476 7	0.398 8
S_{28}	1.665 1	1.008 8	0.986 5	1.043 1	0.156 8	1.230 2	0.610 0	0.506 8	0.232 8	0.218 2	-1.004	0.654 4	0.609 0
S_{29}	0.600 4	1.077 1	0.219 2	-6.696	0.326 0	0.706 4	0.252 1	0.659 2	0.654 5	0.101 5	1.171 4	54.735	4.483 9
S_{30}	0.412 8	1.671 5	3.431 4	-2.106	0.957 7	0.873 1	0.844 2	0.073 9	0.118 1	0.015 3	3.649 5	2.220 6	1.013 5

第五章 中国工业行业信息化建设对产出增长速度的贡献 \ 99

第三节 中国工业行业信息化建设对产出增长速度的贡献差异

一 中国工业行业 36 个分行业信息化建设对产出增长速度的贡献差异

信息化建设对中国工业行业 36 个分行业产出增长速度的贡献率按平均值由小到大排序，见表 5-3、图 5-1。可见，信息化建设对中国工业行业 36 个分行业产出增长速度的贡献存在着明显差异。H_2（石油和天然气开采业）、H_{16}（印刷业和记录媒介的复制）行业信息化建设对产出增长速度的贡献率最低，H_3（黑色金属矿采选业）、H_1（煤炭开采和洗选业）行业信息化建设对产出增长速度的贡献率最高。其中，H_{25}、H_{18}、H_{36}、H_3、H_1 等工业行业信息化建设对产出增长的贡献率都大于 1，对于这些行业，需要对比资本和劳动力投入对产出增长速度的贡献情况，同时分析相关的信息化水平与贡献率，以期深入分析信息化建设对行业影响的复杂机制。

表 5-3 信息化建设对中国工业行业各分行业产出增长速度的贡献排序

行业	EI	行业	EI
H_2	−0.005 96	H_7	0.563 93
H_{16}	0.043 53	H_{22}	0.568 80
H_{35}	0.240 15	H_{28}	0.575 71
H_{14}	0.326 27	H_{26}	0.586 29
H_{12}	0.376 76	H_{24}	0.610 68
H_{23}	0.385 26	H_8	0.661 31
H_{11}	0.393 60	H_4	0.664 32
H_{17}	0.394 39	H_{10}	0.669 26
H_{13}	0.408 80	H_{30}	0.684 07
H_{20}	0.436 78	H_{21}	0.701 56
H_{32}	0.470 11	H_6	0.726 28
H_{31}	0.483 81	H_{19}	0.770 34
H_{34}	0.488 23	H_5	0.850 74
H_{15}	0.509 19	H_{25}	1.120 92
H_{27}	0.528 57	H_{18}	1.316 25
H_9	0.528 66	H_{36}	2.602 91
H_{33}	0.550 61	H_3	2.923 50
H_{29}	0.562 14	H_1	3.752 51

注：少数行业可能存在 $\Delta y < 0$ 或 $\Delta I < 0$，导致了 EI 可能有小于零的

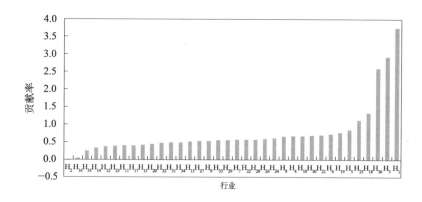

图 5-1　中国工业行业 36 个分行业信息化建设对产出增长速度的贡献比较

二 中国 30 个省域工业行业信息化建设对产出增长速度的贡献差异

（一）中国 30 个省域工业行业信息化建设对产出增长速度贡献率的差异

信息化建设对中国 30 个省域工业行业产出增长速度的贡献率按平均值由小到大排序，少数省域工业行业可能存在 $\Delta y < 0$ 或 $\Delta I < 0$，导致了 EI 可能有小于零的，见表 5-4、图 5-2。可见，信息化建设对中国各省域工业行业产出增长速度的贡献也存在明显差异。其中，安徽、浙江、山西的工业行业信息化建设对产出增长速度的贡献最低，宁夏、海南、新疆的工业行业信息化建设对产出增长的贡献最高。其中，新疆、海南、宁夏等省域工业行业信息化建设对产出增长的贡献率都大于 1，对于这些行业，需要进一步对比资本和劳动力投入对产出增长速度的贡献情况。

表 5-4　信息化建设对中国 30 个省域工业行业产出增长速度的贡献率排序

代码	省域	$\overline{EI}$	代码	省域	$\overline{EI}$
S_{12}	安徽	$-3.428\ 71$	S_3	河北	0.563 58
S_{11}	浙江	$-0.699\ 69$	S_{22}	重庆	0.571 94
S_4	山西	0.186 04	S_{26}	陕西	0.592 08
S_{23}	四川	0.238 38	S_2	天津	0.605 68
S_{25}	云南	0.319 62	S_5	内蒙古	0.605 78
S_{13}	福建	0.339 18	S_{28}	青海	0.609 04
S_{27}	甘肃	0.398 87	S_{19}	广东	0.618 34
S_8	黑龙江	0.427 10	S_1	北京	0.621 78
S_{15}	山东	0.495 94	S_{17}	湖北	0.641 50
S_{16}	河南	0.497 82	S_{18}	湖南	0.647 22
S_7	吉林	0.515 44	S_{20}	广西	0.676 58
S_{10}	江苏	0.533 21	S_{14}	江西	0.676 71

续表

代码	省域	EI	代码	省域	EI
S$_{24}$	贵州	0.680 60	S$_{30}$	新疆	1.013 52
S$_9$	上海	0.693 70	S$_{21}$	海南	2.808 97
S$_6$	辽宁	0.760 36	S$_{29}$	宁夏	4.483 94

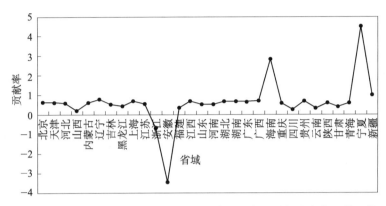

图 5-2 中国 30 个省域工业行业信息化建设对产出增长速度的贡献比较

（二）中国 30 个省域工业行业信息化建设对产出增长速度的贡献分类

由式 5-4（$y=a+\alpha k+\beta l+\gamma i$）可设 $EA=\dfrac{a}{y}$；$EK=\dfrac{\alpha k}{y}$；$EL=\dfrac{\beta l}{y}$；$EI=\dfrac{\gamma i}{y}$。其中，假定分离出信息化后的科技进步为常数，故 $a=\dfrac{\Delta A}{A}=0$；$EK+EL+EI=1$。在通常的情况（EK$>$0,EL$>$0）下，EI 的数值在 0～1。

河北（图 5-3）、内蒙古、福建工业行业信息化建设对产出增长速度的贡献率一直以来在 0～1，说明这三个省域的工业行业信息化与资本和劳动力投入一并促进了产出增长速度提高，信息化与资本和劳动力的投入增加能有效提升产出增长效果。

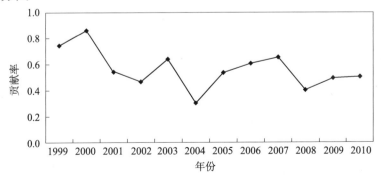

图 5-3 河北省工业行业信息化建设对产出增长速度的贡献率

湖北（图5-4）、天津、湖南、重庆、山东、辽宁、吉林、江苏、贵州等省域工业行业信息化建设对产出增长速度的贡献率也在0之上，但有一些年份贡献率大于1，说明这些省域在工业行业信息化建设大幅提升产出增长速度的同时，存在着资本或劳动力（主要为劳动力）不能有效促进产出增长速度提高，即对产出增长速度存在负的贡献。

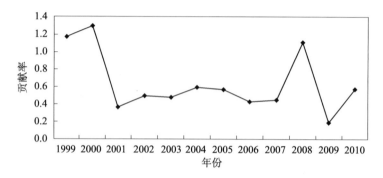

图5-4　湖北省工业行业信息化建设对产出增长速度的贡献率

云南（图5-5）、北京、江西、上海、陕西、甘肃、河南、青海等省域工业行业信息化建设对产出增长速度的贡献率在个别年份为负值，说明信息化的投入在个别年份不能有效地促进产出的增长，也反映了在某些方面存在着其他对产出增长速度影响的因素。

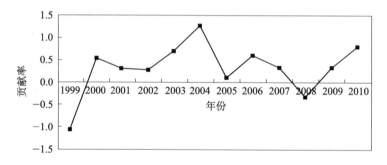

图5-5　云南省工业行业信息化建设对产出增长速度的贡献率

四川（图5-6）、黑龙江、广西等省域工业行业信息化建设对产出增长速度的贡献率在前几年内出现剧烈波动，之后几年一直处于0～1的稳定范围内。前期难以有效总结信息化建设对产出增长速度的贡献规律，可能与产出增长受到其他某类因素的影响有关，后期该因素弱化或消失。

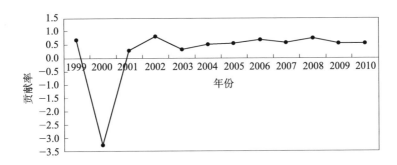

图 5-6　四川省工业行业信息化建设对产出增长速度的贡献率

山西（图 5-7）、广东、新疆等省域工业行业信息化建设对产出增长速度的贡献率前后一直处于剧烈波动中，某类对产出增长产生较大影响的因素一直存在且干扰信息化对产出增长的影响。

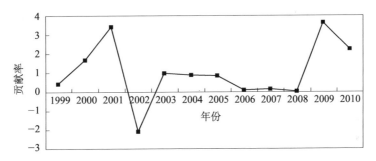

图 5-7　新疆维吾尔自治区工业行业信息化建设对产出增长速度的贡献率

海南（图 5-8）、浙江、安徽、宁夏等省域工业行业信息化建设对产出增长速度的贡献在个别年份出现大幅的跳动，不仅影响整个的平均贡献率，也缺少统计上的意义，对其修正的方法为去掉个别由于公式函数计算产生的突兀的数值。

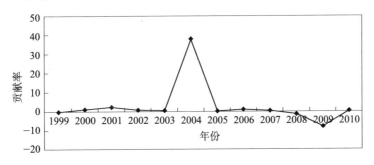

图 5-8　海南省工业行业信息化建设对产出增长速度的贡献率

第六章

中国工业行业信息化建设的效率

第一节　信息化建设的效率指标

γ 是信息化对产值的贡献率，表明信息化水平每增加一个百分量，相应行业产出所增加的百分量。EI 反映信息化建设对产出增长速度的贡献程度，能够较全面地分离出信息化建设的效益，适用于信息化建设的效益分析。但 γ 和 EI 还不能明确地揭示信息化建设的投入产出关系。

信息化效率指标就是基于此提出来的，它能较好地反映单位信息化水平变动带来多大的经济增长。

$\gamma = \dfrac{\partial Y}{\partial I} \cdot \dfrac{I}{Y}$ 表示信息化的产出弹性。求偏导时隐含着一种假设，即认为资本 K、劳动 L 不变。$\dfrac{\partial Y}{\partial I} \approx \dfrac{\Delta Y}{\Delta I}$，$\dfrac{\Delta Y}{\Delta I}$ 可以认为是资本 K、劳动 L 不变时，信息化水平 I 的变化带来的产值 Y 的变化，有一种单位信息化水平变动带来多大产出的含义，本书中定义为效率：$\theta = \dfrac{\Delta Y}{\Delta I}$，

则，$\gamma = \dfrac{\Delta Y}{\Delta I} \cdot \dfrac{I}{Y} = \theta \cdot \dfrac{I}{Y}$，

$$\theta = \gamma \frac{Y}{I} \tag{6-1}$$

γ 实际上起着分离因子的作用，即 γY 可以认为是信息化带来总产值变化的部分。因为 $\alpha + \beta + \gamma$ 可能不等于 1，用 $\dfrac{\gamma}{\alpha + \beta + \gamma}$ 比单纯用 γ 更能体现信息化的贡献，$\dfrac{\gamma}{\alpha + \beta + \gamma} Y$ 作为分离出来的信息化带来总产值变化的部分更合理、更科学。

定义分离因子：

$$\mu = \frac{\gamma}{\alpha + \beta + \gamma}$$

衡量工业行业信息化效率的指标：

$$\theta = \frac{\mu Y}{I} \tag{6-2}$$

当然，θ 不是传统意义上的投入产出关系，只是借助了效益的概念，因此本书中

叫做效率，是一种广义形式的效益。同时本书也只是提供了一种分离工业行业信息化作用的方法，分离因子的准确性、科学性还有待理论与实证的进一步研究和验证。

中国工业行业信息化效率的平均值：

$$\bar{\theta} = \frac{\sum\limits_{j=1}^{n} \theta_j}{n} \tag{6-3}$$

其中，θ_j 为第 j 个工业行业信息化的效率，$j=1$，2，$\cdots$，n。

第二节　中国工业行业信息化建设的效率测度

一 中国工业行业 36 个分行业信息化建设的效率测度

为了保证三个贡献率 α、β、γ 之间的可比性，用标准化后的系数分析。

计算分离因子 $\mu = \dfrac{\gamma}{\alpha + \beta + \gamma}$。

利用式（6-2）和附录 3，计算中国工业行业 36 个分行业信息化建设的效率指数（表 6-1）。

二 中国 30 个省域工业行业信息化建设的效率测度

利用式（6-2）和省域工业行业横截面数据，计算中国 30 个省域工业行业信息化建设的效率指数（表 6-2）。

第三节　中国工业行业信息化建设的效率差异

一 中国工业行业 36 个分行业信息化建设的效率差异

（一）中国工业行业 36 个分行业信息化建设效率的差异

对 2010 年中国工业行业 36 个分行业信息化建设的效率指数见图 6-1，发现工业行业 36 个分行业信息化效率存在显著的差异。把各行业信息化建设的效率按升序排列得表 6-3，发现煤炭开采和洗选业（H_1）、非金属矿物制品业（H_{24}）等行业信息化建设的效率最高，燃气生产和供应业（H_{35}）与电力、热力的生产和供应业（H_{34}）等行业的信息化建设的效率最低。

表 6-1　中国工业行业 36 个分行业信息化建设的效率

年份\行业	1998	1999	2000	2001	2002	2003	2004	2005	2006	2007	2008	2009	2010
H₁	875.82	845.44	704.43	765.18	827.94	884.76	1090.35	1178.73	1166.73	1246.14	1105.66	1231.84	1238.36
H₂	380.72	380.05	218.77	220.90	226.74	257.13	282.92	262.23	314.26	333.39	320.04	458.16	366.26
H₃	115.43	103.87	104.30	104.18	116.13	122.42	105.06	158.06	187.16	194.47	174.03	262.09	234.94
H₄	148.13	148.52	140.28	138.37	146.08	133.29	130.36	131.11	151.59	201.03	226.23	281.70	248.08
H₅	246.42	257.66	255.10	250.58	266.25	253.77	270.53	232.56	263.42	284.62	283.13	337.82	338.44
H₆	467.03	503.01	486.19	521.94	570.19	640.91	735.02	740.39	763.43	793.75	731.52	791.36	764.49
H₇	242.36	231.98	238.17	247.24	281.19	286.12	332.58	346.02	363.04	366.69	356.61	364.08	350.15
H₈	358.37	345.34	341.55	345.55	357.81	357.79	393.32	361.23	373.48	399.43	417.08	458.26	456.88
H₉	244.96	234.06	227.17	239.64	244.15	232.84	211.51	213.76	211.58	206.93	217.98	236.91	244.15
H₁₀	330.89	332.20	342.65	355.30	359.39	380.03	429.56	425.63	448.17	468.76	446.03	455.75	433.87
H₁₁	251.12	248.94	251.82	260.54	261.82	286.73	301.46	310.14	344.88	348.36	333.57	352.55	355.53
H₁₂	217.88	228.60	228.72	239.65	262.50	276.26	309.17	313.30	325.97	339.63	326.78	342.87	338.02
H₁₃	136.14	141.89	140.01	154.69	166.57	185.69	200.36	212.09	225.82	263.85	256.06	285.64	291.81
H₁₄	87.68	89.76	95.14	112.42	130.85	156.66	189.32	216.03	232.14	254.54	241.65	244.88	247.68
H₁₅	205.10	217.53	204.14	206.24	223.84	222.08	254.01	258.93	245.50	264.49	263.90	294.54	294.81
H₁₆	152.90	152.23	141.27	154.85	171.00	184.57	201.50	204.23	213.60	223.80	222.65	235.97	238.01
H₁₇	137.87	134.47	141.86	153.22	177.22	188.13	197.92	205.77	218.67	228.24	224.91	223.63	223.61
H₁₈	208.04	206.50	229.36	244.87	253.35	293.05	277.14	391.92	409.63	350.05	523.30	287.01	272.13

续表

年份 行业	1998	1999	2000	2001	2002	2003	2004	2005	2006	2007	2008	2009	2010
H_{19}	394.08	394.88	419.42	417.61	432.41	489.26	567.91	575.11	615.43	649.89	615.19	698.88	672.77
H_{20}	167.85	179.43	174.90	183.56	181.52	199.43	220.35	219.34	226.08	229.05	227.08	246.37	241.63
H_{21}	175.66	169.57	175.64	160.45	182.50	190.69	239.66	250.90	259.51	262.65	279.81	283.25	239.04
H_{22}	216.99	223.96	207.63	205.70	213.11	229.95	222.04	232.89	235.70	254.60	256.52	257.81	254.09
H_{23}	175.85	179.85	188.41	200.49	223.64	232.86	262.70	268.06	284.95	303.66	289.17	319.83	314.89
H_{24}	511.64	541.49	541.45	559.30	609.89	662.82	727.13	748.00	791.17	850.99	790.86	862.33	861.61
H_{25}	429.74	395.16	455.90	508.99	517.84	582.69	654.48	707.22	701.66	700.80	648.71	810.67	765.48
H_{26}	212.39	210.73	209.14	226.07	226.15	240.69	293.12	297.08	325.52	373.89	396.72	458.21	406.14
H_{27}	278.77	284.87	288.93	308.10	338.90	343.75	371.44	380.66	418.22	440.56	398.31	441.11	436.49
H_{28}	264.07	278.35	284.13	308.04	332.14	378.07	428.97	425.69	447.03	483.90	450.92	489.02	496.06
H_{29}	292.32	300.48	305.19	335.68	374.93	367.19	433.98	432.03	460.93	478.61	450.85	494.87	489.46
H_{30}	252.01	246.85	231.70	240.77	272.42	291.27	295.00	265.39	280.35	317.53	308.34	336.31	339.80
H_{31}	217.21	220.93	232.96	233.32	243.69	265.28	304.89	311.48	317.35	320.64	310.07	342.78	325.84
H_{32}	201.12	191.38	194.48	192.52	218.39	237.57	245.97	260.32	258.23	232.62	227.20	253.45	241.23
H_{33}	154.32	150.55	149.53	150.96	152.36	212.05	248.98	241.31	259.21	244.04	248.66	259.54	254.25
H_{34}	162.32	182.22	165.49	171.48	181.94	197.29	211.07	205.54	211.39	228.92	233.32	229.57	222.73
H_{35}	216.15	391.07	237.74	243.01	251.00	218.39	233.28	238.39	229.02	222.43	218.68	208.84	189.46
H_{36}	177.98	183.47	217.50	224.60	235.94	243.43	255.31	278.96	250.63	267.26	268.69	284.24	258.34

表6-2 中国30个省域工业行业信息化建设的效率

行业	1998	1999	2000	2001	2002	2003	2004	2005	2006	2007	2008	2009	2010
S_1	554.52	632.96	626.18	605.10	654.57	677.91	601.90	749.54	668.97	641.80	614.68	633.57	589.86
S_2	417.85	406.88	418.43	459.81	482.91	542.00	503.25	524.73	574.10	593.35	635.04	697.90	643.20
S_3	270.74	270.78	266.12	273.71	288.68	296.98	342.17	360.94	371.91	379.78	409.12	421.10	448.08
S_4	188.01	197.65	176.33	191.51	206.64	227.09	234.57	269.84	251.12	260.91	281.92	325.82	347.90
S_5	252.14	248.69	233.94	244.62	260.10	264.74	265.20	305.58	330.43	341.97	376.15	414.84	395.67
S_6	306.05	303.73	310.04	292.81	297.83	324.26	357.96	424.33	474.15	505.93	516.17	514.32	515.14
S_7	270.75	250.77	271.33	274.39	285.96	305.04	350.44	286.68	308.87	329.49	364.14	362.42	415.94
S_8	368.99	373.11	296.82	311.54	322.50	283.10	277.25	287.60	298.32	315.59	341.68	375.23	403.08
S_9	274.11	269.14	257.43	294.51	284.12	332.95	332.47	373.09	364.07	366.63	375.13	360.12	379.12
S_{10}	285.99	306.57	309.43	306.31	318.18	356.25	396.57	403.36	422.07	408.05	366.24	408.77	422.55
S_{11}	187.78	197.15	203.92	213.16	242.70	236.29	256.04	210.39	217.19	229.50	218.27	227.13	234.74
S_{12}	248.81	223.35	202.07	212.80	220.23	235.30	262.65	295.73	317.31	334.75	335.62	398.87	433.88
S_{13}	189.56	187.71	196.62	177.39	217.00	195.11	224.49	226.84	236.57	248.95	262.85	297.21	317.47
S_{14}	223.37	221.46	208.02	241.36	260.47	266.12	285.82	322.04	352.91	393.09	403.52	449.24	429.79
S_{15}	226.62	215.90	209.53	225.55	244.32	270.62	295.42	329.37	336.44	338.49	315.90	336.50	325.91
S_{16}	370.72	369.08	354.02	380.30	391.56	417.50	450.48	508.68	519.96	607.47	536.76	610.68	614.66
S_{17}	357.24	336.55	323.63	333.60	341.72	352.47	355.85	361.31	378.17	408.13	382.12	456.94	466.22
S_{18}	280.22	274.25	280.89	295.80	321.76	340.39	378.82	423.16	438.21	462.30	459.57	506.39	479.90
S_{19}	284.44	288.92	301.97	295.41	314.46	335.54	354.26	359.04	349.89	338.82	313.06	335.81	337.96
S_{20}	227.55	214.32	194.38	202.35	214.68	211.32	214.45	239.64	272.70	300.52	366.46	390.30	383.36
S_{21}	53.35	66.20	59.67	51.52	49.03	50.26	35.28	50.93	45.98	54.44	53.44	42.06	44.10
S_{22}	140.07	139.43	136.96	126.53	134.60	137.17	140.03	139.97	165.25	189.42	203.23	241.21	298.84
S_{23}	270.22	276.24	298.37	338.72	346.92	382.10	420.23	467.45	493.83	552.47	566.67	610.66	646.16
S_{24}	270.46	273.61	273.25	265.94	292.12	324.55	314.18	351.68	361.46	350.88	373.99	405.09	369.29
S_{25}	264.80	246.45	248.79	262.42	285.19	283.80	259.38	276.69	281.72	307.38	344.80	363.91	355.94
S_{26}	264.95	306.61	297.10	317.61	344.47	350.33	343.00	419.05	475.08	520.86	508.92	619.88	609.36
S_{27}	621.33	651.79	604.73	715.49	735.29	764.28	799.21	796.05	788.11	743.70	986.02	948.63	940.57
S_{28}	82.40	62.14	57.55	52.61	46.66	51.62	38.80	36.97	37.10	42.15	45.27	65.71	62.50
S_{29}	100.89	102.06	94.67	103.37	96.63	111.11	110.66	134.45	135.55	137.60	162.42	149.69	130.87
S_{30}	191.08	195.89	133.29	113.74	142.39	128.77	117.64	105.71	129.72	146.66	168.96	204.55	171.23

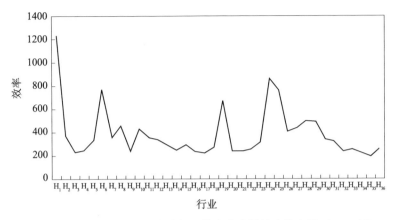

图 6-1　中国工业行业 36 个分行业信息化建设效率的比较（2010 年）

表 6-3　中国工业行业 36 个分行业信息化建设的效率排序（2010 年）

行业	H_{35}	H_{34}	H_{17}	H_3	H_{16}	H_{21}	H_{32}	H_{20}	H_9	H_{14}	H_4	H_{22}
θ	189.46	222.73	223.61	234.94	238.01	239.04	241.23	241.63	244.15	247.68	248.08	254.09
行业	H_{33}	H_{36}	H_{18}	H_{13}	H_{15}	H_{23}	H_{31}	H_{12}	H_5	H_{30}	H_7	H_{11}
θ	254.25	258.34	272.13	291.81	294.81	314.89	325.84	338.02	338.44	339.80	350.15	355.53
行业	H_2	H_{26}	H_{10}	H_{27}	H_8	H_{29}	H_{28}	H_{19}	H_6	H_{25}	H_{24}	H_1
θ	366.26	406.14	433.87	436.49	456.88	489.46	496.06	672.77	764.49	765.48	861.61	1238.36

其中，$\dfrac{\max\theta}{\min\theta}=\dfrac{1238.36}{189.46}=6.54$，$\bar{\theta}=387.40$。可见，信息化建设的效率存在明显差异。

（二）中国工业行业 36 个分行业信息化建设效率的变化趋势

中国工业行业各分行业信息化建设效率在 1998～2010 年呈总体提高的趋势（以非金属矿物制品业为例），如图 6-2 所示。

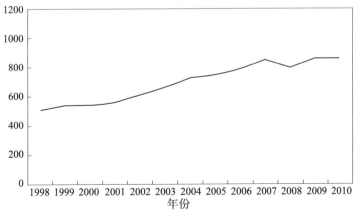

图 6-2　非金属矿物制品业（H_{24}）信息化建设效率的变化趋势

二 中国 30 个省域工业行业信息化建设的效率差异

(一) 中国 30 个省域工业行业信息化建设效率的差异

从表 6-4 和图 6-3、图 6-4 可以看出，中国 30 个省域工业行业信息化建设的效率存在较大的差异，其中以甘肃的工业行业信息化建设效率为最高，海南的工业行业信息化建设效率为最低。这表明，在甘肃、北京、四川、河南这些省域，工业行业信息化建设产生的效率高，应该大力增加信息化投入，大幅促进工业经济效益增长；而在海南、青海、宁夏、新疆等工业行业信息化建设效率低的省域，在信息化投入的时候，则要慎重地考虑投入与产生的效益比，考虑是否应该或必要把资金投入到工业行业信息化上，还是投入到其他领域更为合适。

表 6-4　中国 30 个省域工业行业信息化建设的效率排序（2010 年）

行业	S_{21}	S_{28}	S_{29}	S_{30}	S_{11}	S_{22}	S_{13}	S_{15}	S_{19}	S_4
θ	44.10	62.50	130.87	171.23	234.74	298.84	317.47	325.91	337.96	347.90
行业	S_{25}	S_{24}	S_9	S_{20}	S_5	S_8	S_7	S_{10}	S_{14}	S_{12}
θ	355.94	369.29	379.12	383.36	395.67	403.08	415.94	422.55	429.79	433.88
行业	S_3	S_{17}	S_{18}	S_6	S_1	S_{26}	S_{16}	S_2	S_{23}	S_{27}
θ	448.08	466.22	479.90	515.14	589.86	609.36	614.66	643.20	646.16	940.57

其中，$\dfrac{\max\theta}{\min\theta}=\dfrac{940.57}{44.10}=21.33$，$\bar{\theta}=407.11$。

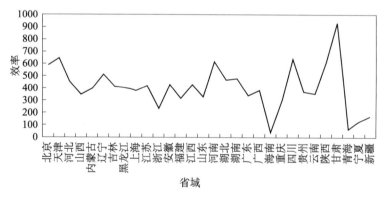

图 6-3　中国 30 个省域工业行业信息化建设效率的比较（2010 年）

(二) 中国 30 个省域工业行业信息化建设效率的变化趋势分类

对中国 30 个省域的工业行业信息化建设效率在时间序列上分类别做图，发现，中国 30 个省域的工业行业信息化建设效率大体呈现持续增长、缓慢增长和平行波动三种趋势，见图 6-4～图 6-6。

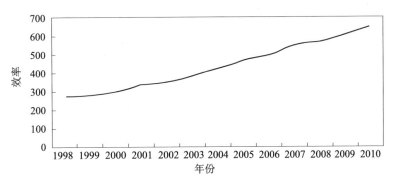

图 6-4　持续增长型的四川省工业行业信息化建设效率变化趋势

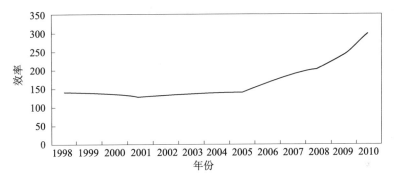

图 6-5　缓慢增长型的重庆市工业行业信息化建设效率变化趋势

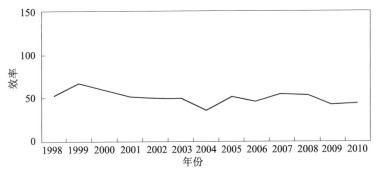

图 6-6　平行波动型的海南省工业行业信息化建设效率变化趋势

　　四川、天津、河北、吉林、安徽、内蒙古、江西、河南、陕西、湖南等省域的工业行业信息化效率建设一直呈现持续上升的趋势，单位信息化投入的产出呈持续上升的趋势。对于这些省域的工业行业，应进一步加强信息化的建设投入力度，更加有效地促进产出地增长。

重庆、山西、江苏、山东、广西、湖北、贵州、福建、上海、云南、广东等省域的工业行业信息化建设效率呈现缓慢上升的趋势。前期一直处于平行波动，单位信息化投入的产出未能得到有效增加；后期普遍开始持续增长（类似于图 6-4）。对于这类省域的工业行业，在加大信息化投入的同时还应着力考察分析前期平行阶段向后期持续增长阶段转变的原因，以期为另一类一直处于平行波动阶段的省域工业行业提供可资借鉴的经验方法。

浙江、海南、青海、宁夏、新疆、黑龙江等省域的工业行业信息建设效率一直呈现平行波动的趋势，信息化建设效率即单位信息化投入的产出在 1998～2010 年未能得到有效增长。对于这些省域的工业行业，应着重分析研究其信息化效率不能有效提高的原因和影响其信息化成效的制约因素，从中找出适宜的对策以促进这些省域的工业行业信息化融合战略的有效实施。

（三）中国 30 个省域工业行业信息化水平和效率的四种组合

用直角坐标系的四个象限分别表示（信息化水平高，信息化效率高）、（信息化水平低，信息化效率高）、（信息化水平低，信息化效率低）、（信息化水平高，信息化效率低）四种可能情况的行业。

以 2010 年为代表，$\bar{I}=5.496\,743$，$\bar{\theta}=341.345\,296$。

对应 I 列，大于 $\bar{I}$ 用符号"＋"表示，归入信息化水平高的行业，小于 $\bar{I}$ 用符号"－"表示，归入信息化水平低的行业；对应 θ 列，大于 $\bar{\theta}$ 用符号"＋"表示，归入信息化效率高的行业，小于 $\bar{\theta}$ 用符号"－"表示，归入信息化效率低的行业，见表 6-5。

表 6-5　2010 年中国 30 个省域工业行业信息化水平和效率的组合

obs	行业	年份	I	标识1	θ	标识2	所在象限
361	S_1	2010	4.679 088	－	589.867 213 1	＋	2
362	S_2	2010	5.177 388	－	548.923 786 1	＋	2
363	S_3	2010	5.731 531	＋	447.623 342 7	＋	1
364	S_4	2010	3.346 044	－	347.634 769 8	＋	2
365	S_5	2010	4.916 552	－	396.273 367 6	＋	2
366	S_6	2010	6.650 770	＋	515.237 345	＋	1
367	S_7	2010	3.765 847	－	416.208 721	＋	2
368	S_8	2010	3.737 540	－	403.139 858	＋	2
369	S_9	2010	6.876 504	＋	378.935 129 5	＋	1
370	S_{10}	2010	17.855 402	＋	422.803 019 1	＋	1
371	S_{11}	2010	10.532 276	＋	234.797 652 9	－	4
372	S_{12}	2010	4.693 064	－	433.914 948 1	＋	2
373	S_{13}	2010	4.549 198	－	317.575 062 6	－	3
374	S_{14}	2010	3.097 210	－	430.017 481 8	＋	2
375	S_{15}	2010	14.856 039	＋	326.258 964	－	4

续表

obs	行业	年份	I	标识1	θ	标识2	所在象限
376	S_{16}	2010	6.670 287	+	615.019 495 5	+	1
377	S_{17}	2010	5.163 721	−	466.236 146 3	+	2
378	S_{18}	2010	4.978 617	−	479.759 382 9	+	2
379	S_{19}	2010	16.493 583	+	338.055 150 1	−	4
380	S_{20}	2010	2.860 242	−	383.202 440 6	+	2
381	S_{21}	2010	2.325 305	−	44.089 061 36	−	3
382	S_{22}	2010	3.596 300	−	298.969 876 2	−	3
383	S_{23}	2010	5.126 631	−	646.473 257 1	+	2
384	S_{24}	2010	2.056 692	−	369.438 287 6	+	2
385	S_{25}	2010	2.643 281	−	356.186 986 8	+	2
386	S_{26}	2010	3.929 477	−	609.600 636 6	+	2
387	S_{27}	2010	1.831 175	−	−940.534 802 6	−	3
388	S_{28}	2010	2.043 587	−	62.711 699 9	−	3
389	S_{29}	2010	1.454 491	−	130.919 046 9	−	3
390	S_{30}	2010	3.264 443	−	171.021 554 2	−	3

以 I 为横轴，θ 为纵轴，可得中国 30 个省域工业行业信息化水平和效率的组合图，如图 6-7 所示。

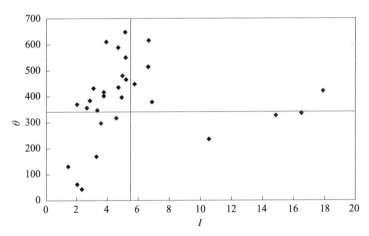

图 6-7　中国 30 个省域工业行业信息化水平和效率的组合

第一象限表示信息化水平高、信息化效率高的省域类型，如 S_3（河北）、S_6（辽宁）、S_9（上海）、S_{10}（江苏）、S_{16}（河南）等省域。这些省域工业行业信息化投入对经济增长产生了明显的作用，是我国促进两化融合比较成功的几个省域。

第二象限表示信息化水平低、信息化效率高的省域类型，如 S_1（北京）、S_2（天津）、S_4（山西）、S_5（内蒙古）、S_7（吉林）、S_8（黑龙江）、S_{12}（安徽）、

S_{14}（江西）、S_{17}（湖北）、S_{18}（湖南）、S_{20}（广西）、S_{23}（四川）、S_{24}（贵州）、S_{25}（云南）、S_{26}（陕西）等省域。对于这些省域的工业行业，应该加大信息化的投入进一步促进经济增长。

第三象限表示信息化水平低、信息化效率低的省域类型，如 S_{13}（福建）、S_{21}（海南）、S_{22}（重庆）、S_{27}（甘肃）、S_{28}（青海）、S_{29}（宁夏）、S_{30}（新疆）等省域。对于这一类，应先分析信息化投入与对经济增长两者的内在关系，是否加大信息化投入能有效带动经济的增长。

第四象限表示信息化水平高、信息化效率低的省域类型，如 S_{11}（浙江）、S_{15}（山东）、S_{19}（广东）等省域。对于这一类省域，应着力分析信息化投入不能同步带动经济增长的原因，分析工业产业结构是否需要大幅调整。

第七章

影响中国工业行业信息化水平和效益的因素

第一节　中国工业行业信息化建设的动因

一　产业结构优化与经济增长

（一）结构主义非均衡经济增长理论

新古典经济增长理论认为，经济制度有足够的灵活性以维持均衡价格，无论从生产者还是消费者的角度看，资源都达到了长期的有效配置，即帕累托最优。

根据以上观点，新古典经济增长理论把国民生产总值增长看作是资本积累、劳动力增加和技术变化长期作用的结果。需求变化和部门间的资源流动是相对不重要的，经济增长的因素归结为四个方面：资本积累、劳动质与量的提高、中间投入的增加、部门全要素生产率的提高（胡乃武和金碚，1990）。这些观点集中反映在新古典增长模型中。新古典增长模型为

$$G_U = G_A + \beta_E G_E + \beta_L G_L$$

其中，G_U、G_E、G_L 分别代表总产出、资本和劳动的增长率；β_E、β_L 分别代表资本和劳动的产出弹性；G_A 为全要素生产率的增长，即"Solow 余值"。但这个余值 G_A 究竟包括哪些具体内容并没有得到具体说明。

丹尼森（E. Denison）和肯德里克（J. Kenderick）等对余值进行了研究，把 G_A 分解为生产要素质量的变化、知识进展、资源与配置的改善和规模经济等项目，仍然没有涉及结构变动。

新古典理论以竞争均衡假设为前提，把各种投入划分为资本和劳动两大类，而总产出增长同资本和劳动加权平均增长的差额，则构成整个经济中的全要素生产率增长的数量。但事实证明，不论是市场机制还是计划机制，都不可能实现完全的均衡调整。因此，不同部门中劳动收益便会有差别，在这种情况下，结构调整和优化便会加速经济增长。经济增长是结构转变的一个方面。根据以上看法，在经济增长因素上，结构主义者就在新古典所分析的几个因素上，加上了结构因素，这包括资源配置，即资源自低生产率部门向较高生产率部门的

转移、规模经济、内外部瓶颈减少。钱纳里、鲁宾逊、费德等经济学家在新古典增长模型的基础上，通过加进一些结构变量，以统计分析的方法研究了结构变量在经济增长中的作用（周振华，1995）。这一研究所设立的模型，其回归方程一般式为

$$G_Y = a_0 + a_1(\frac{I}{Y}) + a_2 G_L + a_3 X_3 + a_4 X_A + a_5 X_E + a_6 X_F + a_7 X_D$$

其中，G_Y 为总的的经济增长，即 GNP；I/Y 为投资与 GNP 的比率（资本存量增长的替代变量）；G_L 为劳动力增长的度量；X_3 为劳动量（或教育）的度量；X_A 为劳动或资本自农业转移的度量；X_E 为出口增长的度量；X_F 为国际收支逆差的度量；X_D 为发展水平的度量。

现代经济发展有一个共同的特征，就是经济的迅速增长伴随着经济结构的不断演进，即表现为国民收入的增长和产业结构的高级化。因此，可以说产业结构的演进过程就是经济发展的过程。

结构主义的代表人物钱纳里等（1995）认为，经济结构转变同经济增长之间具有密切的相关关系。这不仅表现为不同收入水平上经济结构的状况不同，而且表现为经济结构的转变，特别是非均衡条件下（要素市场分割和调整滞后等）的结构转变，能够加速经济增长。并且，结构转变影响经济增长的重要性随发展水平而变动；结构转变可以划分为不同阶段，在各阶段，不同部门、不同要素对增长贡献的相对重要性也不同；发展中国家同发达国家的增长过程具有实质性的区别，根本原因在于两者的结构关系不同；结构转变对于经济增长的潜力和意义，对于发展中国家比对发达国家更为重要，即发展中国家的资源转移和再配置较之发达国家是更重要的增长因素。

大量的实证研究表明，结构主义对经济增长因素的分析更符合发展中国家的实际。这是因为发展中国家的经济具有结构上的特点，如经济短缺、过剩、滞后、低供求弹性等，这些特点决定了发展中国家的经济既不同于发达国家的经济，也不同于 18、19 世纪处于发展中阶段的现发达国家当时的经济形态。经济结构的特殊性使价格机制及市场调节的均衡作用不能自动地实现，同时也使经济增长的利益不易公平分配，并出现有增长而无发展的情形（李晓东，1998）。

（二）产业结构的变化与优化

产业结构的变化是指随经济的增长和需求结构的变化，生产部门和服务部门的产出构成随之发生转变，从而使资源（包括自然资源和人力资源）在不同产业部门的配置构成也发生变化（汪同三和齐建国，1996）。

决定和影响一个国家产业结构的因素很多，且十分复杂。有的学者认为需

求结构、供给结构、国际贸易是主要因素（邬义钧，1997）；有的学者认为经济
发展的客观规律和技术变化是主要原因（汪同三和齐建国，1996），另外还有资
源条件、地理位置、民族风俗等。然而，纵观世界各国的经济发展过程，不难
发现经济增长和经济发展在很大程度上都取决于同科学技术发展相关的众多技
术创新的推进。特别是从经济本身所发生的连续变化和移动过程中，相继产生
了各种成长迅速的新兴产业，而且这些新兴产业的成长顺利与否，与伴随科技
发展而导致的各种产品技术创新、工艺技术创新及与此相关的组织管理方式创
新等休戚相关。技术创新不仅一开始便使新兴产业呈现出发展快和效率高的特
征，进而支撑整个经济的持续增长与不断发展，而且通过扩散与诱导作用推动
着传统产业的技术变革及其生产率的提高，技术创新（或技术变革）恰恰是从
提高劳动生产率和推动产业结构演进这两个密不可分的方面促进了经济增长和
经济发展。因此，在影响产业结构变化的诸多因素中，科学技术进步与创新是
最重要的因素。

产业结构优化是指通过产业调整，使各行业实现协调发展，以便增加产出
满足社会不断增长的需求的过程。根据这一定义，可以看出产业结构优化具有
相对性和动态性。首先，它的相对性表现在：在国民经济效益最优目标下，依
据本国自然条件、经济发展水平和社会现实状况，通过对产业结构的调整，使
之达到与上述条件相适应的各产业协调发展的状态。因而，产业结构的优化并
不意味着产业结构水平的绝对高低。其次，产业结构的优化在不同发展阶段和
时期有不同的优化内容，表现出动态性的特征（邬义钧，1997）。产业结构优化
有以下几个标志。

（1）产业结构合理化。由不合理向合理发展的过程。在一定经济发展阶段
上，根据消费需求和资源条件，对初始不理想的产业结构进行有关变量的调整，
理顺结构，使资源在产业间合理配置，有效利用。合理的产业结构应符合：充
分有效地利用本国资源及国际分工的益处；国民经济各部门协调发展，社会的
生产、分配、交换、消费顺畅进行，社会扩大再生产顺利进行；国民经济持续
稳定地增长；实现人口、资源、环境的良性循环。

（2）产业结构高级化。结构向更高一级演进的过程，指产业结构的知识集
约化和经济服务化，使得产业具有更高的附加价值，具体表现在高加工度化、
高附加值化、技术集约、工业结构软性化。

（3）产业的均衡发展。产业部门间的均衡发展与产业发展的稳定性。

（4）产业发展效率的提高。表现在产业发展的速度、质量和效益上。

（三）产业结构优化推动经济增长

产业结构是决定经济增长的一个重要要素。虽然资本、劳动力等要素对于

经济增长必不可少，但是投入的产出效益很大程度上取决于结构关联状态，以及结构间的合理配置。同时，技术创新不会在所有部门都出现，而是在某些部门率先出现，再通过结构关联效应不断扩散，带动其他部门的生产效率的提高，并使技术创新的中心不断转移，带动整个经济总量的增长（周振华，2008）。

而产业结构的优化作为经济发展模式的基础，在经济范式的变化更迭中起到核心作用，即产业结构优化尤其是主导技术结构的变化对经济增长起决定性作用。

二 技术进步与产业结构优化

（一）技术进步与工业文明

技术反映了人和物之间的关系。可以说，没有一定的技术，自然资源和人的劳动就处于分离状态，当然就不可能有生产过程和产出。在这里技术进步和技术创新是有所区别的，技术进步的概念比较广一些，技术进步反映了科学技术和生产技术及任何可能的变革。它包括从科学的发明和发现，研究开发成果对生产性的应用，以及被引入市场和商业化的一系列科学技术和生产、经营活动的全过程。而技术创新是一种狭义的技术变迁或技术进步，它仅限于技术的第一次商业化应用，它包括产品创新、生产方法（工艺）创新、设备创新、市场营销创新等。

党的十八大报告指出："科技创新是提高社会生产力和综合国力的战略支撑，必须摆在国家发展全局的核心位置。"科技进步是实现新型工业化的关键所在，科技创新是新型工业化的动力源泉所在。

人类的工业化文明是与技术进步密不可分的。在世界工业化的过程中，世界制造中心伴随着科技中心的转移而转移，可以说是发生了两次半转移：第一次转移于1851～1900年在德国出现。1830年前后德国出现了科学革命的高潮，德国利用煤化学的科学成就，迅速发展了合成化学技术和工业，到1895年德国的各个产业全面超过了英国成为世界科技与制造中心。第二次转移于1879～1930年在美国出现。第二次技术革命——电力技术革命，使美国率先建立和完善了钢铁、化工和电力三大产业，实现了石油化工对煤化工的取代，并实现了大规模工业化，成为世界新的科技和制造中心。第三次转移出现在第二次世界大战后的日本。第二次世界大战后，日本提出"技术立国"，通过技术引进和二次创新，创造了经济奇迹，一跃成为新的世界制造中心，但新科技革命并没有在日本获得最大的发展，因而日本虽然成为新的世界制造中心，但没有成为新的科技中心，也没有能够像前两次制造中心转移那样取代美国的世界科技和制造中心地位。从这个意义上来讲，这次制造中心的转移只能是半次转移。相对而言，美国之所以在世界进入新科技革命的时代，仍能够以超级强国立于世界，不仅因为它是全球制造中心，而且因为它也是科技创新的中心，正是这两者合二为一，才使美国不仅拥有并且能够保持着超级大国的地位（孙同德，2005）。

（二）技术进步与工业结构优化升级

工业结构的调整和升级并不是孤立进行的，任何影响经济发展的因素都可能影响到工业结构的变化，特别是技术进步，更是与工业结构的演变密切相关（陶钧道，2007）。

虽然工业结构成长是需求结构和技术进步两个动力引致的，但其各自作用的大小并不一样。两者相比，需求特性基本恒定或由人的本性决定，而技术进步更体现人的主观能动性，即具有内生性。技术进步与创新带来生产函数的变化，通常技术进步较快的部门，其生产成本的下降速度也较快。由于各部门技术进步的速度不同，部门之间出现了"生产率上升率不均等增长"的现象（陈栋生，1993）。正是这种生产率上升率的差异，使资源从生产率较低的部门向生产率较高的部门转移，从而推动了工业结构的成长。而且只有生产率的提高，才能保证比较优势和出口结构随着生产结构的升级而升级。

技术进步带来工业结构的升级和主导产业的更替。第一次工业革命，蒸汽机的发明，使煤炭进入人类生产活动的能源系统，大规模机械化生产成为可能，以纺织业为代表的机械化大生产推动了人类社会由农业经济向工业经济转变。处于"第一次技术革命"时期的英国工业化只能在当时的纺织、机械、冶铁、煤炭等产业中做选择。第二次工业革命，电力的发明促进电子工业、电器制造业、石油开采业、石油化工工业等的快速崛起，重化工业逐渐成为推动社会经济发展的主导力量。处于"第二次技术革命"时期的美国增加了电力、石油、化学、汽车、铁路、无线通信等产业领域。第三次工业革命，带来了信息技术的广泛应用和高新技术产业的快速发展，工业发展开始实现集约化、绿色化和高级化的转变，以服务经济为主的第三产业快速发展。处于"第三次技术革命"时期的日本和"亚洲四小龙"工业化又增加了电子、通信、新材料、新能源、宇航、海洋等产业选择空间。

科学技术革命不断加快世界工业结构升级和主导产业更替的步伐。技术进步促使科学—技术—生产的周期日益缩短，新产品和新部门不断涌现，产品更新速度加快，使工业结构处于不断调整和迅速变动之中。据有关资料介绍，在1885~1919年，一种发明从客观存在到在工业上应用的"成熟期"，平均是30

年，从生产到投入市场平均是 7 年；在 1920～1944 年，这些时间相应地变为 16年和 8 年，而在 1945～1964 年，则分别缩短为 9 年和 5 年。

信息技术革命对工业化的影响尤为明显，从生产方式、组织方式、发展方式等方面对世界工业结构升级优化产生更为广泛和深刻的影响，推动工业的跨越式发展。研发设计信息化、生产装备数字化、生产过程智能化、经营管理网络化和市场营销电子化，大大提升了产品科技含量、缩短了工艺技术准备周期、提升了劳动者素质、提升了生产自动化水平、降低了能源资源消耗、增强了个性化产品供给、增强了生产性服务需求、优化了生产流程的运行，使得由主要依靠物质资源消耗向科技进步、劳动者素质提高、管理创新转变，使得由主要依靠投资、出口拉动向依靠消费、投资、出口协调拉动转变，使得由主要依靠第二产业劳动向依靠第一、第二、第三产业协同带动转变。

三 信息化与产业结构优化

（一）信息化与产业结构升级的关系

1. 信息化是产业结构优化的方向

现代信息产业的不断发展，是产业结构高级化的客观趋势。对传统产业量的扩张应给予适度控制，以向新兴的产业适当倾斜，尤其对于传统项目中的大量低水平重复建设必须下大决心、花大气力给予控制和收缩，这是无可置疑的。然而，我国毕竟是一个尚未完成工业化任务的发展中国家，又是一个人口大国，毕竟面临着巨大的失业和就业压力，面临着强化第一产业、提高第二产业的繁重历史任务。同时，我国的市场经济体制刚刚初步建立，投资者和经营者的市场判断、信息把握还难以达到较高的水平。在此背景下，大面积地上马新兴的高科技产业项目，并不是现实可行的。而劳动密集型产业不仅不能被大面积地排挤，相反还应大力发展。这是我国特殊的国情所决定的。

问题在于，第一产业如何强化、第二产业怎样提高、劳动密集型产业如何大力发展？出路之一，就是引入以现代信息技术为代表的高科技。这就是信息化的另一方面（在我国，也是更为重要的一个方面）——对原有产业实行信息化改造。

通过政策导向、信息传递、法律规范等，引导产业界对其资产存量进行以信息化为代表的高科技改造，提高传统产业的资本运营效率，使其产出的增长大于资产存量的增长；通过对传统产业产品的节约、替代、再生利用等方式，来适当减少对传统产业的投资支出。要适度控制传统产业量的扩张、促进产业结构的高级化演进，就必须运用高科技来促使传统产业在质上取得更大的提高。

若没有传统产业素质从根本上的提高，则其量的低水平扩张终究也会控制不住，而只会上下波动，给经济运行带来紊乱。我国目前生产能力普遍过剩、社会需求不振，可以说就是一个表现。因此，仅仅从表面层次进行产业结构比例上的调整，是不能从根本上解决供求矛盾的。同时，仅仅强调按市场需求来调整产业结构，至少在目前也不能完全有效地扭转供过于求的状况，因为需求本身就呈现出普遍乏力的态势。解决问题的关键，在于既要千方百计地挖掘潜在的需求，如尽快增加工人收入、加大基础设施改造和建设的力度等，又要加快原有各产业的高科技化进程，更新固定资本，提高产业素质，通过高科技的渗透提高产品质量并不断开发新产品，从而带动和刺激市场需求。

2. 信息化本身离不开产业结构的优化

尽管信息化是产业结构优化的方向，但信息化本身也对产业结构的优化有着较高的要求。

一是，信息化是产业结构高级化达到一定水平时的产物。经济发展史的内在逻辑告诉我们，在产业结构高度化水平较低的情况下，信息化的全面推进是不可能真正做到的，而只有当第三产业已经逐步占据统治地位，信息化才有可能发生根本性的跃迁。按照通常的产业分类法，科技产业本身就是第三产业中的一个分支，而已有的科技产业的发展状况及地位，势必对以现代信息技术为代表的高科技的发展起到积极或消极的作用，尤其是，高科技并不同于以往传统的技术，它体现了科学、技术、经济及社会各方面的高度融合。具体来说，从人类生产技术的发展史来看，在古代，当科学还处于萌芽状态的时期，其技术只能是经验型的，即这时的技术往往只能称为"经验技术"。到了近代，科学的飞速发展，使生产技术具备了新的基础——科学，于是"经验技术"的统治地位便让给了"科学技术"。而在当今的高科技时代，不仅技术以科学为基础，而且一方面科学技术已经高度社会化了，如从过去单一性的研究项目过渡到高度综合性的研究项目、从过去科学与技术单独性活动过渡到两者紧密结合（以至于两者间的界限在一些场合也变得模糊起来）、从过去自然科学与社会科学完全独立到相互渗透和借鉴、从国内独立研究开发到国际间联合研究开发等；另一方面高科技还体现了科学与经济、社会的高度融合，它以具有巨大社会经济效益潜力的科技成果物化为主线，产生和发育于当代科学研究和生产发展，以及国防、军事、经济、社会等各个领域的协同发展之中，它更强调的是其功能，是经济的、社会的和生态的高效益性，因而也可以说是一种超科技概念。显然，在一个不甚发达的科技产业的环境下，高科技的发展是难以持续的。

二是，信息化要以传统产业的雄厚实力作为基础。且不说无论社会发展到什么程度，人类都离不开衣食住行，从而离不开第一、第二产业的发展；仅从生产的角度来看，就可以充分说明问题，即以现代信息技术为代表的高科技的产业化，不仅不能摆脱传统工业而独立实现，反而必须以相当水平的传统工业作为基础和后盾，否则将难以持续。在这方面，走在世界信息化前列的美国曾经有着深刻的经验教训。美国人在20世纪七八十年代曾视传统的工业（如制造业）为"夕阳产业"，由于不重视运用高科技改造制造业，致使其走向衰落，从而导致这个作为高科技产业最早出现的国家，在某些高科技民用产品领域（如超导体）曾一度落在了别国（如日本）的后面。后来，美国朝野认识到了这一问题的严重性，重新努力振兴制造业，提高机械加工的能力和水平，从而保住了美国在科技产业化方面的领先地位。发达国家尚且如此，像我国这样尚未完成工业化任务的发展中国家，又怎能使高科技产业化摆脱传统工业呢？

三是，信息化要从传统产业的领域开拓广阔的市场。在市场经济条件下，信息化要以现代信息科技成果的商品化作为前提；而现代信息商品若不具备一定规模的市场，也是难以形成产业的。那么市场在哪里？国际市场，当然是应当努力打进去的方向之所在。但由于我们在技术、资金等方面无法与发达国家相比，除了一些较有优势的项目外，并不是近期轻易就能打得进去的。所以必须同时着眼于国际、国内两个市场，尤其是充分挖掘巨大的国内市场潜力。一谈到国内市场，人们往往会想到已经炒得够热了的"刺激消费"。而就目前来看，用现代信息技术改造提升传统产业，则更具有现实性和紧迫性。

总之，信息化的推进，必须以既定的产业基础作为依托，必须从传统产业改造中开拓市场。信息化客观上离不开产业结构的优化（李继文，2001）。

（二）信息化在优化产业结构中的作用

信息化对产业结构的作用表现在以下几个方面。

信息化推动了产业结构的高度化。产业结构的高度化是指产业结构随着需求结构的变化而向更高一级演进的过程，实际上是指产业结构的知识集约化和经济服务化，使得产业具有更高的附加值。产业结构的高度化主要体现在产业的高加工度化、高附加值化、技术集约化及工业结构软性化等。信息技术凭借着超越传统技术的优势，极大地影响着产业结构的演进程度和经济的发展水平。

信息化推动了传统产业生产方式的转变。信息技术革命带来的"收获递增"（生产率的提高），不仅发生在以往的供给方（生产），也发生在需求方（消费和市场）。以因特网为基础的信息化发展，特别是电子商务将使企业和消费者之间建立起比过去更为密切的新型关系，使消费者的地位明显提高，消费需求信息得以迅捷地传达给生产者。工业经济时代大规模制造的生产方式已不能适应信息社会的市场需求，而信息技术的发展又为小批量定制、柔性制造等生产方式的运用提供了技术保证。因此，信息化使得生产方式由大批量、规格化的典型工业化生产向顾客需求引导型生产转变，强调生产方式的敏捷性和柔性。

信息化推动了传统产业的产业重组。信息技术的运用，改变了获得信息的时间、空间及其成本，不仅使原本各自独立的产品发生整合，而且打破了产业之间的壁垒，促进了产业的融合。信息技术推动传统产业的产业重组主要体现在三个方面：一是，利用产业之间密切联系的需求，结合信息技术，能够产生一些新兴的产业。例如，商业企业、运输企业、仓储企业等传统流通部门，通过信息技术重组产生了现代物流业。二是，传统产业与信息产业相互渗透，推动传统产业重组。三是，信息技术加速了传统产业内部的资源整合，信息技术的运用加速了产业内部的专业化分工，避免重复建设，通过资源的集中，提高产业集中度，形成规模经济。

信息产业和非信息产业的融合。信息产业和非信息产业不断融合的过程表现在：随着信息产业的不断发展，信息设备和信息服务的价格必然不断下降，需求不断上升，信息装备率也必然不断上升；非信息产业信息活动量不断增加；非信息产业内的信息部门不断增加。一个有关客车生产价格的例子可很好地说明这一变化，见图 7-1（鬼木甫，1994）。

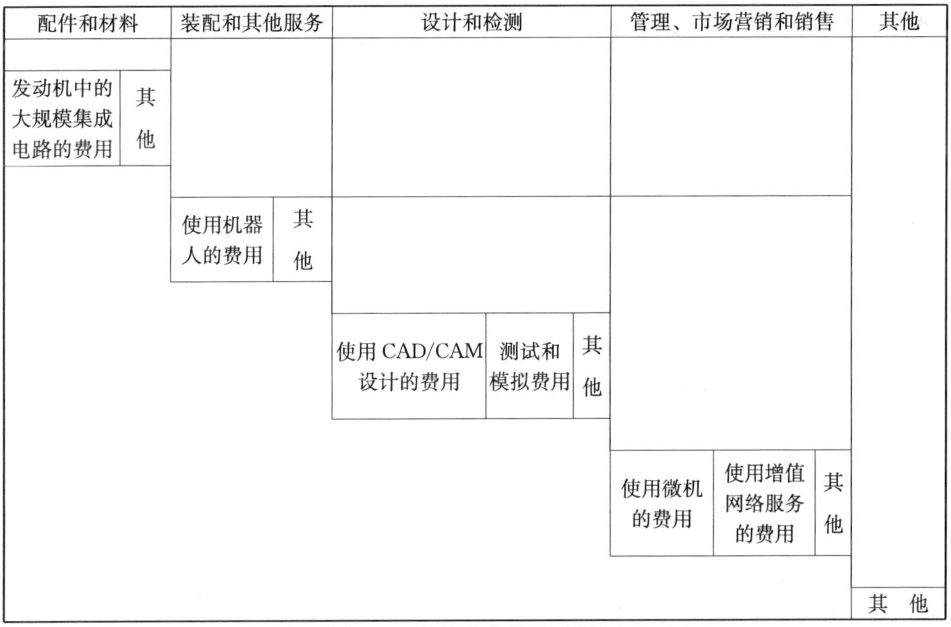

图 7-1　客车生产价格分解图

　　信息化推动了生产要素的转移，加速了传统产业从粗放型增长向集约型增长转变。过去，传统产业增长过分依赖于资本和劳动力的扩张，资本和劳动力规模报酬递减的特性，引发了增长极限问题。知识和信息的共享性和倍增性不但解决了经济增长的极限问题，而且这种主要生产要素的转移，彻底改变了传统产业的增长模式，使其从依赖量的扩张转变为依赖质的扩张，从而实现了从粗放型增长向集约型增长的转变。

　　信息化对传统产业的改造。信息技术对传统产业改造的作用是通过资源在产业间的流动实现的。信息技术的发明和在传统产业部门的应用，使该部门的产出量大幅度提高，生产成本降低。若该产业产品需求弹性小，就会造成产量增加、利润下降，该产业的某些生产要素就会流入其他产业部门，从而导致该产业的萎缩；相反，如果该产业产品需求弹性较大，由于信息技术的应用导致的新产品的市场价格对成本及需求对价格的反应弹性较高，产出数量的提高将使产业收益率高于社会平均产业收益率水平。在利润率平均化机制作用下，生产要素会从其他产业纷纷流入该行业，从而刺激信息技术作用程度高的产业的发展，并逐渐地使这些被改造的传统产业也转化为高新技术产业。按国际工业园区的规范，在传统产业所应用的技术中，当70%以上被高新技术所取代后，它就转变为高技术，相应的产业也就成为高新技术产业。信息技术的创新是无止境的，传统产业的技术改造过程也就成为一个动态的和持续的过程。由于有更新的信息技术问世和投入使用，原来属于高新技术产业的产业也可能变为传统产业。例如，通信业是在工业化时代的高新技术产业，但随着20世纪90年代网络化、数字化等信息技术的发展，它的一部分又降为传统通信业，面临着进一步提升和改造的任务。信息化就是这样不断地作用于传统产业，推动产业结构的升级（杜传忠和马武强，2003）。

　　信息化促进了劳动生产率的提高。21世纪初，劳动生产率的提高只有5%～20%是靠新技术成果的采用。而现在，发达国家劳动生产率提高的60%～80%是靠信息技术的发展与应用。美国自1980年以来，信息技术在工业和服务中的普遍应用，使工业生产和管理的效率大为提高，平均达3倍以上。1979～1989年，信息技术使英国、德国、法国、日本的劳动生产率分别提高33%、88%、90%、130%。从1990年以后，美国由于信息技术及其产业化的迅猛发展，劳动生产率的提高速度超过了日本，使其国际竞争力于1994年在世界竞争力排行榜上重新夺冠，1995年继续保持了这一领先地位。目前，世界信息产品贸易额在商品贸易总额中已经占到12%以上，超过了农产品的比重，而且增速很快。

　　表7-1是电力、热力的生产和供应业（H₃₄）1998～2010年信息化水平与全

员劳动生产率对照表。相关分析表明，信息化水平与全员劳动生产率存明显正相关，相关系数 $r=0.992$，$p<0.01$。

表 7-1　信息化水平与全员劳动生产率对照表（H_{34}）

年份	信息化水平（I）	全员劳动生产率（O_5）
1998	2.573 575 49	87 120.88
1999	2.707 926 19	99 330.43
2000	3.125 270 74	99 546.36
2001	3.538 233 16	118 667.68
2002	4.004 332 37	140 209.71
2003	4.108 892 26	152 631.69
2004	4.682 831 43	185 418.29
2005	5.620 430 05	205 218.50
2006	6.412 686 21	234 838.95
2007	7.337 376 71	293 415.93
2008	7.312 167 77	295 219.40
2009	8.330 049 73	309 199.90
2010	9.034 342 38	327 687.67

图 7-2 是电力、热力的生产和供应业（H_{34}）全员劳动生产率变化趋势图。可见，全员劳动生产率呈提高的趋势，全员劳动生产率的提高很大程度上是信息化作用的结果。信息化推动着产业结构的优化。

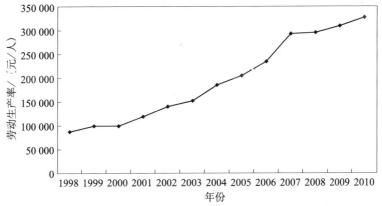

图 7-2　电力、热力的生产和供应业（H_{34}）全员劳动生产率变化趋势图

（三）信息化是带动度极高的现代经济增长源

根据结构主义的非均衡经济增长理论，经济增长与产业结构的变动有着密切的相关关系，产业结构的演进过程就是经济发展的过程。同样，经济发展水平的提高在很大程度上又取决于产业结构的高级化，而科技进步是产业结构高

级化的基础。"使不同产业部门之间发生联系的内在因素是技术,不同产业部门的内在关联要素是它们之间的技术联系。"工业化完成以后,传统产业受到市场容量和科技进步的制约,经济增长必须转而依靠高于平均增长率的新兴产业来支持,通过结构性转换来实现技术创新和产品创新。各国现代化的进程表明,任何一个国家经济的持续、稳定、协调、长远的发展,都依赖该国产业结构质的改善,即产业结构的高级化。

在第二次世界大战结束后的半个世纪中,世界产业结构经历了三次大规模的重组和调整。第一次是在20世纪50年代,美国的钢铁、纺织等传统产业向日本、西德等转移,集中力量率先发展半导体、通信、电子计算机等新兴技术密集型产业。第二次是在60、70年代,日本、西德等的产业结构转向集成电路、精密机械、精细化工、家用电器、汽车等耗能耗材小、附加价值高的技术密集型产业,使一部分新兴工业化国家和地区(如"亚洲四小龙"等)获得了扩大劳动密集型产品出口的良机,实现了由进口替代型向出口导向型经济的转变,对外贸易和经济实力得到了迅速发展。80年代,世界产业结构进入了新一轮重组。这次重组的特点是受到以信息化为特征的新技术革命的突出影响,表现在:①发达国家加速发展以信息技术为核心的高新技术产业;②加速利用信息技术对传统产业的改造;③加速调整产业结构和部分产业的转移;④主导产业及产业群体转换周期缩短;⑤产业调整的条件改变,竞争加剧;⑥出现了劳动密集型和一般技术密集型产业从"亚洲四小龙"转移到中国和东盟国家,"亚洲四小龙"等新兴工业化国家和地区发展技术密集型产业,美国、日本和欧洲发达国家则发展知识密集型产业的现象。

当今各国产业结构的高级化主要通过发展信息化,促进信息技术产业化来实现,亦即当技术变革引起产业结构转换时,通过引入信息技术促进产业结构的变革,为新经济增长创造良好条件。信息技术的广泛推广与应用,带来了新兴产业——信息产业的形成、发展与壮大,同时,信息技术在农业、工业及服务业等领域的普遍采用,使这些传统产业得以改造与优化,促进整个国民经济产业结构的合理化与高级化。信息技术对产业结构影响的另一个重要体现是,通过有效开发和利用信息资源,提高了产品中的知识含量,知识含量高的行业在产业结构中比重越来越大,而知识含量低的行业在产业结构中的比重越来越小,进而促进产业结构的高级化。信息技术以其极强的渗透性、极高的倍增效应,体现出最活跃的现代生产力特征,成为众多高新技术产业群的核心与代表。可以说,当代科学技术进步很大程度上取决于信息技术的发展。信息技术凭借着超越传统技术的优势,极大地影响着产业结构的演进程度,极大地影响着经济的发展水平。信息化是产业结构高级化的重要标志,是带动度极高的现代经济增长源。

第二节 影响中国工业行业信息化水平的因素

一 产业信息化的驱动因素

从微观上看，产业信息化的驱动模式实际上是其企业的驱动模式的并集，称为产业信息化的企业驱动单元。一个产业具有信息化的强大驱动因素，通常就是指其中的企业具有强大的驱动力。对于单个企业驱动单元来说，政府和市场竞争压力是主要的外部驱动因素，领导、业务部门和信息部门构成企业内部驱动因素，这些不同的驱动力实际上构成了企业信息化的运作模式，如图 7-3 所示。

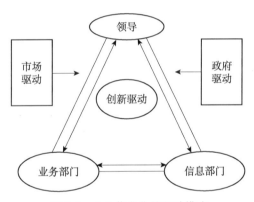

图 7-3　企业信息化的驱动模式

如果市场驱动非常强烈，则该模式将成为产业拉动型；如果是企业内部力量占据主导则该模式为企业驱动型；如果政府驱动力超过一定的限度，则该模式将成为政府驱动型。

信息化驱动是分阶段的，在初期通常是业务需求的驱动，也就是包括在市场驱动之中，有些产业是以政府驱动开始的，因为它们缺乏必要的市场驱动，但随着改革的深入，越来越多的产业驱动将会首先从业务部门开始。然后是部门驱动，所谓的部门驱动通常是因为实施信息化的部门由于享受了信息化的高效有序的触发而要求更多的部门来进行数据的配套，中国目前大多数企业和集团都实现了财务的自动化，而在多个企业的 ERP 实施调研中得到非常肯定的一点，那就是很多企业的 ERP 系统是在其财务总监（往往还身兼副总）的主推下进行的。财务信息化在国内的成功得益于财务的标准化和国家的相关政策法规，那么以财务为核心的信息化通常也是希望做到标准化，这必然与企业的多样性和管理的艺术性会产生一些矛盾，所以在这一驱动阶段，企业面临巨大的震荡和调整。在部门驱动上，也有企业比如服装企业，是以库存为核心，它们为了降低成本也好，提高资金的周转率也好，一切都离不开库存，从而这些产业中的企业信息化通常从库存管理开始，进销存是基础。在部门驱动时期，同步伴随的是管理驱动，即企业由于管理幅度有限，而企业的范围不断的扩张，进而导致监控难度增加，企业希望通过引入新的控制工具。管理驱动所涉及的范围最广，也最难以界定具体的起止日期。最后一个阶段是创新驱动阶段，当然与其说是最后一个阶段，不如说是创新为主导的阶段，因为所有的时期都是在不断进行广义上的创新。在以创新为主导的阶段，企业在思考现有的业务和市场范围的同时，开始把目标投向了更高的层次，而信息技术工具作为创新的一种载体工具越来越被优秀的商业主管所接受。

二 信息化对产业结构的作用方式

信息化通过产业信息化和信息产业化两条重要途径作用于产业结构，如图7-4 所示。

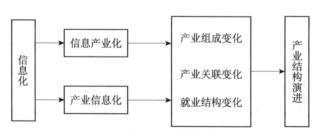

图 7-4　信息化对产业结构的作用机理

信息产业化是指生产信息技术产品或提供信息服务的行业发展壮大的过程。产业结构的演进最重要的表现就是新兴产业在国民经济中比重不断上升。信息技术的应用促使新的产业群形成，从 20 世纪 50 年代起，计算机业、现代通信业、软件产业、网络产业等新兴产业群先后形成并发展壮大，在国民经济中的比重不断上升，信息产业的增长速度明显高于传统产业，已成为各国经济发展的主要推动力。20 世纪 90 年代，美国信息产业的增长超过了国民经济总的增长速度的两倍，对 GDP 增长贡献高达 35%。与此同时，在信息产业的带动下，一系列与信息技术相关的产业迅速形成，新材料、新能源、生物技术、海洋技术、空间技术等高新技术产业在信息技术的带动下崛起，在国民经济中成为重要部门，改变了原有的产业组成。

产业信息化是指通过信息技术的渗透，由众多企业所组成的产业部门大量采用信息技术和充分利用信息资源而提高整个产业劳动生产率和产业效益的过程。产业信息化主要表现在传统产业的信息化改造，通过装备的信息技术改造、企业信息化等使传统产业在研发、生产、经营、管理方面发生本质的改变，使传统产业的技术结构、就业结构、资本结构等得到优化，从而使产业内提供信息能力和产业内对相关信息的需求水平均得以提高。

三 影响中国工业行业各分行业信息化水平差异的原因

实证研究表明，中国工业行业信息化水平存在较大差异（表3-10），在2005年到达最高点之后，信息化水平的差异开始逐渐缩小（表3-11）。从宏观上看，一是由于信息化优化产业结构的进程存在差异；二是因为领导、业务部门和信息部门构成的企业内部驱动因素有差异；三是政府和市场竞争压力这些外部驱动因素对不同行业的作用程度存在差异。

具体来讲，实证研究中对所有数据作为一个整体进行了分析，对每一指标进行了归一化处理，算得的信息化水平在不同行业之间、同一行业不同年份之间具有可比性，因而可以从指标的角度具体分析某行业信息化水平高低或变化的原因。

另外，某些行业信息提供能力和信息需求能力失衡，这可能是导致行业信息化水平差异的重要因素。信息经济的发展往往与这两类因素的相互作用有很大的关系，有目的地促进两类因素的协调发展，是信息经济发展的重要环节。例如，产生信息的能力实际上受制于需求信息能力的发展，这其实就是我国某些产业应用信息技术不利的原因之一。

第三节　影响中国工业行业信息化建设效益的因素

一 信息化影响中国工业经济效率

（一）信息转化为生产力

信息从知识状态转化为国民财富状态，真正体现了"知识就是力量"，信息是资源和生产要素，信息更是生产力。信息通过以下途径转化为生产力。

首先，信息是决策的基础，它使生产决策、生活决策和管理决策优化，从而实现减少投入，产出增加，实现国民财富的增长。而所有这个过程不容易看清，只有在宏观模型分析中得到证明。

其次，信息是知识的积累。科学技术的发展为人类社会不断带来新的知识，科技进步和知识传播，扩展了人类需求领域，使人类过去想得到的和没想到的满足得以实现，而信息或知识的生产满足了这种需求，从而扩展了财富领域，增加了新的财富。

最后，信息的作用在于对物质性资源（如人力资源、资本、自然资源等）进行有效组合，从而创造效益。应用技术的发展与应用，形成巨大的生产力，提高了生产效率。也就是说，信息通过作用于其他资源，并对这些资源进行合理配置，实现财富的增长。

（二）信息化对传统工业的变革

一是，对传统工业装备的改造。生产性企业的技术设备是企业生存和发展的立足之本，是决定产品质量、品种和档次、经营管理水平和现代化程度的关键因素。信息化提升工业产出效率首先就是从更新企业的技术设备开始的。目前，信息化设备可以配备到生产活动的几乎一切环节。信息化设备的广泛使用，使工业生产的自动化、智能化水平产生了质的飞跃。

二是，对传统工业生产理念的变革。在数字网络时代，信息异常丰富且便于获取。信息的充分性和信息传递的快捷性，可以克服生产、消费、供求等经济活动中繁冗的中间环节和不必要的迂回，弥合产销间在时空上的距离，使企业和消费者之间建立起远比过去密切的新型关系，客观上大大提高了消费者的地位。主要表现在两个方面：其一，消费者成为真正的上帝，因为厂商的供给将回归为对最终消费者的有效供给；其二，消费者可通过网络全程参与其所喜爱产品的制作过程，包括设计、制模、功能选定、报料生产及至成品包装等。消费者角色的变异，迫使工业企业在生产理念上摒弃那种大批量、规格化的传统模式，而代之以客户需求引导型的生产方式，以客户为中心，竭力满足每一种客户的个性要求。在新的生产理念下，企业的生产模式将由冷冰冰的批量生产转向富有人情味的柔性生产。此外，为应对瞬息万变的市场和追求对顾客的卓越服务，企业还将推行敏捷制造和精良生产。

三是，对企业管理组织方式的变革。传统工业经济中，由于生产与消费的较大分离，以及信息不对称严重，企业的管理特点是一种强组织性的层级式系统，强调共性和集中。这种组织结构虽利于企业的平稳运行，但却不利于开发新产品、开拓新市场。以因特网为基础的信息化发展，带来竞争的加剧，层级式或金字塔型的组织体系的固有缺陷将成为抑制企业创新，从而弱化其竞争力的桎梏。信息化对企业管理组织方式的再造，就是驱使企业的组织形式演变为弹性较高的网络化组织，采取更有利于张扬员工个性与才能的团队工作方式。

在企业内部，运用决策支持系统（DSS），可加强内部统筹和战略规划的民主性与科学性；各职能部门由网络联系在一起，互相沟通协调，提高经营管理效率。在企业外部，企业又可通过通信网络与上游、下游关联企业联系起来，对外界环境变化做出即时反应，增强企业的应变能力。

四是，对传统产业部门关系的重组。信息技术的采用，使信息的获取和传递变得容易和成本低廉，带动了一些相关产业的融合。例如，电子商务有一个经典案例"鼠标＋水泥"，这种业务流程的背后，是信息中介部门、水泥需求方、运输部门、水泥供给方等多个部门的紧密协作。这样为了实现同一个目标而把相关产业的职能部门连接在一起，有助于整个系统运行节约资源和提高效能。

此外，信息技术在与传统工业融合的过程中还催生了一些新的"边缘产业"，如光学电子产业、汽车电子产业等，这些高新技术产业同样是高附加值的产业，创造了大量产值与需求（黄丽馨和黄福友，2002）。

以制造业为例，制造业的信息化是应用现代信息技术，改造制造业内生产过程和作业流程，使生产趋于智能化，同时以信息技术手段实现经营管理智能化。模型如图 7-5 所示（李继文，2001）。

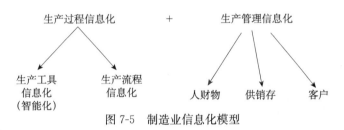

图 7-5 制造业信息化模型

信息技术的应用使制造技术在经历了手工、机械和自动化制造三个阶段后，进入了第四阶段——信息化制造阶段，其特点是以信息技术为手段，逐步实现制造业的网络化、敏捷化、智能化和虚拟化。现代制造过程中制造信息量猛增，制造系统对处理信息的能力要求极大地提高。在制造过程中需要的信息输入（如参数、规范、标准化技术等）越来越多，柔性生产、精益生产、智能制造和敏捷制造，就成为信息化时代制造业的主要特征。同时，管理方式也发生巨大的变化，管理体制现代化、生产组织合理化、管理方法科学化、管理手段计算机化，从而使组织、指挥、决策、调节和监督更加灵活和有效，使资源的配置更加科学、合理和优化，获得更大的经济效益。

二 影响中国工业行业信息化建设效益差异的原因

实证研究表明，中国工业行业信息化对经济增长的贡献存在较大差异；信息化对各省域工业行业的带动作用存在着明显的差异，并非是同步的（表 4-10）；信息化水平与信息化贡献率存在不均衡的状态（图 4-7），且各省域工业行业信息化贡献率与信息化水平存在不同步甚至相反的趋势。

具体来讲，实证研究中将所有数据作为一个整体进行了分析，对每一指标进行了归一化处理，算得的信息化对经济增长的贡献率、效率在不同行业（省域）之间、同一行业（省域）不同年份之间具有可比性，因而可以从指标的角度具体分析某行业信息化贡献率高低或变化的原因，既可以从时间序列角度研究发展趋势，也可以从截面上考察不同行业信息化发展的程度差别。

另外，某些行业信息提供能力和信息需求能力失衡，这可能是导致行业信息化贡献差异的重要因素。信息经济的发展往往与这两类因素的相互作用有很大的关系，有目的地促进两类因素的协调发展，是信息经济发展的重要环节。例如，产生信息的能力实际上受制于需求信息能力的发展，这其实就是我国某些产业应用信息技术不利的原因之一。

同时，中国工业行业信息化水平和效率存在明显差异，信息化水平和效率存在四种可能的组合（图 6-7）。这可能与信息化向这些行业的渗透、扩散，或者这些行业运用信息技术改造本行业的力度等存在较大的差别有关。

信息化建设投资很大，信息化基础设施的建设速度很快。但是，信息化的成功率并不非常高。IT 企业宣传的成功案例总是那么几个，这种情况引起人们的忧虑。发达国家经过一段工业化的历程，业务流程是标准化了的，全社会已经完成流程的标准化改造，所以，企业信息化做起来比较顺利。而我国社会上有一种赶"时髦"的误区，谁用了计算机谁就赶上了"时髦"，没有用计算机被看成落后。但是，谁都没有好好算一算，用了计算机会产生多大的效益。我国体制的因素为这种赶"时髦"冲动推波助澜，企业信息化申请国家贷款，投资没商量，现行体制使信息化特别是国有企业信息化中成本计算的动机发生了扭曲。我国目前的信息化建设存在过急过快、缺乏协调、质量不高等问题，影响了信息化建设的实际效果。而在不同行业，这种作用不可能是一致的，影响了信息化建设的有效性不可能一致。

同时，信息化与传统产业的融合以及信息化对传统产业变革的进程等都存在差异，影响着中国工业行业信息化水平和效率的差异。

因此，对中国工业行业信息化对经济增长的贡献差异分析的同时，还需要结合信息化测度水平、效率，综合各方面的差异进行更加细化的对策分析。

第四节　影响中国工业行业两化融合的因素

一　技术融合与信息化

工业行业信息技术融合包括技术融合和技术创新两个方面，其中技术融合主要指通过信息技术与工业技术之间的渗透、衍生、替代和交互作用得以实现。在此过程中，信息技术主动向工业化水平较高的技术、领域、部门渗透和融合。目前我国信息技术、工业技术发展水平不高，造成我国两种技术的关联不高，使得技术之间的相互作用关系难以发挥，从而导致技术融合水平低。目前，在两化技术融合的实现过程中，主要是微电子设计与制造技术、专用计算机设计与制造技术、软件的设计与制造技术、网络应用和开发与工业技术的结合。

一是，目前我国微电子技术相对落后，与工业技术关联甚小。其中，高端设计技术、管件制造设备和新材料成为限制融合的三大瓶颈，高端设计技术的发展缓慢，尤其是集成电路设计是当前的薄弱环节，芯片制造的关键设备，如光刻机、刻蚀机、离子注入机等技术缺乏，直接导致了与机床制造技术、测量技术的融合受阻，进而阻碍了我国两化融合的发展。

二是，基础软件开发能力薄弱，与传统工业技术边界清晰。尤其是对多核CPU、高效能计算机的操作系统的开发能力、嵌入式软件水平低，无法满足来自其他领域技术的要求，不能通过技术关联解决其他技术中的难题，从而导致了技术融合受阻，并由此制约了产品融合、业务融合、产业融合等过程的实现。

三是，信息技术创新能力不强，难以掌握信息技术的内核，从而不易与工业技术发生融合。我国核心信息技术自主创新能力差、产品和装备依赖进口，并不通过消化、吸收而直接作用企业内部，信息技术中的核心和关键技术并未掌握，而这一核心技术正是与工业技术发生关联的关键，因此，阻碍了技术融合的顺利推进。

二　信息人力资源与技术融合

信息技术与工业技术的融合带来了资金、人力资源配置方式的变化以及应用平台的变化，从而使得具备应用信息技术、信息设备能力的劳动者更具备竞争优势。按照两化融合实现机制的四个阶段，系统集成分析人员、软件技术开发人员、因特网网络设计建设人员、使用信息系统管理的科学管理人员大量缺乏，同时，普通公众对融合技术、融合产品、融合产业等的需求意识缺乏。其具体情况如下。

一是，信息技术融合人才缺失严重。两化技术融合是靠人力资源的推动实现的，这就要求人力资源除了掌握两种技术的特征外，还能够熟悉两种技术之间的渗透、衍生、替代、交互的作用方式；同时，要求信息技术人才具有技术融合创新的本领。我国 2010 年信息产业从业人员达到 880 万，比 2009 年新增 102 万人，占全国城镇新增就业人口的 1/10，与美国、英国等国家相比，这一比例非常小。据美国商务部统计，2006 年美国就业人口有一半在信息技术公司或者信息密集型企业从事研究开发工作，在我国能够满足信息化与工业化融合工作的人数不足 10％。

二是，信息管理人才的缺乏。两化融合的最终实现是社会意识和社会价值模式的改变。在企业内部，两化融合也绝不仅仅是 ERP、CRM、SOA 等管理系统的简单应用，而是将信息管理与科学管理思想融入到企业的各个部门、不同阶段。由于缺乏管理人才，我国多数企业内部战略决策层并不能通过信息管理系统降低交易成本、解决管理问题，造成出现信息系统与管理过程的"两张皮"现象，信息技术部门或者信息中心作为信息化与工业化融合方案的部门管理者与决策层的脱离也是我国管理融合效果不佳的原因。

三是，我国公众信息化意识的缺乏。两化融合内容丰富，其最终的实现层次是社会价值模式、经济增长方式、运行方式的转变，而促成社会层面发生变化的主要途径是日常人们工作、学习、文化传播生活中应用融合的平台；并充分意识到信息资源的价值，对信息资源进行投资和利用，才能达到两化融合最终实现的目的。由于信息技术设施建设水平不高，计算机、因特网网络、电子商务在我国并未完全普及，公众接受和使用、需求融合产品的意识还未完全形成。

三　企业主体与政策体制

企业主体对两化融合的需求是企业内部发生技术融合、产品融合、业务融合的强大动力。在我国，大型企业较少，中小型企业占所有企业的 90% 左右，而中小企业的技术研发水平尚低、资金水平不足、人力资源水平不高，使得自主研发技术融合手段受阻、购买融合技术手段受阻；购买或者单独开发信息系统、信息设备难以实现，导致产品融合、业务融合受阻，进而导致产业融合受阻；信息资源在社会主要部门企业主体中应用和推广受阻，从而使得社会价值模式、经济增长方式、经济运行方式失去了作用基础而受到阻碍。另外，企业规模达到一定水平后，技术融合、产品融合的出现需要改变原有的生产、销售、管理、营销等模式,而转换这些业务流程需要成本。目前,由于我国市场对于融合产品的需求量不大,市场的拉动效应不强,整合产品带来的收益并不足以抵消融合成本,从而造成企业实现融合的动力不足。

两化融合的政策体制是贯穿于两化融合整个过程的重要保证因素。两化融合最根本的条件是科研力量、资金和人才,这就涉及平台转换的问题。而在我国,中小企业构成企业的主体,其规模小、水平低的现状决定了技术资金缺乏、人才缺乏、科研力量缺乏的现状,我国还没有相应的制度政策提供针对中小企业的科研和技术的支持,还没有形成"官、产、学、研"一体化状态,没有实现四者间的有效结合。

面对我国信息水平、工业水平发展状况地区性差异大、产业间差异大、不同性质的企业间差异大的特点,还没有出台相关的政策制度,没有根据按照各个地区、产业、不同种类的企业的实际情况出台实际、有效的资金、技术支持政策等,造成部分地区两化融合进程难以推进(王金杰,2009)。

第八章

提高中国工业行业信息化水平和效益的措施

第一节　推进体制机制创新，消除中国工业行业信息化障碍

一　落实工业行业信息化发展战略

（一）信息化带动工业化的发展战略

全球信息化对发达国家来说，是在其完成工业化进程之后出现的。我国现阶段工业化还远没有完成。面对风起云涌的新一轮技术革命和产业革命浪潮，先完成工业化再发展信息化的道路是行不通的，现实情况不允许我们再走传统的发展道路。如果我们对迅速发展的全球信息化无动于衷，就会丧失机遇，拉大与发达国家的差距，将被时代抛弃。因此，尽管我国面临着工业化和信息化的双重差距，工业化的任务还很艰巨，我们不能企望直接进入信息化阶段，但我们的战略目标不能只停在传统工业化道路上，而要借助于信息化来加速工业化进程。

推进信息化带动工业化发展战略，是把信息化作为发挥后发优势实现产业结构优化升级的战略目标，但这并不意味着摒弃、忽视工业化，而是要走出一条有中国特色的信息化道路，把信息化与工业化密切结合起来，让信息化为工业化提供现代化技术文明的基础，同时让工业化为信息化提供物质和能量。"以信息化带动工业化，工业化推动信息化"，两者互相补充，互为动力，共同发展，在信息化的进程中实现工业化，在实现工业化的过程中奠定信息化的坚实基础。

（二）创造信息化带动工业化的条件

1. 统一制定信息化建设的相关标准

我国的软件产业规模还不够大，有自主知识产权的国家级软件产品并不多，适用的标准化软件也少。各级政府部门，如税务、银行等，每个部门都要企业去买它们的专用软件，由于这些软件不是通用的，又没有接口，为了解决接口

问题，企业要付出很大代价，实际上给企业增加了负担。还有些部门强行向企业推出它们的专用设备，有些设备一个月可能就用一次，大部分时间都闲着。这一切都阻碍了企业的信息化建设。不能强求企业去做某项信息化建设项目，企业没有这方面的需求，强迫企业去做肯定做不好。统一制定标准对企业信息化建设会有很大的推动作用。

2. 强化对信息化工作的组织和统筹

改变政出多门和缺乏统一规划的现状，强化跨部门的信息化组织领导机构并充实其职能，以实施国家对信息化工作的统一领导和协调。建立信息化支撑体系，以加强信息化理论、战略、法规、规划的研究。加大政府对信息化的支持力度，制定相应的产业政策和增加资金的投入。制定"传统产业改造和提升的产业政策"，鼓励企业广泛采用新技术特别是信息技术。中央财政每年拨出专款，作为信息化基金，主要用于信息化核心技术的研究，信息化重要理论、标准、环境等软科学研究和基础数据库的建立，信息技术的推广应用，信息化普及教育和信息化重大示范工程。

（三）强化信息化带动工业化的基础

科学技术是人类认识客观规律和应用规律保护与改造客观世界的知识与能力的结晶。在人类发展历史上，社会生产力的每一次飞跃与发展，以及人类社会的文明与进步，都离不开科学的重大发现与技术的重大发明及其广泛应用。到了近代，科学技术发展愈加迅猛，应用更加广泛，与经济社会发展的结合愈加紧密，对经济和人类社会发展的影响愈加巨大，科学技术已成为生产力中最活跃的因素，成了推动人类文明进步的原动力。科技进步，是实现工业化、现代化的决定因素，可以为工业化和产业结构优化升级不断提供强大的技术支持，不断加大知识创新和科技创新的力度，才能加速工业化进程，促进新型工业化的发展。因此，新型工业化的实现，要继续实施科教兴国战略。继续实施科教兴国战略，必须加强基础研究和应用基础研究，瞄准世界科技发展前沿，选择我国具有一定优势，对国民经济和社会发展有重大意义的研究领域，集中力量，协同攻关，力争取得新的突破，加强关键技术创新和系统集成，实现跨越式发展；鼓励科技创新，在关键领域和若干科技发展前沿掌握核心技术和拥有一批自主知识产权。有一些关系国家经济命脉和国家安全的高技术领域，提高自主创新能力；要把工程科技放在科技发展的突出地位。实施重大高新技术工程项目，促进科技创新成果产业化；选择装备制造、农产品深加工、资源综合利用等重要领域，加快开发能够推动传统产业升级的共性技术、关键技术和配套技术，加快传统产业技术改造和升级。积极推进国家创新体系建设，发挥高等院校和科研机构在知识创新中的重要作用，支持企业成为科研开发投入和技术创新的主体。发挥风险投资的作用，形成促进科技创新和创业的资本运作及人才汇集机制。完善并严格执行知识产权保护制度。教育是发展科学技术和培育人才的基础，在现代化建设中具有先导性和全面性作用，必须坚持摆在优先发展的战略地位。要全面贯彻党的教育方针，大力推进教育创新，深化教育改革，不断健全和完善教育体制，优化教育结构，扩大教育资源。着力推进素质教育，全面提高教育质量。通过教育创新和发展，造就数以亿计的高素质劳动者、数以千万计的专门人才和一大批拔尖创新人才（麻冰冰，2005）。

二 推进体制创新优化工业行业信息化发展环境

我国 30 多年的改革实践，已经初步创建了社会主义市场经济的体系框架，但是仍然有不少计划经济时代遗留下来的体制障碍，成为生产力发展的瓶颈，必须通过深化改革，为信息化带动工业化营造良好的环境。一是要进一步打破部门、行业垄断和地区封锁，鼓励市场竞争，建立全国性的知识产权和高科技人才自由流动的市场。二是要建立风险投资的投资融资机制，努力培育、充分发挥市场在高科技产业投资领域的基础性作用；三是要改革政府管理经济的方式，明确区分政府、市场、企业三者之间的职责，变直接管理为间接管理。健全国家信息化组织管理体系，更好地制定信息化发展战略和重大方针政策，加强国家宏观调控力度，有效利用各种资源，促进资源共享，组织实施各项信息化发展规划。当前的重点是要改革现行的行政审批制度，除特大型项目和关系国家经济命脉的项目以外，一般性项目都要从行政审批制逐步过渡到注册登记制；四是要创造公平竞争的市场环境。以信息化带动工业化，必须利用国内国外各种资源，特别要发挥国内各类社会资金和民营科技企业的作用，积极推进科研事业单位等机构的改革，增加对政府支撑科研的力度，为政府决策的科学性提供有效的保障。同时，要以创造公平、公正、合理竞争的市场环境为目标，加强法治建设，严格执法，打击各种违反市场公平竞争原则的行为。

三 推进机制创新消除工业行业信息化发展障碍

我国传统的工业化道路完全是政府推动的，是在中央政府的指令性计划约束下，通过国家集中人力、物力和财力兴办工业企业的方式，高速度地建立起以重工业为核心的工业体系。而且，传统的工业化是以粗放型的经济增长为基础的，通过扩大工业的规模，提高工业的从业人员比例来实现工业化，并提高工业经济效益。从当前看，我国以国有经济为主导、多种经济成分相并存的社会主义市场经济新体制已基本形成，市场机制在资源配置中已经发挥基础性作用，为新型工业化道路奠定了体制基础。因此，新型工业化在实现机制上必须强调市场机制的作用，在体制上加快创新步伐。

一是，调整所有制结构，形成国有经济为主导，混合经济为主体，多种经济成分共同发展的新格局。目前，中国的国有经济和国有大企业主要集中在并且主导着矿产资源的开采、石油化工、煤炭、钢铁、电力、交通运输、港口设施等基础产业，而这些产业的存在和发展对整个国民经济仍然至关重要，是国民经济的命脉。即使在今后很长时期，在工业化的过程中，仍然需要通过国家的力量兴办大型国有企业，实现资本集中，兴办资本有机构成高的基础产业，为工业化奠定基础。从发展趋势来看，我国今后的发展可以概括为国有经济为主导，混合经济为主体，多种经济成分共同发展的所有制结构，这将有助于我国工业化的发展和形成国民经济持续快速增长的长久动力。

二是，进一步转变和规范政府职能，资源由政府配置为主转向市场配置为主。实施新型工业化道路，工业化的主体是多元的，它要求国有企业和非国有企业的广泛参与，同时还要求资源要素是在一个"打破行业垄断和地区封锁"的市场化环境条件下进行配置。因此，实施市场经济条件下的资源配置，政府就不应再是资源配置的主体。政府的职能应当主要转向对经济运行进行宏观调控，加强市场监督，在充分发挥市场机制的前提下，做好对宏观经济运行的预警、监测和有效控制，在国际经济关系中维护本国的合法权益。

三是，深化分配制度改革，形成合理有效的分配机制。合理的分配制度能够为工业化提供安定的发展环境，调动劳动者的积极性。在分配制度改革中，一要整顿和规范分配秩序，加大收入分配调节力度，重视和解决收入差距扩大的问题；二要以共同富裕为目标，调节过高收入，取缔非法收入；三是加强对垄断行业分配的监管；四是完善和规范国家公务员工资制度，推进事业单位分配制度改革。

四是，建立工业行业信息化融合的激励机制。首先，加大开发我国高端设计技术、管件制造设备和新材料的开发，加大对光刻机、刻蚀机、离子注入机等基础设备的开发。将不同产业之间的技术单元进行重组，直接加大了不同技术之间的关联，促进了两化技术融合。其次，有针对地开发基础性系统软件、专业性能的计算机。加强对有针对的开发基础软件的激励机制，将待融合的两种技术边界模糊化、可操作化，打破软件技术与传统工业技术边界清晰的界限；针对专业领域，开发专业性能的计算机，适应该领域技术要求的特点，以这种形式直接扩大专业技术与信息技术的交互能力和互动能力和关联关系。最后，加强我国技术创新能力，抓住两化技术融合的关键点，即两种技术内核之间的融合。加大对技术内核研发的投资力度，鼓励我国科研机构自主研发技术内核，确保两化中的关键技术融合（陈新梅，2008）。

五是，形成产业结构快速转换的实现机制，发挥产业适时调整的"预警"作用。通过实施贯通各个企业、各个产业的国民经济信息化，国家经济监控部门将能实时掌握各行各业的发展动态。同时，通过因特网密切关注最新的技术和产业变动情况。一旦监测到有某（些）项前沿技术取得重大突破并有了能引发新一轮产业调整的情报时，国家经济监控部门应对此立即加以研究论证，并将建设性的研究成果传达到相关产业和企业，形成企业、产业、国家三方密切跟踪新技术发展动态，在适当时机启动产业调整的良好局面（黄丽馨和黄福友，2002）。

四 完善政策法规健全工业行业信息化发展体系

首先，要按照入世所做出的承诺，全面清理、修改和完善现行的法律、法规和政策，增强法律法规的统一性和公开性，提高立法的质量；其次，信息化的先进性主要体现在信息资源的共享性，如果没有统一标准，信息将无法共享，也将无法实现这一先进性。因此，为了推动信息化建设工作，使信息化工作能持续健康地发展，就必须在信息化立法方面从构建科学、完整的法律体系出发，遵循先急后缓、先易后难、先单项后综合的原则，逐步完善法律法规体系。这个体系应该包括以下内容：一是在综合性方面，如通信与信息服务、电子商务、电子知识产权等；二是行政法规，如因特网国际联网条例、因特网信息服务管理办法、因特网安全保护条例、信息采集与处理条例；三是规章，如因特网国际出入口信道管理办法、电子出版与网络新闻管理规定、因特网域名管理办法等；其中，创造一个良好的电子商务健康发展的法制环境已经成为各国信息化建设中关注的重大课题；对现有法律没有完全涵盖的内容，尽量通过修改法律或发布司法解释的方式加以解决。最后要清理并大幅度减少政府行政性审批，转变政府职能，提高政府工作效率，健全政府工作监管机制，促使政府依法行政并学会按国际通行规则做好管理和服务工作。

第二节　促进产业结构升级，提升中国工业行业信息化效率

一 利用信息技术改造和提升传统工业

信息化带动工业化的关键在于推动工业领域广泛应用现代信息技术。信息技术及其产业具有高创新性、广泛渗透性和深度产业关联性，这使得利用信息

技术及信息产业对传统产业进行改造成为可能。信息化对传统产业的改造，不仅是技术性或技术层面的改造，而且是经济性、社会性、体制性的全面改造，这是由信息化的本质属性所决定的。因为信息化并非只是信息技术的应用，更是管理体制、社会形态和生活方式的转变。信息化对传统产业的改造，不仅包括对传统产业生产方式、竞争方式方面的改造，还包括组织结构及战略管理等方面的改造。实际上，就是传统经济信息网络化的过程。其核心是改变传统经济的商业模式，推动业务流程和生产要素重组，进而推动传统经济的转型。这是一种全面性的改造，是体现体制内与体制外存量、增量资源的盘活、对接、融合的过程。

坚持用高新技术和先进适用技术改造提升传统产业，大力振兴装备制造业。我国传统产业已有相当规模和基础，在整个国民经济中比重很大，今后相当时期仍然是经济发展的主体力量。用高新技术和先进适用技术改造传统产业，增加科技含量，促进产品更新换代，提高产品质量和经济效益，是加快工业化、现代化的必然要求。

处于工业中心地位的制造业，特别是装备制造业，是国民经济持续发展的重要基础和支撑，是工业化、现代化建设的发动机。国民经济各行业的生产技术水平及竞争能力高低，在很大程度上取决于制造业提供的技术装备的性能和水平。因此，大力振兴制造业特别是装备制造业，既是改造和提升传统产业的重要内容，也是加快实现工业化、信息化的基础和前提。

一是，引进国外先进技术的同时加强自主创新。信息技术的创新是信息化发展的关键，也是推动工业现代化的强大动力。只有提高信息产业的技术水平和自主创新能力，才能为信息化对工业化的带动作用提供坚实基础。而引进技术、消化并吸收进而自主创新，是实现赶超发达国家的关键，也是实现信息化水平迅速提高的重要一环。国家要集中精力抓好关系信息化总体技术水平和竞争能力的技术，特别是重点产业、重大项目的技术引进和自主创新。制定鼓励消化、吸收和创新的政策。以大型企业为依托，组建生产科研联合、专业化配套的体系，促进信息化主导技术、关键技术的引进和创新，并将这些技术向传统产业扩散。

二是，促进传统产业积极采用先进技术。要确立企业技术创新主体地位，通过深化企业制度改革，建立规范的公司法人治理结构，形成激励和约束机制，是企业成为积极采用先进技术的主体，推动企业为提高竞争力而广泛采用信息技术。加强企业信息化建设，提高企业信息化装备水平，提高信息化运用能力。同时，对传统产业改造过程中企业所形成的专利技术和知识产权加以严格保护，引导企业成为技术应用创新的主体。政府要提供鼓励企业积极利用和开发先进技术的优惠政策，鼓励企业进行技术创新和技术开发，加快我国传统工业的改造和升级，提升企业的技术水平。

三是，扩大国际合作，努力提高国际竞争力。要从优化产品结构、企业结构和市场结构入手，努力提高自主品牌信息产品和自有信息技术的出口能力，提升出口工业品的技术内涵。重点扶持一批具有国际竞争力的大型企业集团，开展"强强联合"。实施"走出去"的战略，积极创造条件，支持有实力的企业在境外建厂经营，鼓励和扶持企业进入国际信息通信服务市场。应对加入世界贸易组织的新形势，加快调整现有的贸易政策，完善进出口环节管理，全面推动电子产品、软件和信息服务的出口（麻冰冰，2005）。

二 以信息产业发展促进工业经济增长

在以计算机技术为基础的新技术革命推动下，许多高新技术产业相继产生并构成新型的产业群，信息产业在新兴产业群中处于领头地位。无论是宇航卫星通信、生物工程、海洋开发、光纤通信、新材料工业、新能源产业还是新型服务业等，都离不开具有核心地位和先导作用的信息产业作为其应用开发的突破口。

信息产业具有关联度高的特征，是带动度极高的现代经济增长源。它的发展将带动一大批相关产业的迅速发展，从而对整体产业的跨越式升级产生巨大的推动效应。信息产业发展的同时，必然对各类信息装备和信息服务产生新的需求，创造出巨大的工业品市场规模，为工业化拓展发展空间。为满足信息化的需要，工业本身也要不断进行知识技术创新，以高技术为支撑，向更高的产业结构演进，两者相互促进。因此，信息化的发展过程也是不断创造新的市场需求的过程，不仅为促进工业化提供充分的动力，而且大大提高工业化发展的质量和速度。

优先发展信息产业，积极发展高新技术产业。加速发展信息产业，广泛应用信息技术，加快国民经济和社会信息化。加快发展信息产业，是顺应当今世界经济和社会发展大趋势的迫切要求，也是我国产业结构优化升级和实现工业化、现代化的关键环节。特别要加速发展微电子和软件产业，提高计算机及网络的普及应用程度，加强信息资源的形成和利用。政府行政管理、社会公共服务、企业生产经营，都要运用数字化、网络化技术加快信息化步伐。积极促进金融、财税、贸易等领域的信息化，积极发展电子商务。要加强现代信息基础设施建设，重点推进超大规模集成电路、高性能计算机、大型系统软件、超高速网络系统等核心技术的产业化。在大力推进信息化的同时，积极推动生物、航空、航天、新材料、新能源等高新技术产业的发展。

一是，加快核心技术研发，增强创新能力和核心竞争力。中国信息产业要真正壮大，必须依靠核心领域的技术创新。一方面，要以集成电路和软件的研发为突破口，积极支持有条件的整机企业建立集成电路设计中心，设计研发各种专用集成电路和系统级芯片，同时重点支持以中文环境为平台的应用软件、基础软件、系统软件等的自主开发；另一方面，要加大技术标准研究，积极参与国际标准的制定，并力争使一部分国内主要标准成为国际标准，增强自主知识产权的核心竞争力。

二是，有效利用国际产业转移效应，缩小产业差距。加强同世界著名信息技术企业的战略合作，提高对关键性技术、先进管理经验等方面的消化吸收能力，带动国内信息产业的成长。特别要积极吸纳高端信息设备和关键元器件的生产技术，大力引入跨国 IT 公司的技术和资本，使中国的信息产业迅速融入到以跨国 IT 公司为中心的国际分工体系中，促进产业全面升级。

三是，积极发展信息服务业。信息服务业是实现信息资源充分开发利用的关键环节。加强统一规划，增强政府的宏观调控及信息服务业的发展规划，应把信息资源开发建设规划摆在重要位置；加大资金投入和政策支持，重点支持大型公益性数据库和电子信息服务的建设，并制定相应政策，引导社会资金积极投入商用数据库和电子信息服务网络建设。加强立法，制定相应的鼓励政策，完善必要的法规制度，以便为信息服务业提供政策和法规保障，促进信息资源共享，保护民族信息服务业，维护国家主权和国家机密、商业秘密。大力发展和培育信息市场，加快建设和发展信息机构网络。要重点建设好国家综合性信息机构和专业信息机构、地方信息机构和民办信息机构。建立一个能协调全国信息服务业发展工作的主管机构，开拓信息渠道实现信息资源共享（麻冰冰，2005）。

第三节　推动两化深度融合，提高中国工业行业信息化效益

一　推进信息化与工业行业的深度融合

（一）推进信息化与原材料工业行业的深度融合

1. 石油化工行业

通过技术改革推进石化行业两化融合。石化企业在实施技术改造时，要充分发挥信息技术的作用，积极推进信息化技术融入生产、流通、管理等各个环节中，不断提高企业的信息化水平。有基础的企业要推进研产供销、业务财务、

管理控制的无缝衔接和综合集成系统,实现产品开发、生产制造、决策管理等过程的信息共享和业务协同,促进企业组织扁平化、决策科学化和运营一体化,加快建立现代企业经营管理体系。

以两化融合促进石化行业的节能减排和安全生产。把绿色发展、安全发展、可持续发展作为石油化工行业两化融合的重要方向,推进主要耗能设备和工艺流程的智能化改造,建立能源消耗和污染排放的实时监测管理体系,形成低消耗、低排放、可循环、可持续的绿色生产方式。同时,要深化信息技术在安全生产中的应用。

推进精细化工行业信息化。以集聚化、绿色化、高新化为方向,加快工艺、产品和装备信息化,研发和改进精细化工生产工艺。大力发展实时、在线、连续的产品质量、成分分析系统,发展工艺流程仿真技术,改革传统产品性能,研发新领域精细化工产品。支持具有自主知识产权的化工行业自动控制系统、多变量自适应等先进控制技术研发及其产业化。

推进新技术在石化行业的应用。研发和推广生产过程的优化控制技术,应用在线检测技术、新型分离和混合技术、化工故障诊断技术、监控与安全技术、工程设计技术等。

2. 钢铁行业

推进钢铁行业信息化协同集成与深度应用。以实现跨地域、多制造基地一体化管理为核心,建立集团化统一业务信息管理平台,提升大型钢铁企业协同管理水平。发展全程电子商务,促进电子商务与企业内部业务系统的集成,以便有效地促进内外衔接和供应链协同。以信息集成应用技术为依托,发展高端钢铁行业信息化、自动化、智能化技术总包服务。按照产品规格和品种进行成本精细化核算。

结合技术改造提升钢铁行业两化融合水平。发展高水平生产计划编制和"冶铸轧一体化"自动排产。以关键设备核心部件的全生命周期管理为重点,提高冶金技术水平和过程自动化高速控制能力。提高轧钢过程自动化和工艺集成水平,建立钢材性能在线监测系统,发展精品钢材。建立能源管理中心,促进钢铁行业节能减排。采用数学建模技术、人工智能技术、可视化技术,最大限度地满足决策层的信息需求。

3. 有色金属行业

推进有色金属行业生产和管理信息化。一方面,通过应用人工智能、仿真模拟等技术,深入拓展现有自动化装备的功能,实现生产智能化,突破工艺极限,促进产品结构升级;另一方面,围绕提高资源利用效率和节能减排的需求,从提高管理水平、促进循环经济发展两个方面发挥信息技术的渗透作用。

推进有色金属行业 ERP 应用。对于固有流程,要用 ERP 系统进行固化,提升固有流程的执行效率。对于非固有流程，要用协同 OA 系统来解决，提升非固有流程的执行效率。推进 ERP 与制造执行系统的集成应用，提高企业监控效率。

提高有色金属行业自动化水平。有色金属企业在开发建设工业控制系统时要把握自动化技术与信息化技术不断融合的趋势，要考虑把工控系统中的各种实时数据导入管理信息系统中去，实现智能控制和闭环管理（金江军和沈体雁，2012）。

（二）推进信息化与装备工业行业的深度融合

1. 机械装备行业

利用信息化手段提升机械装备设计能力、制造能力、整机集成和关键部件的研发能力，推进装备制造业的转型升级。

推进机械装备产品信息化。采用嵌入式软件、物联网技术、可编程逻辑控制器技术和人工智能技术等，提高机械装备产品的电子信息技术含量，实现机械装备产品的机电一体化。鼓励企业对传统机械装备进行数控化改造。发展数控机床、工业机器人、光电检测设备、智能仪表、虚拟仪器、自控设备等。攻克一批核心关键技术，逐步提高高端工业装备的国产化比例。

发展先进制造业。发展精益生产、精密制造、敏捷制造、柔性制造、智能制造等先进制造模式，提高生产过程的柔性化、自动化、智能化程度，满足客户日益强烈的个性化、多样化需求。推广 CAD/CAM/CAE 技术、模块化控制技术、M2M 技术、无模制造技术、计算机集成制造系统技术等，鼓励企业对 ERP 系统和 PLM 系统进行集成，提高产品质量，缩短产品设计和制造周期，减少原材料和能源消耗，满足产品高效、可靠、多品种、变批量的生产要求。

2. 汽车工业行业

推进汽车产品信息化。发展发动机控制、传动和行驶电子控制、安全报警及检测、信息显示等技术，提高汽车产品的电子信息技术含量。在动力和控制底盘领域，重点发展以引擎管理系统、底盘控制为重点的核心汽车电子产品；同时发展车载电子娱乐系统、车载 GPS 导航系统、车载雷达障碍物识别系统等。

推进汽车产业链协同。加强汽车企业内部供应链管理的整合。对整车企业现有的供应链管理系统进行改造，增强供应链管理系统的功能，使之具备运输管理、仓储管理、配送管理、信息发布、订单处理、货物追踪、费用核算等功能。制定和完善物品编码标准，促进配套企业、第三方物流企业信息系统与整车企业供应链管理系统的互联互通，实现整车企业与零部件企业的无缝对接。

以信息化支撑自主品牌汽车、新能源汽车的发展。围绕汽车自主研发制造，促进汽车智能化协同设计生产，支持实现柔性生产的汽车制造执行系统研发，发展车载电子和车身电子等汽车电子。围绕新能源汽车开发,推动引擎控制单元研发和汽车动力系统技术平台建设。

3. 船舶工业行业

提高船舶数字化设计和制造水平。推广 CAD/CAM/CAE 技术、可配置信息集成技术、物联网技术,提高船舶设计和制造效率。

推进船舶产品信息化。在船舶导航、自动驾驶等重点领域,发展船载 GPS 导航系统、船舶控制系统、水下障碍物探测系统等船舶电子产品,提高船舶的电子信息技术含量。发展船舶两化融合新兴业态。重点发展船载通信、导航、娱乐等方面的设备,发展船舶行业专用软件(金江军和沈体雁,2012)。

(三)推进信息化与消费品工业行业的深度融合

1. 轻工行业

完善家电、家具、玩具、皮革、日用陶瓷等行业个性化设计体系,建立和普及用户广泛参与的协同设计模式。建立持续改进、及时响应、全流程创新的产品研发体系,提高产品信息技术含量和附加值,促进轻工产品向价值链高端提升。发展大规模定制系统,推进轻工行业向服务型制造业转型。提高造纸、缝制机械、食品等重点行业生产装备智能化和生产过程自动化水平。

明确细分行业的信息化建设重点。家电行业应重点推进产品研发、设计、生产数字化、协同化,促进产品的智能化和高端化;龙头企业应推行大规模定制生产模式,逐步从生产型制造向服务型制造转变。造纸行业应重点推广应用于能控制、清洁生产和污染治理的信息技术和设备,研发专用装备的嵌入式系统,加快大型制造装备的数字化步伐。皮革行业应重点使用转鼓群控、计算机涂料配色等自动化生产技术。家具行业应重点推广计算机辅助设计技术、大规模定制生产技术和数字化销售预知技术。陶瓷行业应重点推广计算机辅助设计和计算机辅助制造技术,提高产品的设计水平。玩具行业应积极发展安全、智能、益智型娱乐玩具。缝制机械行业应大力研制智能、高效、节能的缝制设备。

2. 纺织服装行业

发展专用装备的嵌入式系统,提升纺织行业专用装备的数字化控制水平。推广适合纺织服装行业特点的 ERP 系统、MES 系统,并推进研发设计、生产制造、经营管理和市场营销的集成应用。在纺织行业生产制造、供应链环节推广使用条形码、射频识别和物联网技术。依托纺织服装专业市场建立全程电子商务平台。

明确细分行业的信息化建设重点。棉纺织行业应重点推广应用配棉管理信息化以及生产自动检测、管理系统。化纤行业应重点采用生产过程集散控制系统和各类自动控制装置。印染行业应重点应用织物染色印花工艺参数在线检测技术和有利于节能、降耗、清洁生产的自动控制系统。服装行业应重点采用人体数码扫描技术和裁剪缝纫自动组合技术和装备，实现服装和制造的集成。纺织服装装备行业应重点提升产品的自动化、数字化、网络化和智能化水平。

3. 医药行业

利用信息化手段提高新药研发和医疗器械研制水平。建立基于信息技术的新药研发与试药系统，利用计算机辅助技术进行药物靶标筛选、药物分子设计、药物筛选、药效早期评价，加快新药开发进程。提升医疗器械的数字化、网络化、智能化、精准化水平，开发基于物联网的医疗设备。

加强信息技术在药品生产过程中的应用。对药品生产线和质量检测设施的数字化改造，实现全流程自动化数据采集和监测。推广应用 ERP 系统、MES 系统，提高生产效率和生产过程的可控性，降低生产成本，稳定产品质量，实现产品质量的可追溯性。推广应用自动化生产设备和自动化生产线，实现发酵罐、生产工艺的计算机控制，全面提升药品质量的检测、控制水平。鼓励企业集成应用 ERP、CRM、SCM、电子商务等信息系统，推动研发、生产、经营管理各环节信息集成和业务协同，提高企业各个环节的管理效率和效能。

建立并完善医药行业运行监测平台、医药行业统计信息系统，密切监测行业生产、投资和市场供求的变化趋势，为加强行业管理提供有力支撑。

4. 食品行业

推进食品工业企业的信息化建设，引导企业运用信息化技术提升经营管理和质量控制水平，降低管理成本，丰富市场营销方式。重点提升食品行业关键生产工艺、专用装备及生产线的数字化控制水平，加快普及先进过程控制，实现生产过程状态监视、质量控制、快速检测。促进企业应用信息系统加强对采购、生产、配送、库存、销售等环节的管理和控制。

推进食品工业企业诚信体系、食品安全可追溯体系建设确保食品安全。支持食品企业建立集信息、标识、数据共享、网络管理等功能于一体的食品可追溯信息系统。重点推进乳制品、肉类、酒类等行业食品可追溯体系建设。

开展食品行业物联网应用试点示范工作，推进物联网技术在种植养殖、收购、加工、储运、销售等各个环节的应用，逐步实现对食品生产、流通、消费全过程关键信息的采集、管理和监控。

引导和督促大中型食品工业企业，按质量管理要求，应用原料检测、生产过程动态监测、产品出厂检测等先进自动化装置，改善质量安全保障条件。建立区域性公共质量检测服务平台，帮助小型食品工业企业加强质量管理（金江军和沈体雁，2012）。

二 推进信息化与省域工业行业的深度融合（以重庆市和上海市为例）

（一）推进信息化与重庆市工业行业的深度融合

2008 年 12 月，重庆市被国家工业和信息化部正式批准认定"国家级两化融合试验区"。重庆市努力把握信息化和工业化融合试验的契机，着重探索以"集约、耦合、互动、创新"为主要特征的工业化和信息化融合发展的新模式，积极寻求后发地区实现信息化和工业化跨越式赶超的途径。围绕构建现代化产业体系、促进工业由大到强的战略目标，实现信息化与工业化深度融合发展。

1. 推进重庆市信息基础设施建设，重点打造"数字重庆"

着眼于重庆市的电视网络、通信网络及计算机网络等三网技术改造和融合，从而为打造"数字重庆"奠定了坚实基础。大力实施主城区 1000 平方千米"数码港"的建设工作，具体包括"光进铜退"工程、"无线城市"建设工程，以及进一步推动"数字重庆"建设，达到资源融合和共享。扎实开展了因特网安全接入试点工作，减少政府部门接入因特网的入口，对入口加强安全防护措施，实施统一安全管理。重点开展中国移动 M2M 应用，推进 M2M 研发与产业化。

2. 做好试点示范工作

一是，大力推进"九大工程"，具体包括：中小企业信息化工程、新产品网络化协同设计开发工程、工业装备数字化提升工程、供应链信息化工程、机构分离与业务流程重组工程、信息化节能减排工程、嵌入式软件产业培育工程、重点行业试点示范工程、信息产业腾飞工程等。二是，进一步做好"两化融合"试点示范企业工作。争取更多重庆企业入选国家信息化试点单位。三是，进一步推进利用信息技术实现节能减排在的"511"工程，即实施五大信息技术应用示范工程，研发或引进一批关键共性技术和产品，推进一个区域性网络化检测与监控信息平台的整合与完善。其中，五大信息技术应用示范工程是指信息技术推进企业节能应用示范工程、信息技术推进企业减排应用示范工程、信息技术推进市政公共设施节能应用示范工程、信息技术推进政府办公节能应用示范工程，以及信息技术推进 IT 行业节能应用示范工和。通过试点和示范，总结出具有地方区域特色的发展经验和发展模式，并加以应用和推广，实现信息化促进地方经济发展和经济增长方式的转变。

3. 大力发展电子商务和移动电子商务

大力发展全市的电子商务工作，积极鼓励企业利用电子商务开展网上国际贸易。充分利用重庆市电子商务综合服务平台和远程实时多媒体视讯会议系统等有效方式，积极开展网上洽谈、网上促销和网上成交。利用重庆市较为发达的信息网络化平台，重塑企业流程，提高企业综合竞争勇。

4. 鼓励企业实施"两化融合"，政府给予经济资助和技术支持

通过与重庆市政府投资相结合，推动重庆企业传统工业信息化改造，以及重庆信息产业发展。例如，在政府资金支持和鼓励下，重庆市信息化示范企业渝能矿业冶金集团在原有财务、物流系统的应用基础上，新增了生产制造、质量管理、设备管理、预算管理、HR、OA 等模块，搭建集团精细化管控平台。通过获取生产数据进行系统性分析处理，并结合产业链的供求关系，渝能矿业冶金集团的 ERP 系统为企业制订了完备的生产计划，使集团内部供需趋于平衡，加强整个产业链的高效运营能力，大大节约了资源，提高了效率。

5. 突出发展本地区重点工业产业

一是重点围绕材料加工、装备制造、汽车摩托车、石油、天然气、化工、电子等主导产业，努力提高工业主导行业的信息化与工业化融合水平。二是培育壮大面向工业的信息服务业。三是重点发展物流与供应链、电子商务、人力资源等服务性产业。四是信息产业中，重点引导 SIM（用户身份识别模块）卡制造、芯片制造、智能读卡设备、软件研发、支付手机及智能终端、M2M 终端等"六大产业"聚集发展（吴胜武和沈斌，2010）。

(二) 推进信息化与上海市工业行业的深度融合

2009 年 5 月，上海市正式被批准成为八大国家级"两化融合"试验区之一。至此，上海市"两化融合"工作全面铺开。

1. 建立组织机构，加强组织协调

成立上海市推进"两化融合"联席会议，组建"两化融合"实施卖家咨询委员会，发布推进上海市"两化融合"实施意见。开发使用共性信息技术，加快发展服务业信息化，在重点制造领域，促进"两化融合"，促进现代农业发展，推广实施公共服务模式。

2. 以重点示范项目为龙头，带动"两化融合"深入开展

选定几个基础条件好、实施意义大的项目作为重点示范项目，建立"两化融合"项目储备库，实施"两化融合"项目长效滚动推进机制。

3. 推进电子商务广泛应用

一是引导大型骨干企业建设电子商务供应链平台，整合采购、生产、销售、物流等各个环节。二是扶持第三方行业电子商务平台发展，重点面向钢铁、化工、移动商务等行业。三是制定政府政策，促进电子商务发展。

4. 注重发挥服务平台支撑作用和产业发展配套作用

注重发挥服务平台支撑作用和产业发展配套作用，促进新兴融合型产业发

展。一是建设几个向社会开放的服务平台。二是把高经济附加值的产品研发设计，作为工业与信息化融合的重要环节来推进。

5. 提供"两化融合"相关培训和服务，促进国际交流与合作

一是依托企业信息化促进中心等平台，举办"企业信息化发展战略高级研修班""信息化提升传统产业竞争力系列专题讲座"等推广"两化融合"理念和技术。二是通过举办中外技术合作交流会、国际商务洽谈会、信息化交流论坛等推动"两化"融合国际合作和交流，实现招商引资，促进"两化融合"建设。三是建立企业信息化应用服务提供平台等，帮助解决企业"两化融合"过程中遇到的问题（吴胜武和沈斌，2010）。

三 推进信息化与工业企业内部的深度融合

（一）激发企业的内部需求

企业对两化融合的需求动力是推进两化融合的直接因素。面对我国中小企业占绝大多数、企业资金、技术水平条件低等现状。政府为企业提供资金、技术的支持，成为对融合有需求、缺少条件的企业的直接动力；同时，可参照美国政府购买、支持直接拉动产品市场需求这一做法，直接购买两化融合的产品，直接支持两化融合的业务，带头运用电子商务系统，为企业两化融合创造更多的市场需求，从而激励企业推进两化融合。推行两化融合最终都是源于企业发展的切实之需。企业只有对两化融合产生需求，才有可能也有动力成功地推行两化融合进程。

一是，企业要增强两化融合的推行意识，将两化融合作为一个企业发展所必需的系统性工程。企业推行两化融合不仅是一种方法和手段，也是满足市场之需的手段和方法，其目的是通过技术融合、产品融合、业务流程融合等具体的手段和步骤，提升企业的生产效率、加速企业全面创新和现代化建设进程、提高管理水平等。

二是，企业要深入地分析自身对于两化融合的需求状况，并在推进两化融合过程做好总体规划、制定明确量化的应用目标，可引入管理咨询等方式构建企业推行两化融合的构架；同时，注重引入项目监管制度和项目的绩效评价制度，及时保证两化融合与企业的切实之需结合起来。

三是，企业应善于借助第三方，尤其是中小企业应善于利用第三方信息平台协助构建自己的信息系统，缩短系统建设周期，减少项目投资和项目风险，并将企业发展战略、公司治理结构、人力资本、市场营销、产品研发等公司运营的重要环节投放到信息平台上来，实现两化融合在公司内部切实的推行。

（二）推进信息化与企业内部技术融合

推进技术融合是两化融合的关键，同时也是决定一个企业主体是否能够成功推进两化融合的关键。

强化传统工业技术与信息技术之间的关联。根据企业需求，开发和利用智能生产工具，推广集散控制、现场总线控制、柔性制造和敏捷制造等技术，实现两种技术的成功对接；同时，对工业部门装备、工艺、手段进行改造，强化生产过程的在线检测、预警和控制，实现精确高效的融合式生产，提升企业生产经营管理水平和生产效率。

（三）推进信息化与企业内部产品融合

积极推进集成信息产品、信息技术与传统产品融合。推行信息技术融入产品，提高机电一体化、数字化、智能化和网络化程度，如数字传感器、数字通信接口在机电产品中的应用等。同时，加大生产装备与信息技术、信息产品的融合程度，推动装配和加工的自动化和精密化，提高产品的精度和加工装配的效率。

（四）推进信息化与企业内部业务融合

推进企业业务融合，不仅要重视企业设计、生产、销售、管理等环节的技术性、产品性的融合，还要注重利用信息网络平台，强化企业的业务流程跨行业、跨区域的协作。

一是，利用网络应用平台，推行设计、生产、销售、管理等业务流程的两化融合。积极实现企业业务流程跨系统、跨专业、跨区域的集成与系统，积极推行各种资源要素的汇集和重组，提升企业客户关系管理、供应链管理水平，发展虚拟制造、总装制造、转移制造和全球协作制造等新型业务模式。例如，中国航天科技集团在实施"嫦娥"奔月工程等科研生产管理过程中，通过信息系统和软件功能集成、业务过程协同，搭建起一个综合的数字化集成能力平台，实现所有计算资源、软件资源、数据资源集中统一管理，在三维设计、总体和总装等环节实现了可视化、互操作的异地网络协同。这样，由于信息化应用水平的提升，业务出现分解和重新配置，产生更大范围、更高水平的业务融合。

二是，利用计算机辅助设计、计算机辅助制造、仿真、虚拟样机技术和产品数据技术等先进技术，对产品的业务流程进行改造。尤其注重推进内部管理环节的两化融合进程，降低我国企业内部的管理交易成本，通过网络平台等实现对办公、财务和人力资源等内部系统继承，形成各内部业务系统的互联互通，形成局域应用，提高管理效益。另外，在企业中，强化管理者对于两化融合的重视程度，也是企业内部推进两化融合进程的关键因素（王金杰，2009）。

第四节　加大人才队伍建设，
加快中国工业行业信息化步伐

一 高度重视信息化人才的教育、培养和引进

　　人力资本是实现"以信息化带动工业化"的第一要素。在整个信息化过程中，人始终处在核心地位。人力资源主要包括三个层次：在推进信息化方面负有组织责任的领导人或管理人员、信息技术方面的专业人员，以及在经济和社会活动中应用信息技术的广大用户。目前，我国急需的信息人才为信息技术研究和开发人才、信息化管理人才、信息技术应用开发人才和掌握信息技术基本应用技能的人才。因此，要高度重视人才的教育、培养和引进工作。首先是采用先进的教育模式和高科技手段，建立信息化的人才培育体系，既要加强高等院校、中等专业学校和中小学的信息科学技教育，又要积极开展领导干部、管理人员和技术人员等多层次的继续教育，以及全民的信息知识普及教育工作，尤其要培养一大批既精通信息技术又懂管理技术的复合型、创新型高级人才。同时，要推进人才引进机制创新，特别要进一步完善吸引海外留学人员回国创业及共同参与建设信息化工程的优惠政策措施，注重营造有利于发挥人力资本潜力的社会文化环境；建立人尽其才、才尽其用的人才管理和使用机制，用好人才、留住人才，更要不拘一格地选拔人才，尤其要把拔尖人才选拔到关键岗位上来，在信息化与工业化相结合的建设进程中发挥重要的作用（陈新梅，2008）。

二 着力做好信息化人才的职业培训和技术储备

　　一是，加强大学与企业的合作，建立正规的信息化职业教育培训体系。两化融合是一项实际的工作，需要懂得信息技术、企业实际过程，企业需求的专业化人才。建立大学与企业之间的合作研究机构，交流理论与实际信息，开发适合于企业自身发展的融合技术；同时，与公司联合建立正规的信息化职业教育培训体系，可结合美国的经验，以研究带融合的技术融合、产品融合、业务融合等具体实施过程的需要，开设信息技术、专业化的课程，努力做到专门的产业有专业的人才相对应。

　　二是，建立综合高级信息管理人才储备。在企业政府和组织内部将信息技术职位列入高管序列，拥有相当的权利、威信和薪酬，并能够影响公司决策，

科学地推进并监督和促进信息化与工业化融合过程的实施，维护和升级信息应用系统、为选择最佳信息管理技术和服务类型提供指导、提供适应公司发展的信息化与工业化融合的 IT 规划方案。

　　三是，提供公众意识。公众的需求是市场需求的来源，提高公众对融合产品、融合业务方式（电子商务、网络平台）的使用程度，是提高公众意识的关键。可通过加大普及信息应用技术教育；普及信息技术建设，因为融合技术、融合产品大多数要求在信息化平台上得以实施；加大普及融合产品的应用范围，提高公众对融合产品的信心（陈新梅，2008）。

参 考 文 献

安筱鹏. 2008. 工业化与信息化融合的 4 个层次. 中国信息界, (5): 34~38.

波拉特. 1987. 信息经济论. 李必祥译. 长沙: 湖南人民出版社: 24~45.

卜茂亮, 展晶达. 2011. 信息化与我国区域经济差距的实证研究. 科技进步与对策, 28 (10): 25~30.

查志刚. 2010. 区域信息化与区域经济增长因果关系的实证研究——以河北省十一地市为研究对象. 江苏商论, (3): 132~134.

常永华. 2003. 信息化对西部地区经济发展的实证研究. 情报学报, 22 (1): 92~95.

陈畴镛, 姚丽丽, 胡保亮. 2003. 浙江企业信息化现状、问题与对策的实证研究. 浙江学刊, (5): 201~206.

陈栋生. 1993. 经济区域学. 郑州: 河南人民出版社: 71~83.

陈昆玉. 2001. 社会信息化水平测度模型及其应用. 情报科学, 19 (1): 14~17.

陈亮. 2011. 信息化对工业化的推动作用研究. 华中科技大学博士学位论文: 21~23.

陈向东, 傅兰生. 1999. 我国产业信息化水平测度研究——机械行业产业信息实证分析. 科研管理, (6): 21~31.

陈晓华. 2010. 信息化对区域经济增长影响差异的分析——以广西、广东为例. 中国管理信息化, 13 (14): 55~58.

陈新梅. 2008. 中国新型工业化发展道路问题研究. 大连海事大学硕士学位论文: 39~41.

除久龄. 1996. 天津社会信息化的测定. 情报理论与实践, (4): 27~30.

戴旭. 1994. 工业化过程中的竞争与垄断. 北京: 高等教育出版社: 6~7.

邓兆参, 潭国彬, 林坚. 1994. 广州市信息化指数的初步测算与分析. 情报学报, (5): 12~17.

杜传忠, 马武强. 2003. 信息化与我国产业结构的跨越式升级. 山东社会科学, (4): 68~70.

杜栋, 周娟. 2005. 企业信息化的评价指标体系与评价方法研究. 科技馆理研究, (1): 60~62.

高巍, 毕克新. 2011. 信息化水平对制造业企业工艺创新能力作用的实证研究. 软科学, (10): 6~11.

龚唯平. 1998. 工业化范畴论. 北京: 经济管理出版社: 7~8.

鬼木甫. 1994. 日本的信息化及其对经济增长的影响//李京文等. 信息化与经济发展. 北京: 社会科学文献出版社: 66~73.

郭东强, 王志江. 2000. 论企业信息化建设投入对企业产出增长的贡献. 管理信息系统, (10): 36~38.

郭丽君. 2008-1-30. 历史机遇: 推进信息化与工业化融合. 光明日报.

何伟. 2006. 中国工业行业信息化水平和效率差异的实证研究. 西南交通大学博士学位论文: 3~41.

贺铿. 1989. 关于信息产业和信息产业投入产出表的编制方法. 数量经济技术经济研究, (2):

34～40.

胡芒谷.1997.我国信息产业发展水平的评价方法和指标体系研究.情报学报,16(4): 288～293.

胡乃武,金碚.1990.国外经济增长理论比较研究.北京:中国人民大学出版社:35～39.

胡晓鹏.2003.中国区域信息化差异的实证研究.财经问题研究,(5):73～78.

黄丽馨,黄福友.2002.信息化优化我国产业结构的机制分析.广西经贸,(7):19～21.

黄亚钧.1998.知识经济论.太原:山西经济出版社:7～8.

贾怀京,谢奇志.1997.我国各地区1994年信息化水平的测定与分析.情报理论与实践, 20(6):358～361.

姜爱林.2002.21世纪初用信息化推动工业化的战略思考.情报学报,21(3):378～383.

姜爱林.2004.工业化与信息化的互动关系研究.唯实,(4):78～82.

姜奇平.2008.范围经济是工业化与信息化融合的有效方式.中国制造业信息化,(1): 13～16.

姜涛.2010.我国信息化与区域经济增长关系实证研究——基于区域差异的面板数据分析.科 学学与科学技术管理,(6):120～125.

姜元章,张岐山.2004.区域经济信息化程度比较的灰关联分析方法.农业系统科学与综合研 究,20(1):12～13.

金江军,刘古权,杨汉东.2011.信息化与区域经济发展——推进地方信息化与工业化深度融 合.北京:经济管理出版社:1～11.

金江军,沈体雁.2012.信息化与工业化深度融合——方法与实践.北京:中国人民大学出版 社:151～183.

金江军.2009.两化融合的理论体系.信息化建设,(4):9～12.

靖继鹏,王欣.1993.信息产业结构与测度方法比较研究.情报科学,(1):21～23.

李斌,刘琳.2009.湖南省信息化对经济增长贡献的实证研究.经济地理,20(10): 1685～1690.

李朝明.2001.企业信息化建设项目的经济效益评价方法.情报科学,(6):568～570.

李继文.2001.信息化与产业结构优化.理论前言,(16):20～22.

李建忠,俞立平.2011.基于联立方程模型的信息化与经济发展关系研究.情报杂志, 30(11):192～195.

李立志.2010.信息化水平测度及其对中原经济崛起和可持续发展的贡献作用.科技管理研 究,(13):108～112.

李美洲,韩兆洲.2007.信息化水平测度——以广东省为例.科技管理研究,(7):172～175.

李晓东.1998.国民经济信息化研究.中国社会科学院博士学位论文:53～55.

林兆木.2002.关于新型工业化道路问题.宏观经济研究,(12):3～8.

刘劲松.2009.信息化与黑龙江省经济增长关系.黑龙江工程学院学报(自然科学版), 23(2):75～78.

卢丽娜,于风程,范华.2010.我国农业信息化水平测度的理论与应用研究.理论学刊,(6): 37～41.

麻冰冰.2005.我国工业化与信息化水平测定及互动关系研究.暨南大学硕士学位论文:

10～11.

马崇明．2002．国内外信息化测度理论评述．统计与决策，（6）：9．

马明远，秦向阳，王雪融．2011．信息化建设与经济增长关系的实证研究．中国农学通报，27（6）：478～482．

马生全，张忠辅，曹颖轶．2003．西北少数民族地区信息化建设投入对经济增长的作用研究方法初探．经济数学，20（1）：63～67．

苗长虹．1997．中国农村工业化的若干理论问题．北京：中国经济出版社：18～20．

苗建军．1999．社会信息化的经济结构解析．工业技术经济，18（4）：90～91．

彭惠君，何有世．2005．信息化对国民经济发展贡献模型分析．商场现代化，（3）：174～175．

钱纳里 H，鲁宾逊 S，赛尔奎因 M．1995．工业化和经济增长的比较研究．吴奇，等译．上海：上海三联书店：23～26．

秦玫芬．2000．信息化水平测算方法的改进及实例研究．情报理论与实践，（9）：325～327．

饶卫振．2006．行业信息化水平测度方法研究．山东科技大学硕士学位论文：4～15．

邵宇开，刘宏超，王浣尘．2007．区域经济增长与信息化因果关系的实证分析．科研管理，（3）：53～56．

史炜，马聪卉，王建梅．2010．工业化和信息化融合发展的对策研究——以融合类业务发展及业务模式探讨"两化融合"的发展对策．数字通信世界，（2）：16～49．

宋玲．2001．信息化水平测度的理论与方法．北京：经济科学出版社：5～12．

苏君华，孙建军．2005．全国及各省市信息化水平测度．情报科学，23（6）：817～822．

孙同德．2005．东部沿海地区新型工业化发展模式比较研究．山东师范大学硕士学位论文：43～52．

陶长琪．2000．试论信息产业结构和组织的演进．江西财经大学学报，（6）：29～32．

陶长琪．2001．我国信息产业发展的实证分析．华东交通大学学报，18（4）：69～71．

陶钧道．2007．工业化与中国经济．北京：中国金融出版社：28～34．

滕丽，王铮，庞丽，等．2006．信息化对中国区域经济的影响．人文地理，（1）：72～75．

童有好．2008．信息化与工业化融合的内涵、层次和方向．信息技术与标准化，（7）：4～6．

汪斌，余冬筠．2004．中国信息化的经济结构效应分析——基于计量模型的实证研究．中国工业经济，（7）：21～28．

汪同三，齐建国．1996．产业政策与经济增长．北京：社会科学文献出版社：23～28．

王金杰．2009．我国信息化与工业化融合的机制与对策研究．南开大学硕士学位论文：26～29．

王君，杜伟．2003．我国传统产业信息化水平测度研究．情报学报，（2）：222～228．

王君萍，毛毅．2009．西部信息化与经济增长的关系研究——以陕西为例．科学学与科学技术管理，（9）：191～193．

王莉．1999．再谈信息化与工业化的关系．情报杂志，18（2）：14～15．

王梅英，王玮．2004．信息化对区域经济影响的数理分析．数理统计与管理，（3）：41～45．

王晰巍，靖继鹏，刘铎，等．2010．信息化与工业化融合的关键要素及实证研究．图书情报工作，（8）：68～72．

王志江，郭东强．2001．企业信息化建设投入产出的相对有效性分析．运筹与管理，10（1）：

77~81.

魏占武，王晓寰．2000．论信息经济发展与信息化水平测算方法．吉林省经济管理干部学院学报，(1)：44~46.

乌家培．1993．正确处理信息化与工业化的关系．经济研究，(12)：70~71.

邬义钧．1997．产业经济学．北京：中国统计出版社：41~47.

吴承业，龚德恩．1996．应用经济计量学教程．北京：中国铁道出版社：12~25.

吴靖．2011．信息化与工业化融合研究综述．情报杂志，30 (S1)：78~81.

吴胜武，沈斌．2010．信息化与工业化融合：从"中国制造"走向"中国智造"．杭州：浙江大学出版社：119~127.

吴宪忠，靖继鹏，孙其．2007．制造企业信息化评价指标体系的构建与测度．工业技术经济，26 (4)：69~71.

夏波涌，张克平．2009．信息化与工业化融合内涵初探．制造业自动化，31 (5)：1~3.

谢康，肖静华，周先波，等．2012．中国工业化与信息化融合质量：理论与实证．经济研究，(1)：4~16.

邢志强．1998．河北省社会信息化指数的测算、比较与分析．情报理论与实践，21 (2)：95~97.

修文群．2002．区域信息化的测度与评价．情报学报，21 (2)：197~208.

徐瑾．2010．地区信息化对经济增长的影响分析．统计研究，27 (5)：74~80.

许长生．2001．信息化与工业化的关系．经济研究参考，(31)：35~36.

杨冰之．2003-6-18．深刻认识信息化带动工业化的科学内涵．http://tech.ccidnet.com/art/14/20030618/50802_1.html.

杨楠．2004．岭回归分析在解决多重共线性问题中的独特作用．理论新探，(3)：14~15.

叶帆．2004．科学发展观：工业化与信息化的融合．湖北行政学院学报，(6)：33~37.

尹海洁．2002．信息化的发展与中国产业结构及劳动力结构的变迁．中国软科学，(6)：116~118.

尹睿智．2012．我国信息化与工业化融合理论及其测评体系研究．天津大学硕士学位论文：20~21.

游菲．2007．信息化对广西国民经济发展影响的研究．广西大学硕士学位论文：7~31.

俞立平，潘云涛，武夷山．2009．工业化与信息化互动关系的实证研究．中国软科学，(1)：34~40.

袁正．2003．关于我国信息化水平的实证研究．南方经济，(10)：67~79.

曾昭磐．2001．根据"全口径"投入产出表编制信息投入产出表的矩阵方法及应用．系统工程理论与实践，(1)：36~40.

张成科．2003．东莞市信息化与经济增长的定量分析．经济师，(5)：227~228.

张大勇，万众，丁明．2003．机械行业信息化水平测度的研究．山东农机，(9)：5~8.

张恒毅．2009．信息化推动经济发展的机制研究．天津大学博士学位论文：7~19.

张守一．1992．信息经济学．沈阳：辽宁人民出版社：23~24.

张文彤．2002．SPSS11统计分析教程．北京：北京希望电子出版社：63~78.

张勇刚．2006．企业信息化测度理论与方法研究．科研管理，(1)：107~113.

张志敏，张庆昌．2003．信息资源会计：企业信息化效益计量和评价的新思路．四川大学学报（哲学社会科学版），（1）：23～28．

郑伟平．2001．区域经济信息化程度比较分析．数量经济技术经济研究，（1）：27～29．

周宏仁．2008-4-18．大力推进信息化与工业化融合．中国电子报，1版．

周华．2009．制造企业信息化对产出贡献的实证研究．海南大学学报（人文社会科学版），27（3）：324～327．

周叔莲．2008．重视信息化大力推进信息化与工业化融合．中国井冈山干部学院学报，1（3）：90～93．

周先波．2001．信息产业与信息技术的经济计量分析．广州：中山大学出版社：17～36．

周衍鲁．2006．信息化对我国制造业发展影响的实证研究．山东行政学院山东省经济管理干部学院学报，（3）：62～65．

周振华．1995．现代经济增长中的结构效应．上海：上海人民出版社：5～21．

周振华．2008．工业化与信息化的互动与融合．中国制造业信息化，（1）：18～19．

朱幼平．1996．论信息化对经济增长的影响．情报学报，19（5）：5～8．

Alexander P, Grant O. 1997. Development of an instrument for measuring information and information technology's costs and economic value a review of the literature. Proceedings Annual Meeting of the Decision Sciences Institute, (2): 675～677.

Andersen J, Baldwin A, Betts M, et al. 2000. A framework for measuring IT innovation benefits. Electronic Journal of Information Technology in Construction, (5): 57～72.

Bessen J. 2002. Technology adoption costs and productivity growthThe transition to information technology. Review of Economic Dynamics, (5): 443～469.

Brynjolfsson E, Hitt L M. 1996. Paradox lost firm level evidence on the returns of is spending. Management Science, 42 (4): 541～558.

Brynjolfsson E, Hitt L M. 2000. Beyond computationinformation technology, organizational transformation and business performance. Journal of Economic Perspectives, (14): 23～48.

Charles J. 1983. Information resources and economic productivity. Information Economics and Policy, (1): 13～25.

Chau P Y C. 1994. Selection of packaged software in small business. European Journal of Information Systems, 3 (4): 282～302.

Choi C, Yi M H. 2009. The effect of the internet on economic growth: evidence from cross country panel data. Economics Letters, 105 (1): 39～41.

Chunming S. 2004. Study on the standard system of the application of information technology in China's construction industry. Automation in Construction, (13): 591～596.

Cooper J, Michael D. 1983. The Structure and future of the information economy. Information Processing and Management, (19): 9～26.

Curry W. 1989. The art of justifying new technology to top management. Omega, 17 (5): 409～418.

Currya A, Moore C. 2003. Assessing information culture—an exploratory model. International Journal of Information Management, (23): 91～110.

Dewan S，Kraemer K L. 2000. information technology and productivity evidence from country—level Data. Management Science，(4)：548~562.

Dholakia R R，Harlam B. 1994. Telecommunications and economic development：econometric analysis of the US experience. Telecomnunications Policy，(6)：470~477.

Doukidis G I, Smithson S, Lybereas T. 1994. Trends in information technology in small business. Journal of End—User Computing，6 (4)：15~25.

Eldridge L P. 1999. How price indexes affect BLS productivity measures. Monthly Labor Review，(122)：35~46.

Elliman T，Orange G. 2000. Electronic commerce to support construction design and supply chain management. International Journal of Physical Distribution and Logistics Management，30 (34)：345~360.

Fink D. 1998. Guidelines for the successful adoption of information technology in small and medium sized enterprises. International Journal of Information Management，18 (4)：243~253.

Gill G，Young K，Pastore D，et al. 1997. Dumagan and Isaac Turk. Economy-Wide and Industry-Level Impact of Information Technology. U. S. Department of Commerce ESAOPD，(3)：1~31.

Gort M，Wall R A. 1998. Obsolescence. input augmentation and growth accounting. European Economic Review，(42)：1653~1665.

Greenwood J，Hercowitz Z，Krusell P. 1997. Long—Run implications of investmentspecic technological change. American Economic Review，(87)：342~362.

Gust C J，Marquez J. 2002. International comparisons of productivity growth：the role of information technology and regulatory practices. FRB International Finance Discussion，(6)：727~776.

Hadlock P，Hecker D，Gannon J. 1991. High technology employment another View. Monthly Labor Review，(11)：26~30.

Irani Z. 2002. Information systems evaluation navigating through the problem domain. Information & Management，(40)：11~24.

Jorgenson D W，Stiroh K. 1999. Information technology and growth. American Economic Review. Papers and Proceedings，(89)：109~115.

Kellea P，Akbulut A. 2005. The role of ERP tools in supply chain information sharing，cooperation，and cost optimization. Int. J. Production Economics，(93)：41~52.

Kudyba S，Diwan R. 2002. The impact of information technology on US industry. Japan and the World Economy，(14)：321~333.

Lee S，Gholami R，Tong T. 2005. Time series analysis in the assessment of ICT impact at the aggregate level—lessons and implications forthe new economy. Information and Management，42 (7)：1009~1022.

Love P E D，Irani Z，Edwards D. 2003. Learning to reduce rework in projects analysis of firms learning and quality practices. Project Management Journal，34 (3)：13~25.

Moody G. 1997. Information technology and the economic performance of the grocery store industry. Economics and Statistics Administration Office of Policy Development Office of Business and Industrial Analysis. ESAOPD97—1, 3: 81~130.

Nagalingam S V, Lin G C I. 1997. A unified approach towards CIM justification. Computer Integrated Manufacturing Systems, (2): 133~145.

Nagalingam S V , Lin G C I. 1999. A methodology to select optimal system components for computer integrated manufacturing by evaluating synergy. Computer Integrated Manufacturing Systems, (3): 217~228.

Noh Y H, Yoo K. 2008. Internet, inequality andgrowth. Journal of Policy Modeling, (6): 1005~1016.

Oliner S D, Sichel D E. 2000. The resurgence of growth in the late 1990s is information technology the story. Journal of Economic Perspectives, (14): 3~22.

Peter E D L, Irani Z. 2004. An exploratory study of information technology evaluation and benefits management practices of SMEs in the construction industry. Information & Management, (42): 227~242.

Ravi K, Murugan A, Magid I. 1999. Selecting IT applications in manufacturing: a KBS approach. Omega, (27): 605~616.

Seo H J, Lee Y S, Oh J H. 2009. Does ICT investment widen the growthgap. Telecommunications Policy, 33 (8): 422~431.

Shin N. 2006. The impact of information technology on the financial performance of diversified firms. Decision Support System, (41): 698~707.

Stratopoulos T, Dehning B. 2000. Does successful investment in information technology solve the productivity paradox. Information&Management, (38): 103~117.

Stroh R, Mui C. 1996. Cyberspace: it is the conceptual landscape of information disquisition, groups, products, and services that anyone can access when they log onto an online information service. Telecommunications, (10): 27~30.

Vijay S, William R K. 1994. Development of measures to assess the extent to which an information technology application provides competitive advantage. Management Science, (12): 1601~1627.

Weill P. 1992. The relationship between investment in information technology and firm performance: a study of the valve manufacturing sector. Information Systems Research, (4): 307~333.

附录 1　原始数据的调整及用主成分法计算信息化水平

附表 1-1　原始数据（1998 年）的调整及用主成分法计算信息化水平

行业 指标	O_1	O_2	O_3	O_4	O_5	O_6	O_7	O_8	O_9	O_{10}	O_{11}	主成分计算
H_1	309 096.5	22 628	73 492.6	3 329.1	12 958.24	3 202	4.11	−91.77	601.55	1 715.17	1 191.02	−45.800 96502
H_2	432 288.6	31 421	251 399.8	67 661.7	104 278.32	76	12.46	12 174.20	1 186.41	1 757.15	1 655.66	−22.993 382 2
H_3	7 644.2	1 018	3 878.6	248.2	18 352.98	577	5.2	1 249.26	54.21	121.33	135.92	−54.008 770 47
H_4	36 929.4	2 615	12 319.9	4 561.9	20 163.23	1 416	7.84	2 989.96	111.27	227.42	307.52	−49.553 318 58
H_5	10 496.3	1 875	13 049.5	15 623.8	17 564.99	7 849	6.97	1 156.30	110.74	231.15	287.4	−25.102 633 58
H_6	229 140.8	4 490	43 483.9	211 938.9	33 991.64	11 909	4.37	−1 431.41	681.54	1212.71	3 180.44	−43.503 911 46
H_7	164 011.9	3 138	40 605.2	238 182.8	31 687.07	5 368	6.39	899.08	324.95	633.58	1 119.58	−47.058 774 32
H_8	359 992.7	7 278	63 536.7	913 860.3	47 212.44	3 817	12.49	6 010.01	543.61	904.03	1 489.89	−35.953 051
H_9	1 222 596.1	2 669	43 241.3	556 402.2	303 736.45	352	46.57	4 664.54	886.16	494.96	1 328.59	23.776 158 33
H_{10}	1 366 492.3	19 061	142 213.7	179 882.3	17 599.93	11 276	4.33	−559.33	1 017.3	2 345.53	3 862.9	−35.359 549 87
H_{11}	76 966.8	1 385	16 369.3	148 571.4	22 763	6 788	7.43	1 972.45	481.93	472.45	1 779.1	−45.347 489 69
H_{12}	28 126.6	1035	8 983.3	171 756.1	24 602.4	3 312	7.1	1 909.67	273.25	265.55	1 081.77	−48.540 375 38
H_{13}	57 505	702	9 285.5	39 332.1	22 398.92	2 487	5.97	378.06	112.57	268.07	443.74	−51.846 899 37
H_{14}	22 041.1	292	1 858.1	51 661.7	30 586.68	1 470	8.57	3 950.01	76.66	97.06	266.78	−48.683 663 18
H_{15}	420 447	3 960	73 403.4	348 652.9	24 656.95	4 763	6.15	1 537.00	318.92	804.9	1 124.94	−46.796 984 17
H_{16}	405 728.3	1 214	17 766.4	74 324.6	27 104.69	3 863	9	4 316.93	182.71	340.96	499.83	−45.767 170 69
H_{17}	38 867.1	959	15 888.1	221 136.8	22 973.01	1 785	7.46	3 056.77	141.14	152.85	504.44	−49.508 087 5
H_{18}	2 289 784.8	18 614	151 492.1	482 819.2	67 787.83	1 052	9.67	820.77	528.58	1 391.22	2 363.8	−32.322 944 83
H_{19}	3 360 770.4	34 906	434 042.7	244 0280.7	28 267.42	11 303	5.65	1037.77	1 103.44	3 180.79	4 195.22	−21.771 244 61
H_{20}	318 135.6	16 314	204 541.9	1 252 969.3	41 730.87	3 280	9.6	7 464.92	432.91	608.89	1 264.1	−36.303 941 08

续表

指标\行业	O_1	O_2	O_3	O_4	O_5	O_6	O_7	O_8	O_9	O_{10}	O_{11}	主成分计算
H_{21}	2 032 566.2	6 149	101 056.6	641 490.5	38 359.37	403	4.54	351.14	184.62	796.42	779.46	-46.152 359 45
H_{22}	194 815.5	4 649	49 740.8	486 100.4	26 315.88	1 785	7.15	1 872.30	203.1	353.85	692.28	-46.824 088 49
H_{23}	398 396.2	5 055	100 077.8	515 739.4	32 111.4	6 016	6.85	3 411.63	354.28	651.63	1 345	-43.791 856 73
H_{24}	866 095.5	15 258	188 472.6	729 278.2	19 966.56	14 496	5	-261.13	909.14	2641.28	2 866.14	-36.701 550 28
H_{25}	3 937 500.8	46 548	401 090.9	1 773 849.9	32 909.21	3 260	4.53	1 012.74	982.66	3 279.99	3 868.28	-23.455 996 16
H_{26}	530 985.8	18 331	76 098.8	286 920.3	29 587.7	2 405	4.92	-1 058.58	332.33	1 077.79	1 535.16	-45.459 818 78
H_{27}	286 601.4	8 794	70 559.1	531 117.7	28 685.07	8 132	6.46	1 932.28	504.29	800.87	1 949.12	-42.504 959 23
H_{28}	942 299.2	62 226	358 051.4	3 271 073.4	20 494.57	9 282	5.45	1 080.69	696.94	1 366.27	2 351.69	-25.12 995 833
H_{29}	576 252.3	4 4310	265 025.4	2 309 356.6	19 255.32	6 639	5.1	791.40	485.4	937.55	1 714.73	-34.175 420 74
H_{30}	1 705 903.5	79 527	664 704.4	9 161 771.1	32 006.39	6 779	6.31	2 659.99	1 080.28	2 113.42	4 011.53	-9.033 561 255
H_{31}	1 039 986.5	44 387	555 895.8	6 539 313.4	36 788.89	7 544	7.01	3 558.56	879.57	1 288.34	3 286.15	-20.670 503 75
H_{31}	2 047 837.9	62 960	730 702.4	11 889 710.4	60 463.75	4 166	8.09	11 693.66	1 120.96	1 276.11	4 499.19	-4.219 981 607
H_{33}	198 725.9	14 804	92 570.9	448 593	26 179.42	1 821	5.13	1 393.89	168.47	257.34	663.68	-47.614 212 46
H_{34}	5 058 724.6	30 545	167 275.5	125 522.8	87 120.88	4 994	7.78	15 256.46	1 875.19	8 393.05	4 995.17	-13.683 635 8
H_{35}	64 578.9	1 074	10 430.3	449.1	8 574.58	291	0.48	-3 816.99	14.13	274.5	150.24	-60.804 432 62
H_{36}	126 498.1	1 763	16 078.3	146.1	29 644.44	2 363	3.7	4 159.70	123.86	726.36	259.42	-52.777 608 62

附表 1-2 原始数据（1999 年）的调整及用主成分法计算信息化水平

指标 行业	O_1	O_2	O_3	O_4	O_5	O_6	O_7	O_8	O_9	O_{10}	O_{11}	主成分计算
H_1	346 522.23	21 437	105 515.27	110 827.87	13 560.53	2 795	3.30	−434.40	578.91	1 925.64	1 160.22	−46.819 860 61
H_2	384 089.34	31 853	258 336.07	52 673.98	133 124.31	75	15.13	27 532.75	1 473.82	2 142.73	1 944.15	−13.537 274 13
H_3	7 604.41	1 145	4 690.78	1 600.20	22 507.47	578	5.72	1 820.46	54.34	100.30	138.43	−53.034 496 5
H_4	50 797.75	2 532	13 525.51	13 526.02	24 489.73	1 428	9.22	4 390.86	129.15	234.60	337.38	−47.390 516 57
H_5	20 751.95	1 507	15 701.13	19 475.31	20 161.81	1 817	7.15	1 355.93	121.27	255.61	333.70	−50.671 136 98
H_6	240 564.04	4 393	58 566.91	276 487.70	43 225.37	11 231	5.10	624.10	780.59	1259.36	3 290.97	−41.261 798 47
H_7	244 407.48	4 328	58 749.80	355 158.71	36 517.04	4 963	7.40	3 494.32	353.02	650.89	1 212.79	−44.397 137 56
H_8	690 828.69	7 744	97 187.81	1 191 636.68	56 477.54	3 579	12.52	8 348.51	600.18	1 063.38	1 601.64	−33.354 764 27
H_9	2 072 974.80	2 256	69 895.59	419 488.73	325 289.35	352	44.54	46 343.84	913.99	584.09	1 403.49	26.127 265 52
H_{10}	1 797 207.58	18 614	215 798.57	2 347 679.20	22 404.82	10 981	5.46	773.76	1 144.59	2 433.46	4 250.17	−31.010 396 65
H_{11}	104 474.80	1 979	29 082.27	219 137.3C	25 578.25	6 611	8.32	3122.15	518.41	485.24	1 892.86	−43.430 741 74
H_{12}	27 033.09	943	13 126.95	165 524.28	26 456.55	3 192	6.98	2 311.60	290.58	266.80	1 123.07	−48.383 396 43
H_{13}	82 828.18	923	11 025.00	59 710.96	28 372.92	2 420	6.61	2 049.67	136.16	282.87	523.74	−50.161 219 53
H_{14}	26 555.33	468	7 063.52	61 989.96	31 366.26	1 473	7.12	4 570.56	79.88	107.74	299.83	−48.823 656 44
H_{15}	379 714.65	4 611	64 173.77	476 127.25	30 550.73	4 657	6.56	3 070.02	364.30	868.97	1 255.83	−45.348 190 11
H_{16}	482 315.37	1 591	27 908.50	154 763.63	33 574.29	3 824	9.09	6 509.96	202.81	377.56	555.66	−44.289 561 19
H_{17}	60 946.41	1 171	22 162.70	144 353.69	22 418.99	1 807	7.94	3 246.12	143.65	146.49	531.88	−48.847 241 24
H_{18}	2 563 790.98	15 056	182 454.41	1 530 392.21	84 435.32	988	10.04	3 267.32	604.75	1 752.73	2 808.62	−29.008 330 03
H_{19}	3 910 515.68	41 415	529 453.48	2 882 403.38	33 607.43	11 337	5.73	2 145.34	1 246.80	3 536.28	4 658.14	−16.418 493 48
H_{20}	414 602.36	18 226	227 680.64	1494 548.16	52 814.50	3 272	9.94	10 407.80	527.52	683.72	1 412.87	−33.106 804 71

续表

指标 行业	O_1	O_2	O_3	O_4	O_5	O_6	O_7	O_8	O_9	O_{10}	O_{11}	主成分计算
H_{21}	3 116 880.23	6 031	116 876.95	873 729.41	55 964.44	803	6.34	7 463.40	258.76	934.41	965.98	−38.758 997 68
H_{22}	295 869.67	4 905	51 248.36	603 552.15	29 129.89	1 805	6.64	1 124.31	207.59	385.25	707.65	−48.031 950 74
H_{23}	529 945.70	5 671	97 805.33	604 421.21	35 761.23	6 047	7.12	4 793.23	397.34	727.30	1 557.21	−42.182 887 09
H_{24}	977 227.46	17 263	183 292.11	913 048.98	23 716.51	14 366	5.74	959.43	1 029.30	2 757.44	3 120.02	−34.034 472 85
H_{25}	5 359 092.83	60 356	535 898.36	2044 539.96	39 999.52	3 042	4.66	1 321.91	1 107.74	3 791.39	4 118.64	−14.924 867 72
H_{26}	756 654.61	18 706	128 661.89	610 608.71	38 313.50	2 426	6.37	3 006.13	415.00	1 184.51	1 780.16	−40.691 617 2
H_{27}	413 480.64	8 454	75 621.72	62 0014.45	33 367.31	8 176	6.88	3 294.03	554.02	819.81	2 075.44	−40.860 363 99
H_{28}	1 075 499.59	58 232	429 290.27	3 498 231.15	25 198.60	9 160	5.67	2 099.29	761.90	1 419.12	2 528.72	−23.782 237 78
H_{29}	655 759.84	4 4080	287 427.05	2 890 329.92	24 186.85	6 470	5.42	1 919.55	528.41	955.17	1 839.74	−32.363 329 48
H_{30}	2 223 721.21	87 421	778 959.43	12 001 164.96	38 523.90	6 701	6.86	4 037.59	1222.48	2 306.10	4 610.06	−0.999 535 029
H_{31}	146 986.48	46 252	665 577.66	8 207 398.87	44 942.51	7 624	7.41	6 120.72	1 027.22	1 386.72	3 777.75	−14.786 662 7
H_{32}	4 464 282.58	63 837	1 021 916.60	14 811 546.00	74 170.69	4 289	8.71	16 922.33	1 381.10	1 446.43	5 709.75	10.230 788 1
H_{33}	219 492.52	14 316	101 221.21	689 721.00	31 968.08	1 817	5.89	3 718.33	184.90	259.29	706.01	−45.664 422 87
H_{34}	5 256 423.26	30 493	193 554.00	10 960.55	99 330.43	4 941	6.72	14 020.91	2 214.98	8 939.61	5 672.01	−11.851 592 95
H_{35}	9 172.44	1 695	4 806.35	492.01	23 519.10	295	0.36	−4 377.74	37.54	308.29	186.32	−60.034 736 02
H_{36}	178 266.19	1 860	18 601.64	1 237.40	33 759.44	2 405	3.86	5 805.00	149.92	974.51	310.66	−51.710 839 42

附表 1-3　原始数据 (2000 年) 的调整及用主成分法计算信息化水平

行业＼指标	O_1	O_2	O_3	O_4	O_5	O_6	O_7	O_8	O_9	O_{10}	O_{11}	主成分计算
H_1	424 108. 57	32 389	180 284. 65	219 912. 15	145 60. 32	2 666	3. 99	12. 49	581. 35	1973. 07	1 210. 14	-42. 554 779 25
H_2	817 368.79	29 947	292 342.27	82 899.40	381 368.89	82	38.20	198 265.14	2 202.41	2 697.92	2 906.27	68.606 813 76
H_3	2 756.53	1 038	5 323.03	1 868.49	25 491.53	598	6.55	2 675.57	62.12	105.72	152.38	-51.761 098 92
H_4	13 001.69	3 227	18 910.37	813.96	28 689.93	1 439	10.46	6 330.38	139.35	246.81	374.06	-45.190 598 58
H_5	28 017.15	2 423	17 429.61	19 183.95	22 165.50	1 770	6.21	1 932.07	122.27	325.33	322.23	-51.211 049 76
H_6	369 154.14	6 184	69 710.17	297 429.21	49 600.20	10 676	6.82	4 081.84	832.79	1 228.98	3 467.12	-37.340 858 47
H_7	200 409.57	6 836	73 231.21	446 128.41	45 173.48	4 691	8.90	5 952.37	414.57	646.41	1 349.02	-40.787 233 89
H_8	683 028.71	8 749	155 081.06	921 932.80	60 362.91	3 409	12.68	9 510.40	617.05	1 054.71	1 642.54	-32.034 887 25
H_9	1 740 921.34	3 801	67 713.36	694 290.43	360 370.89	343	44.24	54 906.69	933.00	607.07	1 426.48	29.820 492 75
H_{10}	1 788 532.90	21 413	245 299.90	2 458 857.83	26 280.16	10 968	7.20	2 826.14	1 269.03	2 312.09	4 796.06	-26.495 582 54
H_{11}	82 484.15	3 239	29 185.84	402 923.13	27 372.88	7 064	9.77	3 996.68	590.25	492.75	2 126.63	-40.572 576 38
H_{12}	37 101.00	878	9 955.03	205 780.36	28 618.15	3 164	8.47	3 082.72	322.65	273.34	1 234.49	-46.286 583 9
H_{13}	84 166.50	1 006	11 227.62	172 253.24	31 386.84	2 552	7.95	3 536.57	157.06	305.44	619.14	-47.920 989 64
H_{14}	21 034.90	300	3 121.83	71 495.21	34 975.07	1 498	9.17	5 884.48	94.58	118.39	343.56	-47.175 304 18
H_{15}	486 783.65	6 514	123 254.24	758 835.00	36 275.17	4 672	6.92	5 232.66	411.39	1 070.78	1 498.59	-42.355 898 65
H_{16}	536 548.45	2 064	23 179.36	250 298.90	35 970.09	3 703	9.52	8 450.00	200.79	383.15	586.24	-43.059 243 85
H_{17}	39 821.93	950	13 043.87	152 868.39	23 724.83	1 879	8.19	3 481.58	154.84	151.98	586.33	-48.504 328 76
H_{18}	2 520 941.08	14 655	314 874.98	2 210 364.01	123 345.96	993	9.66	372.55	785.63	1 984.07	4 557.36	-23.787 055 91
H_{19}	2 781 849.25	51 176	711 634.50	3 432 924.73	40 725.82	11 430	6.55	4 917.38	1 411.58	3 722.00	5 405.84	-11.016 861 67
H_{20}	630 486.24	22 480	373 997.81	2020 436.29	63 475.57	3 301	10.76	13 676.87	631.98	747.32	1 622.61	-27.102 031 17

续表

指标 行业	O_1	O_2	O_3	O_4	O_5	O_6	O_7	O_8	O_9	O_{10}	O_{11}	主成分计算
H_{21}	2 246 821.14	9 832	188 246.16	1 282 768.59	68 677.97	834	8.14	14 751.20	294.90	897.73	1 189.23	−33.970 014 25
H_{22}	565 886.54	5 277	65 777.87	679 605.88	32 795.61	1 783	6.85	1 550.07	218.33	385.41	729.59	−46.637 554 06
H_{23}	655 913.86	6 266	103 771.29	735 027.42	41 550.35	6 230	7.65	6 335.93	463.04	760.73	1 794.35	−39.857 858 96
H_{24}	1 032 089.33	21 400	248 278.27	1 172 977.57	27 353.94	14 540	6.66	2 367.06	1 123.35	2 751.33	3 354.11	−30.037 410 59
H_{25}	3 364 906.68	62 158	637 821.93	3 908 375.97	49 500.50	2 997	6.18	6 022.93	1 295.40	3 973.96	4 872.43	−11.550 479 45
H_{26}	825 946.46	24 113	226 698.40	968 975.57	48 354.94	2 538	7.77	5 990.96	511.16	1 198.98	2 081.35	−34.702 342 71
H_{27}	487 291.03	8 688	94 233.60	581 123.23	37 405.78	8 376	7.51	4 397.54	607.64	833.22	2 362.70	−38.796 141 66
H_{28}	1 297 466.20	60 868	465 628.91	3 742 601.89	29 409.77	9 338	6.38	3 384.70	838.24	1 420.96	2 831.23	−20.309 580 44
H_{29}	681 809.07	47 987	360 898.40	2 930 969.79	28 010.97	6 406	5.85	2 935.76	579.23	942.00	1 997.49	−29.45 293 768
H_{30}	2 440 661.81	98 443	995 553.94	15 444 739.58	43 103.69	6 850	7.30	6 342.41	1 319.65	2 379.02	5 213.94	8.426 485 246
H_{31}	1 685 580.96	50 265	853 185.74	8 582 742.57	53 580.26	7 845	8.46	8 501.49	1 227.82	1 405.00	4 513.75	−7.588 594 337
H_{32}	4 319 290.83	78 826	1 686 578.27	22 836 556.93	92 654.04	4 459	10.15	25 248.51	1 818.85	1 559.81	7 341.25	32.749 353 92
H_{33}	197 839.38	14 437	103 408.97	901 212.26	38 001.99	1 860	7.71	6 773.91	213.72	257.63	847.05	−42.291 566 55
H_{34}	5 897 423.23	39 846	278 853.74	24 790.23	99 546.36	4 825	7.18	19 543.17	2 321.66	10 539.11	6 799.27	−4.790 275 421
H_{35}	34 087.54	2 610	8 393.32	1 714.56	21 713.86	300	1.16	−2 306.39	34.64	311.70	233.95	−58.523 165 86
H_{36}	138 482.45	1 917	21 882.65	591.72	33 555.33	2 408	2.71	2 061.62	150.43	876.77	307.15	−53.785 468 23

附表 1-4　原始数据（2001 年）的调整及用主成分法计算信息化水平

指标 行业	O_1	O_2	O_3	O_4	O_5	O_6	O_7	O_8	O_9	O_{10}	O_{11}	主成分计算
H_1	422 726.26	34 637	204 115.15	92 474.75	18 803.03	26.3	5.42	1 125.79	705.71	2 093.06	1 518.33	−39.138 803 49
H_2	2 000 922.22	29 850	288 043.43	65 529.29	340 473.74	90	31.20	164 967.33	2 039.18	3 008.84	2 685.17	52.602 304 03
H_3	9 872.73	892	8 539.39	2 596.97	29 953.54	646	7.64	3 729.69	73.01	112.16	180.34	−50.002 473 93
H_4	130 021.21	3 154	30 890.91	66 288.89	31 730.30	1 310	9.94	6 651.32	143.21	256.29	394.42	−45.123 632 03
H_5	31 879.80	2 146	11 783.84	19 421.21	24 530.30	1 749	6.67	2 689.30	126.69	335.02	347.66	−50.489 126 57
H_6	289 552.53	6 733	84 146.46	501 492.93	57 169.70	10 381	7.68	5 845.87	954.24	1 213.00	3 862.13	−34.581 408 22
H_7	246 330.30	6 292	76 700.00	436 158.59	50 686.87	4 563	9.22	7 423.50	456.43	699.06	1 534.36	−39.509 693 32
H_8	682 252.53	10 086	159 639.39	776 521.21	68 334.34	3 307	12.55	10 965.44	649.05	1 083.49	1 744.66	−30.927 340 21
H_9	1 687 710.10	2 927	72 853.54	740 498.99	446 376.77	320	42.02	72 199.78	1 104.11	629.53	1 774.72	37.419 494 36
H_{10}	1 777 478.79	22 770	287 576.77	2 693 498.99	29 351.52	12 065	6.67	2 791.26	1 401.54	2 418.46	5 261.72	−24.677 738 46
H_{11}	177 237.37	3 528	41 472.73	676 864.65	39 319.19	8 037	10.30	4 289.74	695.07	532.84	2 440.37	−38.223 030 74
H_{12}	55 453.54	1 192	19 368.69	746 042.42	31 149.49	3 539	9.40	3 275.88	395.72	283.74	1 442.33	−43.942 580 83
H_{13}	144 070.71	1 213	43 968.69	150 057.58	37 991.92	2 808	7.65	3 956.55	194.86	341.21	683.56	−46.964 484 96
H_{14}	28 404.04	426	5 792.93	97 100.00	39 818.18	1 625	9.10	6 000.84	118.77	127.03	413.76	−46.631 898 12
H_{15}	886 574.75	6 908	139 065.66	1 040 410.10	42 145.45	5 027	6.94	5 506.15	479.67	1 191.12	1 702.42	−40.139 926 83
H_{16}	710 043.43	2 867	34 807.07	264 638.38	45 081.82	3 691	9.35	9 874.47	246.44	432.79	686.11	−41.456 274 7
H_{17}	44 467.68	786	13 268.69	156 731.31	27 153.54	2 024	8.77	3 875.19	181.69	160.18	650.76	−47.396 246 8
H_{18}	3 217 301.01	14 165	194 380.81	1 893 298.99	150 724.24	1 027	9.94	2 056.18	892.22	2 180.16	4 676.10	−21.965 901 13
H_{19}	4 488 407.07	54 184	753 440.40	4 002 986.87	50 771.72	12 031	6.30	5 066.17	1 617.44	3 925.35	6 094.75	−4.225 832 03
H_{20}	686 974.75	24 306	412 881.82	2 226 679.80	70 852.53	3 488	10.75	16 481.55	729.73	851.12	1 943.83	−24.260 447 44

续表

行业＼指标	O_1	O_2	O_3	O_4	O_5	O_6	O_7	O_8	O_9	O_{10}	O_{11}	主成分计算
H_{21}	2 344 159.60	8 145	206 193.94	1 502 641.41	55 716.16	885	5.10	5 152.68	224.34	757.85	966.96	−40.427 783 3
H_{22}	610 005.05	5 398	78 352.53	688 798.99	40 711.11	1 777	7.79	4 304.11	250.80	447.47	814.16	−44.105 552 6
H_{23}	612 620.20	6 511	133 483.84	907 524.24	46 995.96	6 884	8.27	7 900.21	550.53	862.67	2 061.20	−37.323 437 88
H_{24}	1 227 225.25	21 454	295 410.10	1 007 153.54	31 178.79	14 707	6.77	3 235.51	1 224.12	2 785.51	3 708.18	−27.950 701 66
H_{25}	3 294 853.54	58 981	790 910.10	4 239 370.71	61 986.87	3 176	6.25	8 171.74	1 545.61	4 099.95	5 657.22	−7.555 393 356
H_{26}	1 172 233.33	23 691	253 355.56	1 037 859.60	54 638.38	2 823	6.70	6 359.60	597.15	1 283.71	2 283.45	−33.848 702 92
H_{27}	470 886.87	8 253	108 377.78	698 561.62	43 625.25	9 274	8.27	5 936.33	720.48	914.47	2 662.11	−36.133 172 21
H_{28}	1 264 511.11	61 572	534 098.99	4 434 885.86	36 083.84	10 027	6.79	4 590.93	981.44	1 462.16	3 254.66	−16.77 296 974
H_{29}	641 424.24	43 392	351 023.23	3 198 383.84	34 659.60	6 391	6.33	4 194.76	643.31	955.10	2 180.08	−28.855 231 47
H_{30}	3 618 901.01	102 802	1 331 822.22	19 300 247.47	55 709.09	7 114	8.15	10 175.83	1 650.19	2 554.99	6 283.29	22.361 697 52
H_{31}	1 576 685.86	55 409	1 016 197.98	11 267 705.05	61 731.31	8 675	8.64	10 538.44	1 392.36	1 490.00	5 151.41	−0.661 192 943
H_{32}	5 084 496.97	94 771	1 999 496.97	25 894 560.61	100 273.74	4 824	9.00	22 771.90	2 055.59	1 983.94	8 989.40	44.026 781 32
H_{33}	213 175.76	15 777	123 954.55	861 684.85	29 826.26	2 018	11.09	6 059.28	240.30	272.10	942.66	−38.636 989 42
H_{34}	6 944 209.09	35 456	329 532.32	3 550.51	118 667.68	4 873	7.40	23 324.67	2 723.54	12 263.78	7 790.23	1.916 734 949
H_{35}	34 846.46	1 386	9 187.88	682.83	31 676.77	320	1.74	−521.77	46.61	310.30	254.86	−57.086 950 18
H_{36}	149 792.93	2 508	14 938.38	209.09	36 222.22	2 398	2.57	2 032.97	163.60	996.73	327.36	−53.640 634 59

附表 1-5　原始数据（2002 年）的调整及用主成分法计算信息化水平

指标\行业	O_1	O_2	O_3	O_4	O_5	O_6	O_7	O_8	O_9	O_{10}	O_{11}	主成分计算
H_1	1 159 198.35	33 327	2 770 111.36	117 551.65	25 004.13	2 812	6.61	2 307.36	949.44	2 395.18	202 557	−33.872 751 61
H_2	621 748.97	25 770	295 127.07	81 363.64	3 572 272.73	84	28.21	168 317.77	2 001.08	3 204.27	272.813	47.591 121 44
H_3	15 380.17	1 007	7 666.32	3 439.05	36 132.23	696	7.65	4 428.03	89.10	137.30	222.47	−49.309 064 87
H_4	11 798.55	3 254	24 003.10	13 201.45	36 211.78	1 291	10.53	7 679.39	155.79	263.65	443.47	−44.216 959 87
H_5	56 167.36	2 128	16 892.56	28 131.20	30 224.17	1 711	6.90	3 351.64	147.19	349.26	406.05	−49.527 978 85
H_6	318 202.48	8 550	102 998.97	605 394.63	66 244.83	10 413	7.60	6 865.07	1 149.47	1 299.12	4 665.23	−31.638 110 48
H_7	232 399.79	7 033	90 518.60	530 066.12	58 011.36	4 615	9.33	8 664.83	571.29	788.99	1 887.96	−37.523 884
H_8	775 825.41	9 663	154 377.07	120 817.15	80 559.92	3 287	13.21	13 649.91	733.10	1 143.16	1 934.60	−21.187 921 27
H_9	1 739 371.90	4 289	77 075.41	1 555 330.58	6 051 600.12	287	47.51	94 675.47	1 404.58	628.45	2 060.30	60.432 949 94
H_{10}	2 262 822.31	23 565	345 733.47	3 342 229.34	33 551.65	13 248	7.09	3 949.61	1 620.97	2 613.66	6 238.21	−19.427 605 26
H_{11}	176 248.97	5 416	62 654.96	822 481.40	29 003.10	9 061	10.22	4 322.40	770.74	597.25	2815.60	−36.589 132 03
H_{12}	53 635.33	1 498	264 433.88	445 581.61	33 484.50	3 932	9.78	4 204.21	473.10	317.93	1 732.57	−42.528 660 13
H_{13}	132 017.56	1 077	26 524.79	75 637.40	42 736.57	3 033	7.84	4 810.66	220.99	364.01	796.59	−46.266 190 89
H_{14}	22 539.26	584	5 945.25	103 131.20	42 375.00	1 767	8.95	5 978.85	143.95	152.15	509.09	−46.370 416 85
H_{15}	796 806.82	7 254	143 257.23	1 371 325.41	51 287.19	5 285	8.20	8 826.66	589.75	1 309.88	2 033.12	−36.526 509 49
H_{16}	678 708.68	2 731	39 310.95	176 160.12	52 068.18	3 806	9.78	10 980.64	288.77	473.66	797.12	−40.118 114 43
H_{17}	26 829.55	1 003	17 081.61	160 002.07	27 961.78	2 327	7.40	4 284.77	211.28	193.14	757.90	−48.321 756 79
H_{18}	2 995 133.26	13 618	179 828.51	1 538 656.06	185 695.25	1 144	12.45	9 422.38	1 037.11	2 183.57	5 055.34	−14.548 681 19
H_{19}	5 274 274.79	57 826	880 342.98	5 093 772.73	62 045.45	12 637	7.49	9 295.29	1 924.21	4 269.70	7 205.28	5.373 840 721
H_{20}	650 518.60	34 166	579 025.83	2 668 282.02	81 729.34	3 681	11.05	19 723.15	862.24	1 011.22	2 355.35	−17.561 164 19

续表

指标 行业	O_1	O_2	O_3	O_4	O_5	O_6	O_7	O_8	O_9	O_{10}	O_{11}	主成分计算
H_{21}	1 971 864.67	7 400	160 341.94	1 579 038.22	68 154.96	909	5.70	7 978.61	257.15	788.74	1122.47	−39.409 024 38
H_{22}	647 351.24	5 741	105 940.08	940 267.56	48 682.85	1 822	8.67	6 717.92	302.22	470.66	993.64	−41.182 481 15
H_{23}	594 628.10	7 011	123 943.18	937 711.78	51 576.45	7 665	8.65	8 959.94	668.22	937.06	2 449.92	−35.294 391 41
H_{24}	1 178 298.55	20 381	304 079.55	934 219.01	36 325.41	15 305	7.18	4 123.58	1 410.29	2 968.72	4 366.34	−25.741 836 41
H_{25}	3 300 095.04	65 559	1 071 891.53	6 485 416.32	77 686.98	3 333	8.12	12 725.71	1 858.98	4 431.91	6 685.44	4.288 592 718
H_{26}	1 239 713.84	23 881	245 883.26	1 498 790.29	63 204.55	2 942	6.83	8 244.03	646.84	1 406.32	2 631.53	−31.828 030 98
H_{27}	388 006.20	9 223	106 101.24	845 632.23	49 939.05	10 039	8.69	7 319.62	869.04	965.80	3 185.56	−33.511 773 69
H_{28}	1 337 526.86	59 434	615 805.79	6 189 714.88	45 047.52	10 767	8.00	7 480.12	1 191.15	1 578.39	4 124.39	−10.808 816 85
H_{29}	659 362.60	42 332	424 515.50	3 979 957.64	45 341.94	6 546	7.39	7 205.99	807.59	997.25	2 717.48	−24.173 087 53
H_{30}	3 638 255.17	103 817	1 834 912.19	25 882 349.17	75 800.62	7 470	10.15	17 086.01	2 249.14	2 767.68	8 295.50	41.040 515 91
H_{31}	1 716 884.30	58 493	1 199 215.91	1 365 757 556.82	68 504.13	9 385	8.92	12 321.61	1 637.12	1 594.93	5 939.23	6.688 414 391
H_{32}	5 354 744.83	91 610	2 374 376.03	31 054 145.66	113 519.63	5 320	7.62	21 118.20	2 604.26	2 366.48	11 319.47	54.319 280 26
H_{33}	2 024 909.99	15 662	132 102.27	1 405 814.05	48 490.70	2 146	10.38	9 514.32	277.42	297.05	1 125.06	−36.252 051 96
H_{34}	7 928 369.83	40 151	300 493.80	49 875.00	140 209.71	4 946	7.54	25 523.72	3 270.39	13 956.14	9 254.20	9.319 206 213
H_{35}	35 482.44	1 476	13 135.33	1 993.80	37 291.32	329	1.90	−737.40	54.86	352.76	333.48	−56.457 169 57
H_{36}	178 376.03	2 243	18 088.84	288.22	38 914.26	2 420	2.23	1 078.80	176.63	1 134.80	366.36	−53.941 180 7

附表 1-6　原始数据（2003 年）的调整及用主成分法计算信息化水平

行业\指标	O_1	O_2	O_3	O_4	O_5	O_6	O_7	O_8	O_9	O_{10}	O_{11}	主成分计算
H_1	963 235.12	38 537	352 469.22	425 051.46	30 867.81	3 139	7.67	3 753.11	1 162.50	2 623.05	2 497.17	−28.970 995 92
H_2	676 582.24	33 483	338 188.70	188 196.77	331 597.38	112	33.08	169 586.27	2 409.91	3 392.09	3 402.69	56.006 423 87
H_3	10 581.23	1 385	9 693.24	736.63	53 867.81	913	11.79	9 652.41	147.52	163.39	357.14	−42.160 713 74
H_4	18 722.50	3 303	27 944.50	37 658.93	43 327.95	1 276	13.47	12 825.12	179.26	263.23	555.33	−39.263 895 14
H_5	50 669.02	1 467	32 095.86	15 248.23	36 034.31	1 827	8.53	5 212.45	164.36	328.03	463.04	−46.885 123 5
H_6	229 828.46	8 574	116 806.26	541 845.61	81 454.09	11 192	8.31	9 619.22	1 479.74	1 424.57	5 904.27	−26.659 252 61
H_7	278 913.22	9 664	122 257.32	926 542.89	66 601.41	4 636	10.26	11 290.89	673.15	809.18	2 188.05	−33.497 590 88
H_8	847 773.97	10 472	210 598.39	1 173 768.92	90 247.23	3 194	13.53	16 898.15	803.20	1 160.24	2 136.46	−25.125 606 24
H_9	1 439 969.73	4 749	113 796.17	1 606 746.72	748 125.13	255	49.98	131 042.72	1 587.77	607.92	2 237.64	80.756 840 42
H_{10}	2 067 560.04	25 814	413 383.45	4 530 600.40	38 544.90	14 863	7.43	5 017.51	1 924.02	2 875.90	7 563.58	−13.984 986 52
H_{11}	255 885.97	4 202	102 765.89	739 703.33	31 980.83	9 717	10.59	4 625.82	924.86	643.08	3 268.84	−34.440 848 91
H_{12}	71 560.04	3 040	43 440.97	691 422.81	36 082.74	4 518	11.15	4 873.03	596.72	363.34	2 158.62	−38.974 718 72
H_{13}	93 542.89	1 497	30 394.55	147 583.25	42 011.10	3 501	8.38	5 308.63	268.13	382.58	953.86	45.024 925 69
H_{14}	42 209.89	462	6 792.13	122 408.68	42 546.92	2 046	8.73	6 721.01	184.62	188.14	700.13	−45.958 092 53
H_{15}	1 349 687.18	7 542	189 337.03	1 666 824.42	60 341.07	5 570	8.51	10 365.34	687.61	1 428.99	2 454.47	−32.716 021 66
H_{16}	678 231.08	3 346	41 707.37	235 732.59	56 805.25	4 084	9.90	12 545.16	337.50	532.42	989.21	−38.688 330 59
H_{17}	46 153.38	1 664	22 145.31	220 806.26	28 942.48	2 516	8.38	4 220.91	252.20	206.33	925.60	−46.583 172 32
H_{18}	1 768 137.24	14 187	211 258.32	1 272 630.68	217 757.82	1 323	14.99	20 873.41	1 299.14	2 142.99	6 399.40	−7.084 548 334
H_{19}	5 278 974.77	59 199	1 200 037.34	5 341 011.10	79 891.02	13 803	9.45	15 318.87	2 487.27	4 454.53	9 098.86	17.939 090 74
H_{20}	826 659.94	29 424	646 262.36	3 340 838.55	89 609.49	4 063	11.44	22 703.46	1 034.05	1 167.06	2 775.66	−14.412 814 74

续表

指标\行业	O_1	O_2	O_3	O_4	O_5	O_6	O_7	O_8	O_9	O_{10}	O_{11}	主成分计算
H_{21}	1 137 694.25	7 518	222 693.24	1 524 272.45	87 054.49	937	8.11	17 103.08	297.93	769.31	1 425.92	−34.226 230 58
H_{22}	613 490.41	6 453	125 037.34	1 265 464.18	59 980.83	2 016	9.18	9 390.43	373.31	477.74	1 225.24	−38.295 368 85
H_{23}	737 630.68	7 363	168 781.03	1 100 679.11	54 652.88	8 382	8.37	9 376.85	770.13	1 030.23	2 981.80	−30.257 910 6
H_{24}	1 322 269.42	22 696	349 315.84	1 354 923.31	44 544.90	16 245	9.01	7 393.53	1 764.96	3 131.02	5 362.64	−18.392 857 06
H_{25}	5 109 261.35	72 179	1 553 780.02	8 803 724.52	111 355.20	4 119	10.84	24 035.24	2 849.66	4 851.08	10 327.88	30.549 122 33
H_{26}	2 136 341.07	24 132	356 301.72	1 922 292.63	85 397.58	3 367	8.47	14 645.88	910.32	1 522.09	3 567.03	−22.086 895 04
H_{27}	266 177.60	12 060	192 204.84	1 112 644.80	57 217.96	9 746	9.62	9 924.05	979.82	945.10	3 737.52	−29.238 92 068
H_{28}	1 402 259.33	61 947	819 659.94	7 774 684.16	56 609.49	12 546	8.87	10 665.32	1 604.83	1 702.92	5 467.64	−1.222 169 097
H_{29}	871 942.48	55 782	686 420.79	6 014 076.69	49 551.97	7 129	7.34	8 525.42	1 017.35	1 268.27	3 698.93	−14.490 283 29
H_{30}	3 661 734.61	111 607	2 205 971.75	36 824 497.48	93 762.87	8 281	11.88	25 149.85	2 923.28	2 962.64	11 128.73	63.750 425 68
H_{31}	1 691 354.19	68 145	1 465 244.20	15 170 897.07	77 016.15	10 400	9.20	14 253.20	2 041.86	1 693.20	7 555.04	17.094 266 75
H_{32}	6 166 032.29	107 896	3 103 276.49	40 290 686.18	128 505.55	5 856	7.71	22 774.63	3 514.13	2 714.75	16 020.45	82.088 339 02
H_{33}	367 859.74	15 677	189 428.86	1 519 780.02	62 405.65	2 515	9.34	12 176.01	449.07	368.18	1 621.86	−34.129 731 25
H_{34}	6 280 009.08	30 374	285 395.56	62 152.37	152 631.69	4 998	7.62	29 596.51	3 638.88	16 158.52	11 214.17	8.569 340 967
H_{35}	42 912.21	1 789	14 462.16	5 646.82	51 833.50	352	3.14	4 450.42	76.02	399.30	395.55	−52.856 840 42
H_{36}	248 608.48	2 413	19 466.20	1 818.37	41 600.40	2 406	2.12	329.31	192.47	1 255.44	412.22	−53.786 662 1

附表1-7 原始数据（2004年）的调整及用主成分法计算信息化水平

指标 行业	O_1	O_2	O_3	O_4	O_5	O_6	O_7	O_8	O_9	O_{10}	O_{11}	主成分计算
H_1	1 232 366.32	43 760	528 265.46	1 047 506.18	49 514.85	3 624	11.86	7 522.78	1 922.12	2 738.60	3 670.87	-14.406 893 17
H_2	678 575.64	39 627	451 359.66	282 186.49	450 420.18	125	44.50	222 296.38	3 426.35	3 492.26	4 083.64	94.421 427 96
H_3	16 885.82	3 241	32 065.65	1 924.83	93 177.17	1 050	27.29	28 228.60	272.45	164.52	561.58	-17.877 312 11
H_4	17 203.62	2 511	35 257.85	34 251.19	72 638.76	1 281	23.76	26 676.82	287.94	249.67	704.68	-23.052 361 52
H_5	32 527.12	1 286	26 333.97	22 527.12	46 380.21	1 984	10.83	7 100.50	210.94	328.51	564.79	-43.189 646 36
H_6	286 811.61	7 683	126 015.22	647 689.82	104 992.23	12 244	9.70	11 662.26	2 003.99	1 520.26	7 431.94	-19.301 701 03
H_7	452 380.59	6 614	144 323.50	1 073 403.43	81 635.49	4 950	11.05	11 794.69	873.17	878.56	2 558.48	-30.388 825 43
H_8	647 812.56	8 031	259 916.27	1 443 078.97	104 735.94	3 332	14.64	18 195.11	932.78	1 145.05	2 316.47	-22.292 775 09
H_9	1 494 669.84	4 059	161 905.80	2 645 011.42	857 004.24	223	58.45	175 143.06	1 728.58	588.82	2 448.82	108.049 509 8
H_{10}	2 241 071.36	20 325	522 422.45	5 619 856.33	47 164.03	17 144	8.08	5 128.68	2 448.57	3 000.36	8 893.24	-7.674 807 307
H_{11}	282 179.83	5 291	114 904.85	1 751 486.20	34 706.58	10 901	11.08	4 531.29	1 111.51	704.81	3 691.54	-31.151 274 3
H_{12}	56 338.73	1 988	44 555.66	953 362.23	40 165.16	4 885	12.01	5 178.97	730.60	390.69	2 452.12	-36.885 570 19
H_{13}	153 674.60	1 395	44 269.27	433 391.44	52 808.48	4 181	10.88	7 185.02	369.45	405.54	1 156.77	-40.049 994 25
H_{14}	33 682.21	910	26 435.78	543 353.95	51 172.18	2 323	9.81	7 184.27	270.14	221.78	858.37	-43.047 200 27
H_{15}	1 191 857.28	7 971	228 319.70	2 223 346.34	73 672.99	6 086	9.02	11 370.46	869.56	1 499.04	2 843.46	-29.261 184 91
H_{16}	705 681.26	2 087	37 559.47	283 381.54	61 373.36	4 354	9.99	12 419.04	379.41	564.95	1 082.39	-38.223 376 09
H_{17}	46 403.43	2 316	52 020.93	343 079.92	31 937.66	2 761	8.87	4 339.92	299.54	222.27	1 062.75	-44.932 730 31
H_{18}	2 276 380.59	13 331	322 153.19	1 603 310.18	247 924.18	1 536	19.31	40 561.67	1 555.23	2 165.04	8 219.36	8.587 117 193
H_{19}	4 451 299.71	49 043	1 475 078.02	8 765 331.11	103 340.18	15 172	13.30	25 809.73	3 262.04	4 498.01	11 401.66	32.593 224 6
H_{20}	1 003 670.79	30 277	583 920.08	3 988 275.93	102 547.48	4 397	11.75	22 444.08	1 215.29	1 306.52	3 057.09	-11.917 290 51

续表

行业＼指标	O_1	O_2	O_3	O_4	O_5	O_6	O_7	O_8	O_9	O_{10}	O_{11}	主成分计算
H_{21}	786 411.04	6 900	205 084.68	1 927 232.16	96 028.34	1 053	7.86	15 508.52	371.34	836.73	1 793.54	-34.357 261 61
H_{22}	1 162 806.85	6 385	213 630.83	2 331 529.02	70 935.13	2 245	10.00	10 567.04	459.23	510.14	1 473.45	-33.238 125 34
H_{23}	859 076.12	6 244	194 342.53	1 649 501.43	63 616.59	9 473	8.24	8 856.47	968.24	1 116.03	3 502.50	-30.697 817 63
H_{24}	1 504 035.20	17 953	338 533.78	2 121 117.03	53 241.37	17 980	10.63	9 153.50	2 167.94	3 423.60	6 590.75	-12.712 474 58
H_{25}	5 066 993.34	68 193	2 151 522.36	16 730 190.29	156 539.06	4 947	14.02	37 817.66	4 091.77	5 166.74	15 135.23	59.456 260 85
H_{26}	1 387 186.49	25 710	507 154.14	2 758 383.44	116 558.54	3 830	11.53	22 859.93	1 347.18	1 724.74	5 113.94	-10.853 679 57
H_{27}	534 700.29	11 038	232 003.81	1 602 525.21	66 159.26	11 225	11.21	11 897.04	1 267.55	1 037.44	4 779.45	-22.921 106 39
H_{28}	1 448 946.72	64 875	988 498.57	10 848 790.68	70 310.73	14 900	10.30	13 096.82	2 168.10	1 812.28	7 072.69	10.640 076 58
H_{29}	860 039.01	49 050	723 656.52	6 717 526.17	61 187.52	8 135	8.11	9 865.98	1 279.61	1 307.91	4 290.98	-11.381 689 94
H_{30}	4 673 874.41	102 648	2 411 343.48	42 312 192.20	97 731.73	9 389	11.11	22 426.54	3 200.52	3 158.18	12 628.09	70.943 356 01
H_{31}	1 571 031.40	59 825	1 704 784.02	20 026 107.52	89 191.56	11 760	10.25	15 517.99	2 662.99	1 830.67	9 567.70	27.468 005 73
H_{32}	9 199 904.85	116 287	3 443 844.91	49 946 482.40	131 343.05	6 638	8.32	23 454.97	4 378.98	3 330.81	20 421.67	108.022 092
H_{33}	313 164.61	13 037	206 430.07	2 394 156.99	71 559.21	2 788	8.99	11 957.51	560.52	386.86	2 003.55	-33.047 105 39
H_{34}	8 660 077.07	33 155	379 493.82	224 220.74	185 418.29	4 971	7.94	28 159.72	4 436.69	16 568.60	12 904.74	21.612 489 92
H_{35}	98 568.98	1 305	29 670.79	8 812.56	68 901.48	382	3.55	5 686.52	99.84	411.78	444.77	-50.793 360 38
H_{36}	246 923.88	2 458	27 750.71	1 487.16	46 292.55	2 416	2.23	1 041.73	215.21	1 278.33	445.09	-53.011 200 8

附录 1　原始数据的调整及用主成分法计算信息化水平 \175

附表 1-8　原始数据（2005 年）的调整及用主成分法计算信息化水平

指标 行业	O_1	O_2	O_3	O_4	O_5	O_6	O_7	O_8	O_9	O_{10}	O_{11}	主成分计算
H_1	1 605 237.53	50 105	635 026.29	1 824 471.44	60 084.45	5 787	13.64	11 670.52	2 618.54	2 991.38	5 104.58	-2.368 747 064
H_2	5 622 846.78	38 067	454 301.90	712 643.70	509 981.81	174	55.32	313 342.67	4 364.42	3 839.82	5 689.67	144.558 599 3
H_3	17 845.87	1 870	11 897.55	219.40	95 263.05	2 087	19.65	30 669.56	386.67	286.86	870.43	-24.650 844 3
H_4	25 982.77	2 733	40 072.53	86 386.22	92 588.96	1 529	28.45	45 369.89	387.67	277.72	1 014.19	-11.798 736 81
H_5	20 653.67	1 423	28 508.61	59 038.08	59 198.21	2 242	17.79	12 436.46	254.32	237.04	670.65	-33.443 282 61
H_6	318 596.55	9 684	200 614.69	1 212 805.98	111 864.19	14 575	12.24	16 242.54	2 489.54	1 754.78	9 433.87	-8.954 891 122
H_7	423 176.79	9 401	175 067.09	1 159 560.02	87 524.40	5 553	12.38	15 448.17	1 059.22	998.38	3 352.22	-25.206 255 37
H_8	857 317.32	12 841	545 980.05	1 476 524.66	118 647.81	3 519	16.40	22 559.52	1 055.97	1 142.67	2 738.61	-13.338 800 16
H_9	1 819 133.27	4 471	149 081.60	2 997 346.78	949 478.73	190	57.68	187 380.08	1 867.62	573.57	2 612.24	117.185 073 8
H_{10}	2 499 508.61	28 844	602 900.27	6 219 143.25	49 709.21	22 569	9.26	6 706.21	2 937.62	3 359.87	11 249.50	3.699 789 542
H_{11}	487 248.41	5 087	132 105.17	1 990 311.88	37 197.92	11 865	11.76	5 401.04	1 287.27	770.04	4 396.50	-27.710 081 22
H_{12}	132 402.54	2 891	57 199.46	1 078 190.48	37 414.45	6 227	12.79	5 487.09	856.19	446.55	3 073.48	-34.053 861 96
H_{13}	71 534.90	2 487	57 725.29	587 324.75	55 580.83	5 397	12.15	8 968.26	463.16	472.70	1 606.33	-36.606 372 23
H_{14}	72 883.05	1 157	24 390.75	542 789.66	48 958.92	3 074	10.40	7 872.96	348.93	271.89	1 267.77	-41.340 618 54
H_{15}	1 959 046.24	8 974	229 769.72	1 215 255.67	79 863.78	7 461	9.09	13 517.77	1 039.35	1 866.71	3 683.87	-25.343 557 48
H_{16}	931 424.30	2 815	49 503.17	443 102.45	62 753.17	4 826	9.66	12 628.96	419.82	625.10	1 276.84	-37.119 490 82
H_{17}	125 732.55	2 636	49 453.31	450 237.53	31 352.64	3 378	8.93	4 332.45	344.25	262.41	1 317.68	-44.007 015 24
H_{18}	1 709 937.44	14 826	366 421.58	4 385 225.75	241 477.30	1 990	8.53	-14 533.92	1 796.59	2 488.74	10 776.95	-10.553 224 91
H_{19}	6 132 822.30	63 069	1 820 383.50	9 463 561.20	117 115.07	18 716	11.93	26 427.63	3 981.80	5 186.66	14 538.44	49.333 910 99
H_{20}	1 155 919.31	36 023	763 147.78	4 640 997.28	112 357.80	4 971	11.63	24 839.46	1 386.94	1 488.36	3 629.32	-5.752 593 417

续表

行业\指标	O_1	O_2	O_3	O_4	O_5	O_6	O_7	O_8	O_9	O_{10}	O_{11}	主成分计算
H_{21}	1 310 451.50	8 024	245 270.17	3 908 416.14	103 211.57	1 306	5.65	9 825.42	439.99	969.08	2 324.82	−33.754 710 12
H_{22}	1 118 277.43	8 131	223 513.15	3 283 489.57	67 775.52	3 034	10.39	11 974.78	539.76	619.94	1 939.54	−30.683 320 01
H_{23}	902 029.01	7 979	213 429.74	1 733 514.05	62 923.60	12 041	8.87	10 674.33	1 153.26	1 336.45	4 489.93	−26.407 663 41
H_{24}	1 452 435.18	25 079	449 681.78	2 797 746.15	60 875.98	20 111	9.55	9 113.23	2 545.71	3 884.86	8 128.89	−6.732 612 32
H_{25}	6 066 383.50	81 545	2 707 156.84	20 104 835.00	182 178.28	6 649	11.31	33 662.41	5 237.44	6 062.96	19 071.57	78.542 896 6
H_{26}	1 737 531.28	29 731	656 974.61	5 857 342.70	133 811.84	5 163	12.33	29 598.58	1 749.46	2 100.72	7 059.70	1.413 528 704
H_{27}	606 417.04	15 047	313 592.93	2 148 029.92	68 774.33	13 802	11.44	12 762.02	1 535.25	1 193.13	5 839.47	−17.173 309 63
H_{28}	2 112 624.66	76 098	1 287 815.96	13 721 036.26	75 746.23	19 981	10.85	15 962.83	2 689.90	2 073.35	9 367.01	26.767 069 68
H_{29}	1 043 906.62	58 478	884 921.12	7 799 348.14	69 331.62	10 260	8.96	13 385.49	1 524.53	1 408.28	5 344.10	−1.765 007 054
H_{30}	6 112 172.26	133 330	3 655 523.12	47 800 503.17	98 547.66	11 315	9.10	17 082.96	3 472.82	3 520.01	14 158.40	96.160 106 6
H_{31}	1 953 667.27	74 269	2 008 135.99	23 818 646.42	88 243.01	15 366	9.90	15 805.39	3 240.37	2 103.52	12 298.18	42.560 041 59
H_{32}	8 410 561.20	152 818	4 256 870.35	53 464 426.11	118 000.40	8 868	7.42	18 388.28	5 187.77	3 877.72	23 938.02	129.172 653 6
H_{33}	375 588.40	19 152	275 071.62	2 512 717.14	74 957.54	3 723	10.44	15 779.94	664.72	454.13	2 481.20	−27.043 814 07
H_{34}	10 880 830.46	33 588	478 997.28	110 720.76	205 218.50	5 527	7.57	41 537.82	5 185.67	19 861.43	16 088.88	36.403 180 21
H_{35}	54 694.47	1 637	12 417.95	389.85	82 182.14	484	3.58	10 275.82	121.96	489.68	468.95	−48.971 885 17
H_{36}	211 306.44	1 914	26 580.24	633.73	51 399.27	2 492	1.83	−286.82	237.21	1 424.07	509.40	−53.460 146 62

附表 1-9　原始数据（2006 年）的调整及用主成分法计算信息化水平

行业\指标	O_1	O_2	O_3	O_4	O_5	O_6	O_7	O_8	O_9	O_{10}	O_{11}	主成分计算
H_1	2 453 367.08	59 808	843 071.30	2 485 962.15	68 106.11	6 797	13.29	13 110.25	3 157.81	3 674.67	6 256.25	7.865 342 642
H_2	772 874.12	40 115	495 661.09	193 848.59	564 657.36	175	57.65	344 465.27	5 269.95	4 365.56	6 768.08	153.083 782 3
H_3	33 586.27	2 402	22 627.64	252 65.85	114 356.89	2 495	20.16	33 535.10	517.69	357.79	1 191.38	−21.061 065 27
H_4	22 403.17	3 872	53 219.19	297 558.10	131 638.15	1 862	32.05	69 078.12	596.45	341.27	1 442.08	1.542 292 132
H_5	91 278.17	1 900	23 323.06	46 785.21	75 305.91	2 601	18.22	15 729.56	332.85	289.96	886.47	−30.440 382 39
H_6	493 415.49	13 571	260 395.25	1 828 696.30	128 835.83	16 356	13.63	20 850.06	3 074.02	2 024.01	11 199.24	1.375 942 64
H_7	428 739.44	10 840	192 721.83	1 946 970.95	100 803.35	6 056	13.79	18 766.01	1 291.59	1 121.29	4 060.66	−19.396 625 24
H_8	1 385 339.79	12 372	514 270.25	2 483 890.85	137 307.15	3 914	17.65	28 663.06	1 266.80	1 226.86	3 367.21	−6.699 313 497
H_9	2 474 067.78	4 583	185 989.44	2 046 937.50	103 128.78	179	61.17	215 912.38	2 094.84	573.64	2 829.16	138.858 227
H_{10}	2 806 397.89	29 697	685 094.19	6 906 672.54	56 684.72	25 345	10.04	8 066.19	3 488.55	3 669.67	13 215.63	12.300 235 98
H_{11}	427 331.87	6 436	188 841.55	1 658 373.24	42 751.84	13 072	12.47	6 373.69	1 614.18	879.36	5 269.40	−23.310 286 79
H_{12}	249 054.58	3 162	85 038.73	1 189 220.07	42 032.62	6 859	14.55	6 399.90	1 032.45	488.56	3 576.14	29.674 689 1
H_{13}	373 328.35	2 683	66 191.90	610 692.78	65 869.32	6 374	13.65	11 276.87	603.49	533.63	2 077.77	−31.801 192 95
H_{14}	122 880.28	1 500	42 382.04	763 957.75	52 637.27	3 603	11.44	9 037.07	441.10	347.46	1 614.47	−38.393 435 93
H_{15}	2 537 261.44	11 313	385 088.03	3 259 536.97	90 558.56	7 892	10.22	17 149.72	1 220.46	2 046.58	4 359.46	−16.731 613 79
H_{16}	1 086 417.25	3 151	56 416.37	577 036.97	71 188.33	5 029	10.52	14 765.81	490.99	659.20	1 465.65	−34.157 487 86
H_{17}	212 441.02	2 989	64 083.63	535 452.46	35 782.32	3 633	9.41	4 419.88	409.28	283.36	1 517.68	−42.225 494 33
H_{18}	2 756 888.20	18 312	421 404.05	5 160 401.41	265 291.61	2 160	6.20	−35 793.61	2 037.17	2 755.80	220.65	−9.205 627 235
H_{19}	5 942 354.75	69 689	2 071 442.78	11 000 771.13	132 831.80	20 715	11.43	28 012.88	4 752.46	6 181.79	619.72	61.223 956 28
H_{20}	1 370 587.15	42 241	891 760.56	5 324 704.23	122 169.83	5 368	11.59	25 172.62	1 591.63	1 618.59	4 193.86	−0.143 838 838
H_{21}	1 502 124.12	9 036	335 874.12	3 757 379.40	122 543.73	1 402	6.53	14 131.16	531.84	1 012.32	2 774.41	−28.470 543 1
H_{22}	1 399 727.99	9 740	397 274.65	3 187 736.80	76 621.16	3 353	9.99	12 284.72	629.37	704.46	2 353.02	−27.089 188 39
H_{23}	1 521 209.51	10 006	255 596.83	2 091 530.81	72 940.00	13 504	9.72	11 857.86	1 469.08	1 452.50	5 496.71	−19.613 074 13
H_{24}	2 285 942.78	26 918	517 995.60	3 657 059.86	75 482.21	21 936	11.21	12 770.78	3 218.49	4 295.97	10 077.28	5.111 742 592
H_{25}	7 914 950.70	91 936	3 196 250.88	24 723 575.70	208 215.62	6 999	11.61	40 641.65	6 165.89	7 429.23	22 113.92	102.155 454 8
H_{26}	1 733 914.61	34 474	1 104 679.58	10 213 229.75	205 755.07	5 863	17.24	56 465.55	2 815.14	2 424.98	11 187.44	33.566 114 53
H_{27}	712 726.23	16 757	370 593.31	2 705 474.47	78 927.50	15 573	11.97	13 984.66	1 959.45	1 376.32	7 348.54	−10.483 833 31

续表

指标\行业	O_1	O_2	O_3	O_4	O_5	O_6	O_7	O_8	O_9	O_{10}	O_{11}	主成分计算
H_{28}	2 274 225.35	84 609	1 653 472.71	16 595 316.90	88 303.82	22 905	12.03	19 475.02	3 344.42	2 403.54	11 841.15	43.145 025 1
H_{29}	1 517 151.41	66 493	1 188 550.18	10 109 216.55	86 146.81	11 615	10.40	17 956.02	2 021.43	1 617.01	6 799.95	12.783 084 28
H_{30}	6 301 003.52	146 031	4 121 030.81	63 453 099.47	115 937.60	12 586	10.42	23 564.19	4 342.79	4 136.96	17 554.54	124.796 742 1
H_{31}	3 237 379.40	100 536	2 495 895.25	27 123 732.39	100 626.41	16 905	10.93	18 342.14	4 065.11	2 365.14	15 648.73	67.129 429 25
H_{32}	14 136 296.65	168 700	4 800 869.72	63 566 762.32	123 471.59	9 709	8.34	19 827.30	6 236.18	4 334.42	28 488.33	165.856 123 6
H_{33}	656 727.11	21 228	351 016.73	3 285 548.42	86 240.88	4 084	11.60	18 115.27	852.06	507.05	3 055.93	-20.947 117 35
H_{34}	11 133 786.97	37 916	578 285.21	257 423.42	234 838.95	5 731	8.45	57 392.42	6 084.91	22 988.44	18 942.03	51.098 634 57
H_{35}	218 722.71	1 146	7 449.82	88.03	116 065.20	526	4.82	180 59.70	168.76	563.30	644.87	-43.329 783 95
H_{36}	452 176.94	2 239	18 639.08	518.49	60 228.39	2 476	2.82	4 632.66	277.41	1 632.56	612.57	-50.097 301 35

附表 1-10　原始数据（2007 年）的调整及用主成分法计算信息化水平

指标/行业	O_1	O_2	O_3	O_4	O_5	O_6	O_7	O_8	O_9	O_{10}	O_{11}	主成分计算
H_1	2 170 717.42	73 034	1 106 621.09	3 048 421.69	86 491.61	7 537	14.67	18 825.34	4 010.53	4 230.42	7 706.84	22.072 356 99
H_2	930 956.11	38 438	593 566.18	219 189.33	607 568.27	184	46.50	332 980.86	5 508.82	4 611.30	7 054.62	143.551 251 6
H_3	23 522.03	2 630	42 328.78	60 863.54	161 406.42	2 899	26.89	60 655.57	793.15	463.12	1 774.39	-2.994 474 79
H_4	27 674.12	4 205	75 598.80	310 555.34	150 823.27	2 183	31.83	66 340.42	831.19	419.44	1 904.33	3.688 964 788
H_5	97 735.95	2 621	45 528.78	149 701.62	94 746.45	3 004	21.46	19 960.79	441.71	313.54	1 140.98	-23.608 126 45
H_6	609 376.52	15 957	380 558.16	3 161 300.09	149 717.43	18 140	16.08	28 817.65	3 964.52	2 340.98	14 632.60	17.188 475 01
H_7	528 452.01	14 560	292 207.60	2 466 261.23	117 730.74	6 644	15.84	24 931.68	1 589.72	1 254.87	5 055.58	-10.170 443 49
H_8	1 567 876.60	15 381	597 684.63	3 298 505.81	159 234.90	4 422	19.19	37 654.35	1 608.59	1 349.29	4 238.22	2.997 957 405
H_9	2 137 691.72	5 741	248 914.09	4 536 277.03	1 339 380.73	150	69.91	279 158.11	2 492.59	542.64	3 238.02	180.500 657 2
H_{10}	3 121 157.30	33 956	862 661.14	7 837 916.48	67 006.44	27 914	11.21	10 443.44	4 196.35	4 004.71	15 646.57	24.597 533 94
H_{11}	663 106.83	8 360	222 338.34	2 471 721.18	46 701.71	14 770	14.14	7 363.25	1 934.34	1 025.78	6 323.15	-16.488 679 06
H_{12}	238 697.95	4 381	116 506.92	1 671 828.95	49 194.88	7 452	16.47	8 492.52	1 264.21	549.21	4 301.52	-24.058 271 2
H_{13}	181 066.87	2 722	87 946.63	741 421.35	82 862.85	7 852	17.17	15 519.14	879.84	625.32	2 930.83	-23.730 559 35
H_{14}	105 869.43	2 586	59 740.48	995 213.92	60 494.44	4 110	11.61	10 191.53	552.31	421.70	2 023.77	-35.945 736 54
H_{15}	2 524 247.91	12 048	411 798.80	3 868 511.19	107 629.36	8 376	11.97	23 540.08	1 488.51	2 196.32	5 316.98	-9.499 473 469
H_{16}	1 257 367.46	3 591	98 134.67	711 327.33	81 638.11	5 083	11.71	18 391.41	590.90	693.95	1 766.78	-29.828 473 59
H_{17}	234 379.85	3 752	64 433.73	592 395.90	39 690.47	4 087	9.85	5 247.50	473.59	313.97	1 748.86	-40.451 377 85
H_{18}	3 947 377.11	15 698	462 594.02	7 501 628.69	327 967.63	2 149	13.53	22 900.70	2 644.73	2 959.11	1 5154.18	23.278 616 07
H_{19}	7 032 820.67	86 776	2 643 862.25	16 276 642.70	164 839.21	22 981	14.05	41 192.62	6 268.51	6 958.51	22 376.75	95.043 397 05
H_{20}	1 585 240.73	48 932	1 087 880.36	6 735 573.44	142 179.26	5 748	14.59	36 143.60	1 952.69	1 721.34	5 127.21	14.071 285 63
H_{21}	1 259 383.52	10 900	481 723.40	4 459 410.59	152 589.34	1 556	9.19	30 354.61	691.23	1 089.51	3 421.68	-17.092 416 58
H_{22}	1 275 931.08	11 045	517 809.91	4 148 067.04	93 584.52	3 695	12.20	17 360.47	818.96	864.44	2 905.26	-19.355 659 82
H_{23}	1 266 303.33	16 434	313 126.81	2 593 617.16	81 457.51	15 376	11.63	15 337.17	1 825.06	1 535.42	6 783.98	-11.186 290 43
H_{24}	2 711 727.33	30 083	603 557.05	4 349 131.51	92 350.02	24 278	14.24	19 752.68	4 141.07	4 715.86	12 977.57	20.927 363 92
H_{25}	85 773 206.92	103 762	4 480 606.58	33 443 681.13	252 663.54	7 161	13.70	58 556.89	7 691.84	8 670.68	28 527.23	145.161 084 1
H_{26}	1 804 169.94	38 073	1 334 344.58	11 328 891.03	244 688.61	6 701	17.94	64 319.69	3 823.75	2 883.22	15 156.84	50.353 512 04
H_{27}	951 380.96	22 483	539 267.72	4 046 899.74	94 003.32	18 008	12.76	16 631.01	2 570.80	1 617.17	9 576.67	1.498 557 995

续表

指标 / 行业	O_1	O_2	O_3	O_4	O_5	O_6	O_7	O_8	O_9	O_{10}	O_{11}	主成分计算
H_{28}	2 459 830.40	98 117	2 035 240.14	20 747 783.86	103 674.52	26757	13.03	23 794.72	4 361.69	2 832.07	15 339.79	64.553 652 15
H_{29}	1 659 631.68	78 629	1 626 610.42	13 384 424.68	102 118.29	13 409	12.01	25 787.25	2 619.44	1 891.77	8 791.51	31.444 846 62
H_{30}	7 256 631.68	163 696	4 868 541.93	78 349 800.17	145 769.68	14 091	12.17	35 218.91	5 956.00	4 780.19	22 672.43	165.396 883 2
H_{31}	3 669 539.28	119 917	3 341 486.08	37 934 715.12	115 100.80	19 322	12.36	23 449.74	5 169.75	2 763.26	19 981.37	100.289 004 8
H_{32}	17 347 774.64	234 107	5 803 789.67	76 770 708.11	115 106.69	11 220	8.51	21 001.97	6 767.35	5 088.63	32 910.49	211.351 621 5
H_{33}	815 686.59	28 024	561 081.30	4 979 843.04	92 865.45	4 526	12.74	22 246.20	993.38	577.87	3 619.68	−12.215 593 32
H_{34}	12 048 123.23	38 827	665 376.94	518 640.22	293 415.93	5 565	8.85	65 876.34	7 539.62	26 305.81	22 517.32	68.694 945 78
H_{35}	161 897.35	815	9 731.43	247.65	164 916.42	591	8.29	40 612.02	261.89	636.56	853.23	−31.222 459 11
H_{36}	428 276.35	1 915	19 099.91	1 815.80	75 560.74	1 735	3.08	6 377.94	312.52	1 683.60	663.71	−48.687 803 36

附表 1-11　原始数据 (2008 年) 的调整及用主成分法计算信息化水平

指标\行业	O_1	O_2	O_3	O_4	O_5	O_6	O_7	O_8	O_9	O_{10}	O_{11}	主成分计算
H_1	2 770 077.56	80 179	1 267 762.70	5 100 918.93	88 927.01	9 212	20.53	37 337.45	4 467.52	5 173.34	11 479.50	43.920 389 66
H_2	2 546 615.97	42 726	647 239.36	4 460 033.79	484 810.02	299	48.84	325 922.65	5 466.72	5 485.01	7 576.77	144.387 46
H_3	77 292.33	3 568	64 568.37	99 603.04	146 992.75	3 984	32.07	90 929.93	904.30	654.88	2 875.58	10.686 735 37
H_4	64 647.12	4 031	102 593.37	406 621.73	165 997.03	2 539	24.72	60 774.79	888.58	550.92	2 104.10	-3.219 959 792
H_5	68 600.64	3 640	76 184.27	148 433.39	93 169.68	3 953	23.67	24 879.24	505.26	399.86	1 452.48	-18.936 279 63
H_6	616 388.98	15 660	438 128.99	5 426 291.05	135 342.34	22 800	18.72	30 772.61	4 264.23	2 925.83	18 669.27	27.975 343 5
H_7	852 842.17	13 602	352 575.48	3 284 795.37	111 969.69	8 108	17.17	25 299.50	1 730.72	1 482.01	5 959.56	-5.612 090 091
H_8	1 362 469.33	20 513	529 631.55	3 370 116.53	154 524.82	5 411	19.58	39 487.42	1 746.75	1 515.51	4 847.05	5.091 771 647
H_9	2 051 373.56	5 940	227 070.37	2 763 043.37	1 327 806.24	156	69.51	288 053.03	2 625.07	556.37	3 546.82	180.707 180 1
H_{10}	3 478 215.65	34 972	861 979.87	8 352 968.21	66 511.76	33 133	12.51	11 360.16	4 336.97	4 316.22	16 699.70	30.756 126 49
H_{11}	534 612.70	8 283	207 644.65	2 185 176.92	44 371.97	18 237	15.63	8 465.92	2 035.34	1 202.80	7 317.72	-12.855 599 63
H_{12}	202 644.17	3 996	100 811.10	1 795 979.07	48 629.35	8 622	19.36	9 735.47	1 329.04	619.02	4 598.89	-20.050 911 51
H_{13}	168 786.58	3 712	103 409.82	1 011 245.77	76 149.44	10 314	19.52	17 923.49	999.84	816.13	3 724.09	-18.535 781 07
H_{14}	107 436.90	3 020	71 825.72	733 146.96	56 155.54	5 386	13.92	10 700.63	586.32	445.58	2 399.14	-32.673 447 46
H_{15}	2 282 391.69	14 358	447 612.14	4 503 916.21	103 004.66	10 011	11.70	22 859.69	1 564.85	2 428.89	6 111.57	-7.828 189 504
H_{16}	1 015 686.90	4 545	82 754.39	716 379.95	75 728.21	6 481	13.27	19 539.14	621.20	760.41	2 098.51	-27.776 192 83
H_{17}	260 000.88	3 873	112 478.43	711 107.19	39 448.74	4 797	11.06	4 706.15	523.56	357.92	1 940.64	-38.054 798 69
H_{18}	375 674 137	18 048	455 254.79	7 180 473.32	299 929.33	2 416	2.16	-93 144.62	2 579.99	3 135.81	17 805.15	-14.151 256 5
H_{19}	7 368 771.49	94 944	2 841 065.50	19 122 614.38	150 108.25	28 224	13.34	35 677.39	6 449.25	7 901.73	26 401.64	104.523 921
H_{20}	1 562 397.28	59 711	1 073 162.30	8 144 038.10	141 868.33	6 524	17.03	42 010.40	2 138.67	1 849.14	5 975.97	22.613 435 99

续表

行业＼指标	O_1	O_2	O_3	O_4	O_5	O_6	O_7	O_8	O_9	O_{10}	O_{11}	主成分计算
H_{21}	1 184 775.96	13 472	448 877.96	4 994 244.09	146 634.00	2 029	7.25	14 504.98	660.73	1 050.18	3 096.35	−22.833 760 9
H_{22}	1 436 420.61	13 507	503 406.55	4 173 708.31	87 548.93	4 649	11.78	14 816.87	851.76	958.30	3 309.90	−19.173 318 23
H_{23}	1 120 565.65	16 355	380 279.47	3 115 952.80	76 052.94	19 484	13.13	16 003.21	1 942.54	1 759.13	7 724.59	−6.302 649 929
H_{24}	2 324 986.58	37 877	856 294.57	5 581 870.37	90 784.96	30 524	15.65	23 711.18	4 527.72	5 635.45	16 275.35	34.159 083 98
H_{25}	9 075 821.57	101 764	5 143 704.23	44 443 646.81	248 297.47	8 012	11.06	40 083.62	7 784.13	9 741.25	35 083.91	158.538 005 2
H_{26}	2 324 563.82	44 030	1 398 551.12	11 995 775.24	216 884.06	8 200	12.96	36 585.16	4 016.26	3 628.79	16 260.13	42.820 361 95
H_{27}	794 806.71	28 120	627 363.02	5 685 018.69	84 517.31	24 547	14.56	18 304.67	2 765.15	2 051.30	11 704.46	11.070 705 4
H_{28}	2 961 795.21	103 960	2 392 254.63	23 485 594.97	96 691.90	36 919	13.64	25 714.05	4 768.94	3 662.24	19 168.35	81.426 919 4
H_{29}	1 768 973.40	98 373	2 008 522.04	16 219 222.28	95 717.39	18 685	11.92	26 164.41	2 952.21	2 408.24	11 184.19	46.556 225 86
H_{30}	7 695 381.47	188 311	5 565 770.61	83 569 755.43	135 634.55	18 808	12.23	35 913.46	6 417.41	5 602.91	26 251.62	188.203 968 6
H_{31}	3 422 940.18	139 351	3 820 072.52	42 407 446.81	108 195.96	25 727	14.55	27 381.19	5 710.47	3 337.15	23 677.19	122.240 247 7
H_{32}	17 506 894.89	279 644	5 693 818.53	87 246 654.95	104 665.10	14 347	8.97	18 192.03	7 089.07	5 638.27	34 287.68	230.118 179 9
H_{33}	672 527.56	33 235	524 242.01	4 909 525.00	89 896.19	5 620	12.90	22 360.51	1 047.11	632.94	3 853.78	−10.919 975 88
H_{34}	12 537 046.57	41 548	702 827.40	195 812.14	295 219.40	6 242	5.88	15 662.54	7 658.29	29 349.50	23 761.93	57.625 152 74
H_{35}	248 037.78	614	8 231.55	25 171.88	170 935.12	856	9.85	55 110.50	310.59	686.59	1 190.12	−25.264 928 81
H_{36}	329 235.14	2 021	25 230.03	17 785.38	70 037.24	2 052	2.96	4 938.65	306.62	1 768.51	706.22	−49.456 067 7

附表 1-12　原始数据（2009 年）的调整及用主成分法计算信息化水平

指标\行业	O_1	O_2	O_3	O_4	O_5	O_6	O_7	O_8	O_9	O_{10}	O_{11}	主成分计算
H_1	3 711 456.17	69 093	785 819.43	5 924 617.48	101 202.58	8 798	17.20	36 893.75	5 116.20	6 736.67	13 531.86	40.361 196 02
H_2	4 465 014.19	31 799	527 012.92	122 278.80	591 732.52	323	18.59	157 027.11	6 058.16	7 389.65	6 312.74	79.908 725 52
H_3	140 199.07	1 894	15 105.41	67 011.91	208 448.69	4 004	21.85	64 548.01	1 198.16	827.84	3 049.67	−1.570 382 113
H_4	109 349.66	3 727	64 938.09	523 068.75	224 951.91	2 457	19.25	57 241.37	1 125.66	712.36	2 292.02	−5.322 631 219
H_5	48 418.24	2 314	16 778.04	201 786.40	116 530.85	4 267	22.72	28 450.47	642.20	486.66	1 882.79	−17.532 095 8
H_6	700 893.67	15 297	310 811.82	5 837 860.14	154 773.71	24 550	17.93	37 548.77	5 226.09	3 878.93	23 110.53	37.425 413 5
H_7	1 280 996.20	13 801	265 282.18	4 137 276.01	128 344.25	8 735	18.96	37 208.88	2 088.16	1 807.22	7 602.58	3.627 925 909
H_8	1 330 776.77	18 702	332 099.32	3 682 793.41	177 847.48	5 904	21.39	51 715.98	2 116.74	1 882.31	6 131.35	11.758 964 69
H_9	2 224 157.43	5 009	106 251.52	5 793 250.93	1 499 478.74	158	70.64	274 255.00	3 003.46	654.70	4 145.93	192.356 983 9
H_{10}	4 269 068.24	44 225	584 282.43	15 342 762.25	80 640.85	32 412	12.43	14 936.58	4 975.86	4 762.90	18 992.07	41.993 197 3
H_{11}	474 807.52	9 374	126 277.36	3 844 967.06	52 643.13	18 265	16.98	11 489.09	2 365.31	1 326.18	8 584.30	−7.377 314 988
H_{12}	192 487.92	5 696	68 948.40	2 297 218.58	59 636.98	8 520	19.99	13 408.85	1 536.07	695.35	5 294.29	−16.095 604 36
H_{13}	177 882.01	2 337	43 945.10	1 312 541.72	95 232.38	10 765	20.58	22 329.05	1 244.40	952.89	4 738.67	−13.871 941 14
H_{14}	122 507.52	3 440	47 219.26	878 922.47	68 440.87	5 576	14.78	15 777.88	674.55	517.81	2 840.63	−29.086 738 28
H_{15}	2 330 417.65	14 426	270 099.92	4 838 790.03	120 006.21	9 937	11.32	27 926.84	1 831.77	2 802.44	6 849.99	−5.797 698 194
H_{16}	904 478.63	5 416	65 093.33	1 064 285.05	87 018.20	6 618	13.29	24 322.84	714.68	881.98	2 450.95	−25.235 410 73
H_{17}	318 060.30	6 151	71 206.50	953 361.32	48 639.73	4 752	12.52	8 011.78	595.16	403.18	2 179.37	−34.363 915 91
H_{18}	4 040 964.36	13 246	285 783.78	4 983 782.01	337 849.56	2 337	32.68	92 586.26	2 870.03	4 553.99	17 911.55	59.124 357 67
H_{19}	8 628 353.72	95 662	1 662 528.46	23 946 688.26	177 423.22	28 793	12.55	41 900.70	7 815.32	10 265.86	30 402.80	109.900 043
H_{20}	1 736 423.90	64 859	841 402.62	11 352 063.18	161 776.85	6 807	17.24	52 311.39	2 596.19	2 266.47	7 619.71	30.992 642 02

续表

指标 行业	O_1	O_2	O_3	O_4	O_5	O_6	O_7	O_8	O_9	O_{10}	O_{11}	主成分计算
H_{21}	1 260 085.22	12 395	273 521.03	4 762 196.20	185 752.88	1 944	9.11	34 812.78	769.95	1 084.00	3 192.44	−15.415 377 25
H_{22}	1 775 913.77	15 196	310 635.14	5 320 963.01	102 782.79	4 720	15.18	27 768.95	1 006.96	1 135.21	3 952.94	−10.692 643 82
H_{23}	1 117 445.27	16 101	252 704.81	4 017 925.59	88 786.60	19 894	13.40	19 698.00	2 306.76	2 035.78	9 035.29	−2.361 516 707
H_{24}	2 235 079.14	38 819	498 137.08	7 421 123.14	107 908.20	32 544	15.72	30 812.24	5 491.56	7 149.02	20 505.95	42.853 406 01
H_{25}	10 715 060.73	86 857	2 579 782.18	39 407 866.05	280 046.89	7 773	7.97	35 976.19	9 046.07	12 675.56	35 251.26	132.533 071 3
H_{26}	3 131 777.70	39 665	822 549.41	11 153 636.15	269 676.22	8 041	10.72	43 960.38	4 790.53	4 528.89	16 964.15	43.379 551 19
H_{27}	739 973.73	30 845	389 418.33	5 909 784.38	100 728.40	24 771	13.68	22 717.90	3 216.36	2 621.09	13 193.26	13.621 352 05
H_{28}	3 830 974.49	114 815	1 773 377.96	28 477 232.77	115 052.71	37 374	13.16	30 982.76	5 597.54	4 658.60	22 563.34	90.876 905 56
H_{29}	2 099 730.32	94 145	1 665 968.83	21 832 414.95	114 073.00	19 147	12.14	32 361.38	3 527.59	3 076.14	13 809.92	54.008 226 55
H_{30}	9 097 736.06	175 899	3 885 025.00	122 310 596.88	161 230.53	19 441	14.04	51 918.85	8 034.60	7 418.02	34 453.58	217.285 281 7
H_{31}	3 609 807.18	145 932	2 781 396.28	54 640 822.13	126 412.22	26 443	14.25	34 243.50	6 763.05	4 356.00	27 498.78	1 318.149 229
H_{32}	19 867 416.13	255 641	4 641 941.64	86 298 784.38	118 942.71	14 284	8.56	22 351.01	7 893.51	6 421.87	36 892.09	225.319 079 3
H_{33}	615 574.32	32 269	409 797.80	5 551 387.58	100 292.51	5 716	12.28	28 235.91	1 129.39	763.85	4 203.36	−10.000 329 44
H_{34}	14 598 321.20	22 981	248 246.79	302 384.71	309 199.90	6 332	6.04	39 277.51	8 584.01	36 058.45	28 139.28	66.185 490 97
H_{35}	364 446.62	203	1 230.41	25 161.40	208 058.23	909	7.59	82 858.04	376.38	904.76	1 520.20	−18.567 065 73
H_{36}	272 713.85	1 134	7 141.72	2 381.33	75 491.59	2 064	2.74	4 743.13	340.77	2 157.44	831.92	−49.688 535 73

附表 1-13 原始数据 (2010 年) 的调整及用主成分法计算信息化水平

行业\指标	O_1	O_2	O_3	O_4	O_5	O_6	O_7	O_8	O_9	O_{10}	O_{11}	主成分计算
H_1	4 259 880.78	65 312	870 674.30	3 592 910.49	107 819.38	9 016	20.07	52 342.11	5 684.13	7 355.37	17 244.68	52.513 796 97
H_2	5 912 562.37	39 479	705 424.26	238 713.61	540 391.79	310	28.19	228 488.28	5 731.40	7 511.39	7 861.61	109.121 549 7
H_3	188 327.78	2 073	24 821.46	102 764.29	204 323.58	4 262	22.54	106 654.54	1 369.79	1 305.79	4 646.24	10.695 778 71
H_4	142 515.45	3 171	53 003.84	255 669.74	214 186.10	2 443	25.39	82 672.64	1 186.59	888.65	2 959.02	6.619 810 715
H_5	23 031.55	2 816	21 829.54	166 051.96	134 375.28	4 633	25.34	39 105.92	759.76	540.87	2 397.69	−10.136 010 52
H_6	710 966.53	18 740	382 909.45	6 068 040.43	154 392.35	25 612	20.85	50 849.28	5 697.23	4 398.57	27 405.07	51.224 553 98
H_7	1 573 771.50	16 747	311 238.35	4 862 031.14	129 654.99	9 152	21.33	46 225.29	2 280.37	2 014.18	8 846.64	12.384 332 39
H_8	1 157 300.08	20 434	368 599.92	4 748 938.75	176 860.71	6 371	22.62	61 044.37	2 299.54	2 033.82	7 137.92	17.966 517 19
H_9	2 160 516.49	5 220	110 928.10	6 201 887.99	1 509 934.67	151	76.98	278 516.65	3 185.96	687.81	4 680.86	202.090 992 4
H_{10}	4 607 227.86	48 117	677 661.09	18 915 227.14	81 321.02	33 384	15.11	21 000.67	5264.07	5 025.36	22 396.24	55.503 161 15
H_{11}	364 298.72	10 042	132 551.00	4 369 591.60	57 685.60	18 547	18.91	15 258.92	2 578.55	1434.36	9 601.67	−1.976 432 607
H_{12}	161 810.17	6 106	82 889.99	2 397 822.10	61 381.18	8 854	23.29	17 713.63	1 696.39	771.67	6 184.79	−9.740 642 813
H_{13}	168 057.49	2 340	45 054.92	1 408 352.44	101 474.48	11 366	23.26	28 993.33	1 443.88	1 124.20	5 771.74	−7.174 541 387
H_{14}	124 569.10	3 405	32 318.17	1 029 138.19	68 506.19	5 934	16.86	20 176.89	765.42	593.93	3 446.94	−24.924 060 8
H_{15}	2 130 404.00	15 304	293 592.07	5 726 328.66	127 778.51	10 270	12.50	36 864.65	2 017.75	3 040.54	8 203.60	0.595 125 576
H_{16}	696 689.67	7 245	82 520.66	1 111 384.15	91 515.75	6 850	14.67	29 103.93	778.43	918.19	2 803.25	−21.575 589 39
H_{17}	342 390.47	4 987	58 899.52	995 665.17	49 984.20	4 827	14.42	10 356.27	640.35	414.38	2 460.84	−31.594 170 45
H_{18}	3 895 567.17	14 077	350 893.11	6 211 618.25	323 587.12	2 324	33.28	106 095.51	2 981.86	5 253.07	23 139.42	68.305 269 26
H_{19}	8 972 169.50	99 645	1 981 796.40	29 388 937.39	180 472.55	29 504	15.20	61 438.78	8 556.93	11 752.62	37 513.84	134.923 733 2
H_{20}	1 725 965.09	70 780	981 795.12	14 189 001.92	163 721.75	7 039	18.45	61 542.10	2 835.17	2 420.42	8 941.51	41.159 959 16
H_{21}	1 201 394.96	14 451	328 050.36	5 800 672.38	184 587.46	1 939	12.93	65 485.58	810.89	1 089.77	3 897.68	−2.296 476 689
H_{22}	1 927 113.85	19 642	418 953.72	6 527 752.36	108 133.27	4 856	15.36	31 020.64	1 113.02	1 203.67	4 646.87	−5.234 809 744
H_{23}	995 326.02	25 846	327 928.26	4 138 860.45	91 389.79	21 033	15.47	26 268.81	2 589.07	2 248.80	10 887.29	7.403 087 66

续表

行业\指标	O_1	O_2	O_3	O_4	O_5	O_6	O_7	O_8	O_9	O_{10}	O_{11}	主要成分计算
H_{24}	1 906 952.92	42 751	651 182.47	8 818 253.24	114 991.23	34 793	17.99	42 024.62	6 262.54	8 312.55	25 081.23	58.779 348 33
H_{25}	11 217 241.95	97 598	3 219 535.87	44 858 383.59	276 886.76	7 881	9.30	49 781.57	9 570.04	13 858.49	40 966.81	157.137 052 4
H_{26}	3 607 442.51	41 581	951 626.42	17 983 981.83	268 315.81	8 200	13.49	67 724.52	5 140.66	5 419.35	22 063.38	64.448 643 1
H_{27}	606 212.81	34 957	495 242.99	7 588 767.01	105 277.37	25 703	16.21	31 704.33	3 628.28	2 963.30	15 732.32	25.615 980 13
H_{28}	4 294 299.44	129 114	1 900 114.41	32 612 115.61	119 724.37	39 699	15.17	40 236.42	6 457.69	5 765.12	27 432.27	111.913 132 2
H_{29}	2 207 691.51	109 118	1 880 657.09	26 642 315.21	120665.38	20 083	13.97	44 438.64	4 032.88	3 543.73	16 716.18	72.705 597 46
H_{30}	9 534 684.87	218 860	4 661 326.82	133 987 112.65	162 493.13	20 718	16.54	67 772.27	9 322.56	8 298.59	43 645.01	262.913 091 7
H_{31}	3 412 732.03	176 333	3 403 497.92	71 515 597.28	125 930.30	27 537	14.85	41 286.71	7 609.97	5 178.42	33 672.71	166.531 703 9
H_{32}	20 118 021.62	313 912	5 494 444.44	106 940 994.24	113 197.06	14 838	10.60	29 767.25	8 747.30	8 356.81	43 387.47	272.951 644 9
H_{33}	492 934.75	38 920	459 412.65	7 547 832.43	102 551.63	5 828	14.90	34 498.85	1 280.46	913.08	5 017.90	−1.338 853 926
H_{34}	15 110 041.87	27 011	255 771.74	691 616.33	327 687.67	6 558	6.73	57 177.65	9 032.38	38 351.81	32 385.29	79.673 529 31
H_{35}	442 326.90	376	8 253.88	22 471.58	221 164.81	970	11.82	106 907.82	420.66	1 005.07	1 908.63	−7.154 594 718
H_{36}	187 016.81	993	10 034.91	16 365.65	74 286.76	2 109	3.30	10 504.92	341.12	2 288.86	886.78	−48.003 281 66

附录 2　时间序列数据与回归分析

附表 2-1　各工业行业时间序列数据与回归分析

obs	H	年份	Y	K	L	I	线性回归	岭回归	分离因子 μ
1	H_1	1998	602	2 921	464	0.682	$\ln Y = 5.836 - 0.286\ln K + 0.547\ln L + 1.422\ln I$	$\ln Y = 0.779 + 0.426\ln K + 0.420\ln L + 0.787\ln I$	0.992 4
37	H_1	1999	579	3 286	427	0.680	t 值 (3.068) (−1.463) (1.526) (9.845)	Beta　(0.281)　(0.622)　(0.512)	
73	H_1	2000	581	3 335	399	0.819	VIF　　　(19.240) (2.709) (15.100)	$R^2 = 0.974$	
109	H_1	2001	706	3 558	375	0.915	$R^2 = 0.992$　　DW=1.996		
145	H_1	2002	949	4 073	380	1.138	$F = 382.633$		
181	H_1	2003	1 163	4 503	377	1.304			
217	H_1	2004	1 922	5 050	388	1.750			
253	H_1	2005	2 619	5 852	436	2.205			
289	H_1	2006	3 158	7 152	464	2.686			
325	H_1	2007	4 011	8 301	464	3.194			
361	H_1	2008	4 468	10 642	502	4.010			
397	H_1	2009	5 116	14 699	506	4.122			
433	H_1	2010	5 884	17 442	527	4.555			
2	H_2	1998	1 186	2 789	114	1.233	$\ln Y = 1.248 + 0.390\ln K + 0.547\ln L + 0.741\ln I$	$\ln Y = 1.003 + 0.510\ln K + 0.415\ln K + 0.606\ln I$	0.395 8
38	H_2	1999	1 474	3 134	111	1.535	t 值 (1.727) (3.124) (4.411) (8.528)	Beta　(0.366)　(−0.190)　(0.585)	
74	H_2	2000	2 202	3 584	58	3.985	VIF　　　(4.567) (1.826) (4.003)	$R^2 = 0.979$	
110	H_2	2001	2 039	3 924	60	3.654	$R^2 = 0.984$　　DW=3.078		
146	H_2	2002	2 001	4 131	56	3.493	$F = 186.829$		
182	H_2	2003	2 410	4 398	73	3.710			
218	H_2	2004	3 426	4 560	76	4.794			

续表

obs	H	年份	Y	K	L	I	线性回归	岭回归	分离因子 μ
254	H₂	2005	4 364	5 132	86	6.588			
290	H₂	2006	5 270	5 962	93	6.638			
326	H₂	2007	5 509	6 434	91	6.540			
632	H₂	2008	5 467	7 430	113	6.761			
398	H₂	2009	6 058	9 757	102	5.234			
434	H₂	2010	5 731	10 331	106	6.194			0.383 3
3	H₃	1998	54	241	30	0.180	$\ln Y = 2.844 + 0.414\ln K + 0.109\ln L + 0.860\ln I$	$\ln Y = 1.078 + 0.372\ln K + 0.648\ln L + 0.634\ln I$	
39	H₃	1999	54	211	24	0.201	t值 (3.776)(1.930) (0.249) (8.410)	Beta (0.289) (0.203) (0.483)	
75	H₃	2000	62	218	24	0.228	VIF (42.856) (28.924) (9.359)	$R^2 = 0.988$	
111	H₃	2001	73	234	24	0.269	$R^2 = 0.994$		
147	H₃	2002	89	278	25	0.294	DW=2.703		
183	H₃	2003	148	338	27	0.462	$F = 510.934$		
219	H₃	2004	272	411	29	0.994			
255	H₃	2005	387	703	41	0.938			
291	H₃	2006	518	881	45	1.060			
327	H₃	2007	793	1 185	49	1.563			
363	H₃	2008	904	1 719	62	1.992			
399	H₃	2009	1 198	2 118	57	1.752			
435	H₃	2010	1 370	3 349	67	2.235			

续表

obs	H	年份	Y	K	L	I	线性回归	岭回归	分离因子 μ
4	H_4	1998	111	398	55	0.307	$\ln Y = 0.450 + 0.740\ln K + 0.169\ln L + 0.719\ln I$	$\ln Y = 0.294 + 0.733\ln K + 0.218\ln L + 0.657\ln I$	0.408 6
40	H_4	1999	129	409	53	0.355	t 值 (0.772) (6.911) (0.799) (9.393)	Beta (0.451) (0.029) (0.512)	
76	H_4	2000	139	441	49	0.406	VIF (11.362) (2.131) (9.333)	$R^2 = 0.994$	
112	H_4	2001	143	448	45	0.423	$R^2 = 0.997$　DW = 2.461		
148	H_4	2002	156	472	43	0.436	$F = 870.215$		
184	H_4	2003	179	483	41	0.549			
220	H_4	2004	288	501	40	0.902			
256	H_4	2005	388	626	42	1.208			
292	H_4	2006	596	872	45	1.608			
328	H_4	2007	831	1102	55	1.689			
364	H_4	2008	889	1311	54	1.605			
400	H_4	2009	1 126	1 598	50	1.633			
436	H_4	2010	1 187	1 855	55	1.954			
5	H_5	1998	111	446	63	0.277	$\ln Y = 3.322 + 0.346\ln K + 0.138\ln L + 1.019\ln I$	$\ln Y = 2.376 + 0.636\ln K - 0.126\ln L + 0.821\ln I$	0.616 8
41	H_5	1999	121	489	60	0.290	t 值 (7.382) (4.807) (1.363) (30.447)	Beta (0.256) (−0.023) (0.717)	
77	H_5	2000	122	562	56	0.296	VIF (3.409) (1.359) (3.467)	$R^2 = 0.989$	
113	H_5	2001	127	582	52	0.312	$R^2 = 0.998$　DW = 3.054		
149	H_5	2002	147	609	49	0.341	$F = 1 351.500$		
185	H_5	2003	164	576	46	0.400			
221	H_5	2004	211	598	45	0.481			
257	H_5	2005	254	482	43	0.675			
293	H_5	2006	333	582	44	0.779			
329	H_5	2007	442	647	47	0.957			
365	H_5	2008	505	794	54	1.101			
401	H_5	2009	642	1 004	55	1.173			
437	H_5	2010	760	1 140	57	1.385			

续表

obs	H	年份	Y	K	L	I	线性回归	岭回归	分离因子 μ
6	H_6	1998	682	2 759	201	0.855	$\ln Y=10.383-0.052\ln K-0.612\ln L+1.639\ln I$	$\ln Y=2.760+0.429\ln K+0.140\ln L+0.805\ln I$	0.585 9
42	H_6	1999	781	2 777	181	0.909	t值 (6.551) (−0.149) (−1.545) (8.686)	Beta (0.285) (0.051) (0.607)	
78	H_6	2000	833	2 630	168	1.004	VIF (71.280) (26.816) (26.236)	$R^2=0.965$	
114	H_6	2001	954	2 666	167	1.071	$R^2=0.993$ DW=0.949		
150	H_6	2002	1 149	2 933	174	1.181	$F=429.069$		
186	H_6	2003	1 480	3 409	182	1.353			
222	H_6	2004	2 004	3 818	191	1.597			
258	H_6	2005	2 490	4 339	223	1.970			
294	H_6	2006	3 074	5 040	239	2.359			
330	H_6	2007	3 965	6 010	265	2.926			
366	H_6	2008	4 264	7 257	315	3.415			
402	H_6	2009	5 226	9 630	338	3.869			
438	H_6	2010	5 697	11 508	369	4.366			
7	H_7	1998	325	1 305	103	0.529	$\ln Y=8.788-0.241\ln K-0.072\ln L+1.556\ln I$	$\ln Y=0.545+0.534\ln K+0.425\ln L+0.625\ln I$	0.394 6
43	H_7	1999	353	1 351	97	0.600	t值 (2.361) (−0.370) (−0.147) (3.527)	Beta (0.346) (0.140) (0.470)	
79	H_7	2000	415	1 362	92	0.687	VIF (129.940) (19.304) (80.276)	$R^2=0.974$	
115	H_7	2001	456	1 510	90	0.728	$R^2=0.988$ DW=0.817		
151	H_7	2002	571	1 725	98	0.802	$F=240.099$		
187	H_7	2003	673	1 850	101	0.928			
223	H_7	2004	873	2 079	107	1.036			
259	H_7	2005	1 059	2 380	121	1.208			
295	H_7	2006	1 292	2 604	128	1.404			
331	H_7	2007	1 580	3 026	135	1.711			
367	H_7	2008	1 731	3 384	155	1.915			
403	H_7	2009	2 088	4 346	163	2.263			
439	H_7	2010	2 280	4 895	176	2.570			

续表

obs	H	年份	Y	K	L	I	线性回归	岭回归	分离因子 μ
8	H$_8$	1998	544	1 959	115	0.802	lnY=4.000+0.250lnK+0.124lnL+1.036lnI	lnY=1.610+0.616lnK+0.035lnL+0.730lnI	0.528 6
44	H$_8$	1999	600	2 253	106	0.919	t 值 (4.887) (1.857) (1.085) (12.095) (11.384)	(0.357) (0.009) (0.596)	
80	H$_8$	2000	617	2 245	102	0.955	VIF (14.270) (1.985)	Beta　$R^2=0.989$	
116	H$_8$	2001	643	2 358	95	0.993	$R^2=0.996$　DW=2.100		
152	H$_8$	2002	733	2 513	91	1.083	F=772.072		
188	H$_8$	2003	803	2 597	89	1.187			
224	H$_8$	2004	933	2 615	89	1.254			
260	H$_8$	2005	1 056	2 602	89	1.545			
296	H$_8$	2006	1 267	2 869	92	1.793			
332	H$_8$	2007	1 609	3 323	101	2.129			
368	H$_8$	2008	1 747	3 702	113	2.214			
404	H$_8$	2009	2 117	4 650	119	2.442			
440	H$_8$	2010	2 300	5 226	130	2.661			
9	H$_9$	1998	886	1 364	29	2.070	lnY=1.804+0.400lnK+0.434lnL+0.828lnI	lnY=2.899+0.616lnK-0.282lnL+0.4471lnI	0.572 3
45	H$_9$	1999	914	1 481	28	2.235	t 值 (3.381)(5.382) (3.888) (12.885) (22.432)	(0.409) (-0.094) (0.471)	
81	H$_9$	2000	933	1 568	26	2.351	VIF (11.904) (6.738)	Beta　$R^2=0.987$	
117	H$_9$	2001	1 104	1 873	25	2.637	$R^2=0.998$　DW=1.873		
153	H$_9$	2002	1 405	2 144	23	3.293	F=1 630.773		
189	H$_9$	2003	1 588	2 221	21	3.903			
225	H$_9$	2004	1 729	2 291	20	4.676			
261	H$_9$	2005	1 868	2 378	20	5.001			
297	H$_9$	2006	2 095	2 544	19	5.667			
333	H$_9$	2007	2 493	2 512	19	6.694			
369	H$_9$	2008	2 625	2 846	20	6.893			
405	H$_9$	2009	3 003	3 443	20	7.256			
441	H$_9$	2010	3 186	3 659	21	7.468			

续表

obs	H	年份	Y	K	L	I	线性回归	岭回归	分离因子 μ
10	H₁₀	1998	1 017	5 029	578	1.301	$lnY = 12.164 - 0.789lnK + 0.406lnL + 1.887lnI$ t值 (4.995) (−2.537) (1.741) (7.514) VIF (115.406) (5.283) (91.114) $R^2 = 0.996$　DW = 2.401 $F = 767.300$	$lnY = -0.268 + 0.661lnK + 0.243lnL + 0.663lnI$ (0.383) (0.050) (0.524) Beta $R^2 = 0.982$	0.423 1
46	H₁₀	1999	1 145	5 143	511	1.458			
82	H₁₀	2000	1 269	5 012	483	1.567			
118	H₁₀	2001	1 402	5 349	478	1.669			
154	H₁₀	2002	1 621	5 780	483	1.908			
190	H₁₀	2003	1 924	6 419	499	2.142			
226	H₁₀	2004	2 449	6 869	519	2.412			
262	H₁₀	2005	2 938	7 894	591	2.920			
298	H₁₀	2006	3 489	8 760	615	3.293			
334	H₁₀	2007	4 196	9 870	626	3.788			
370	H₁₀	2008	4 337	10 467	652	4.114			
406	H₁₀	2009	4 976	11 869	617	4.619			
442	H₁₀	2010	5 264	13 013	647	5.133			
11	H₁₁	1998	482	1 370	212	0.572	$lnY = 4.300 + 0.042lnK + 0.397lnL + 1.002lnI$ t值 (1.765) (0.202) (1.663) (3.392) VIF (71.882) (48.948) (163.024) $R^2 = 0.997$　DW = 1.873 $F = 1\ 065.303$	$lnY = 0.096 + 0.417lnK + 0.633lnL + 0.446lnI$ (0.303) (0.327) (0.340) Beta $R^2 = 0.995$	0.298 1
47	H₁₁	1999	518	1 430	203	0.621			
83	H₁₁	2000	590	1 501	216	0.699			
119	H₁₁	2001	695	1 654	237	0.795			
155	H₁₁	2002	771	1 824	266	0.878			
191	H₁₁	2003	925	2 001	289	0.962			
227	H₁₁	2004	1 112	2 193	320	1.099			
263	H₁₁	2005	1 287	2 452	346	1.237			
299	H₁₁	2006	1 614	2 799	378	1.395			
335	H₁₁	2007	1 934	3 279	414	1.655			
371	H₁₁	2008	2 035	3 715	459	1.819			
407	H₁₁	2009	2 365	4 328	449	2.000			
443	H₁₁	2010	2 579	4 840	447	2.162			

续表

obs	H	年份	Y	K	L	I	线性回归	岭回归	分离因子 μ
12	H$_{12}$	1998	273	821	111	0.390	lnY = 4.832 − 0.037lnK + 0.436lnL + 1.045lnI	lnY = 0.368 + 0.463lnK + 0.570lnL + 0.467lnI	0.311 3
48	H$_{12}$	1999	291	839	110	0.396	t 值　(2.461)　(−0.167)　(2.906)　(4.370)	Beta　　　(0.300)　(0.324)　(0.348)	
84	H$_{12}$	2000	323	831	113	0.439	VIF　　　　(68.678)　(24.500)　(107.073)	R^2 = 0.995	
120	H$_{12}$	2001	396	891	127	0.514	R^2 = 0.997　　　DW = 2.310		
156	H$_{12}$	2002	473	1 033	141	0.561	F = 1 121.599		
192	H$_{12}$	2003	597	1 165	165	0.672			
228	H$_{12}$	2004	731	1 321	182	0.736			
264	H$_{12}$	2005	856	1 507	229	0.851			
300	H$_{12}$	2006	1 032	1 691	246	0.986			
336	H$_{12}$	2007	1 264	1 914	257	1.159			
372	H$_{12}$	2008	1 329	2 008	273	1.266			
408	H$_{12}$	2009	1 536	2 400	258	1.395			
444	H$_{12}$	2010	1 696	2 731	276	1.562			
13	H$_{13}$	1998	113	538	50	0.287	lnY = 6.837 − 0.147lnK + 0.162lnL + 1.469lnI	lnY = 0.203 + 0.494lnK + 0.593lnL + 0.577lnI	0.346 8
49	H$_{13}$	1999	136	563	48	0.333	t 值　(4.669)　(−0.641)　(0.709)　(2.202)	Beta　　　(0.291)　(0.279)　(0.397)	
85	H$_{13}$	2000	157	598	50	0.389	VIF　　　　(7.032)　(8.106)　(9.815)	R^2 = 0.990	
121	H$_{13}$	2001	195	662	51	0.437	R^2 = 0.997　　　DW = 1.771		
157	H$_{13}$	2002	221	729	52	0.460	F = 1 186.140		
193	H$_{13}$	2003	268	782	64	0.501			
229	H$_{13}$	2004	369	850	70	0.639			
265	H$_{13}$	2005	463	1 017	83	0.757			
301	H$_{13}$	2006	603	1 192	92	0.927			
337	H$_{13}$	2007	880	1 449	106	1.156			
373	H$_{13}$	2008	1 000	1 816	131	1.354			
409	H$_{13}$	2009	1 244	2 125	131	1.511			
445	H$_{13}$	2010	1 444	2 432	142	1.716			

续表

obs	H	年份	Y	K	L	I	线性回归	岭回归	分离因子 μ
14	H₁₄	1998	77	249	25	0.309	lnY = 2.429 + 0.798lnK + 0.668lnL + 0.229lnI	lnY = 1.123 + 0.399lnK + 0.539lnL + 0.514lnI	0.354 0
50	H₁₄	1999	80	275	25	0.315	t值 (−0.955) (1.598) (2.106) (−0.471)	Beta (0.328) (0.372) (0.267)	
86	H₁₄	2000	95	300	27	0.352	VIF (278.941) (79.259) (105.508)	R² = 0.991	
122	H₁₄	2001	119	330	30	0.374	R² = 0.995　DW = 1.880		
158	H₁₄	2002	144	388	34	0.389	F = 548.478		
194	H₁₄	2003	185	503	43	0.417			
230	H₁₄	2004	270	600	53	0.505			
266	H₁₄	2005	349	786	71	0.572			
302	H₁₄	2006	441	967	84	0.673			
338	H₁₄	2007	552	1 172	91	0.768			
374	H₁₄	2008	586	1 285	104	0.859			
410	H₁₄	2009	675	1 532	99	0.975			
446	H₁₄	2010	765	1 810	112	1.094			
15	H₁₅	1998	319	1 595	1 29	0.565	lnY = 3.762 + 0.214lnK + 0.207lnL + 1.014lnI	lnY = −0.326 + 0.577lnK + 0.467lnI + 0.596lnI	0.3634
51	H₁₅	1999	364	1 717	119	0.609	t值 (2.149) (0.848) (0.939) (5.046)	Beta (0.401) (0.089) (0.481)	
87	H₁₅	2000	411	2 079	113	0.732	VIF (60.278) (3.453) (51.432)	R² = 0.990	
123	H₁₅	2001	480	2 276	114	0.845	R² = 0.995　DW = 2.208		
159	H₁₅	2002	590	2 488	115	0.957	F = 648.742		
195	H₁₅	2003	688	2 705	114	1.125			
231	H₁₅	2004	870	2 916	118	1.244			
267	H₁₅	2005	1 039	3 525	130	1.459			
303	H₁₅	2006	1 220	3 918	135	1.807			
339	H₁₅	2007	1 489	4 308	138	2.045			
375	H₁₅	2008	1 565	4 835	152	2.155			
411	H₁₅	2009	1 832	5 626	153	2.260			
447	H₁₅	2010	2 018	6364	158	2.487			

续表

obs	H	年份	Y	K	L	I	线性回归	岭回归	分离因子 μ
16	H_{16}	1998	183	676	67	0.483	$\ln Y=-0.105+0.759\ln K+0.180\ln L+0.577\ln I$	$\ln Y=0.368+0.572\ln K+0.389\ln L+0.625\ln I$	0.404 2
52	H_{16}	1999	203	762	60	0.539	t值　(-0.040)　(2.255)　(1.107)　(1.419)	Beta　(0.437)　(0.120)　(0.420)	
88	H_{16}	2000	201	805	56	0.575	VIF　　　　(77.894)　(2.948)　(80.739)	$R^2=0.989$	
124	H_{16}	2001	246	926	55	0.643	$R^2=0.992$　　DW=1.086		
160	H_{16}	2002	289	1 001	55	0.683	$F=388.900$		
196	H_{16}	2003	337	1 160	59	0.739			
232	H_{16}	2004	379	1 249	62	0.761			
268	H_{16}	2005	420	1 373	67	0.831			
304	H_{16}	2006	491	1 482	69	0.929			
340	H_{16}	2007	591	1 592	72	1.067			
376	H_{16}	2008	621	1 762	82	1.128			
412	H_{16}	2009	715	2 081	82	1.224			
448	H_{16}	2010	778	2 243	85	1.322			
17	H_{17}	1998	141	461	61	0.317	$\ln Y=-1.494+0.778\ln K+0.50\ln L+0.278\ln I$	$\ln Y=0.203+0.472\ln K+0.602\ln L+0.482\ln I$	0.309 8
53	H_{17}	1999	144	432	64	0.331	t值　(-0.863)　(2.431)　(2.523)　(1.091)	Beta　(0.338)　(0.320)　(0.316)	
89	H_{17}	2000	155	441	65	0.338	VIF　　　　(119.178)　(25.428)　(63.259)	$R^2=0.995$	
125	H_{17}	2001	182	489	67	0.367	$R^2=0.996$　　DW=1.084		
161	H_{17}	2002	211	559	76	0.369	$F=755.783$		
197	H_{17}	2003	252	625	87	0.415			
233	H_{17}	2004	300	708	94	0.469			
269	H_{17}	2005	344	803	110	0.518			
305	H_{17}	2006	409	888	114	0.580			
341	H_{17}	2007	474	988	119	0.643			
377	H_{17}	2008	524	1 072	133	0.721			
413	H_{17}	2009	595	1 213	122	0.824			
449	H_{17}	2010	640	1 283	128	0.887			

续表

obs	H	年份	Y	K	L	I	线性回归	岭回归	分离因子 μ
18	H_{18}	1998	529	2 445	78	1.061	$\ln Y=-0.549+1.16\ln K-0.506\ln L+0.250\ln I$	$\ln Y=0.829+0.742\ln K-0.043\ln L+0.50\ln I$	0.417 5
54	H_{18}	1999	605	2 840	72	1.223	t 值 (-0.194) (2.430) (0.816) (2.444)	Beta (0.554) (-0.012) (0.365)	
90	H_{18}	2000	786	3 260	64	1.430	VIF (11.112) (0.612) (7.735)	$R^2=0.886$	
126	H_{18}	2001	892	3 557	59	1.521	$R^2=0.897$ DW$=0.517$		
162	H_{18}	2002	1 037	3 527	56	1.709	$F=26.145$		
198	H_{18}	2003	1 299	3 541	60	1.851			
234	H_{18}	2004	1 555	3 846	63	1.343			
270	H_{18}	2005	1 797	4 800	74	1.914			
306	H_{18}	2006	2 037	5 575	77	2.076			
342	H_{18}	2007	2 645	6 116	81	3.154			
378	H_{18}	2008	2 580	7 073	86	2.058			
414	H_{18}	2009	2 870	8 801	85	4.175			
450	H_{18}	2010	2 982	10 697	92	4.575			
19	H_{19}	1998	1 103	6 083	390	1.924	$\ln Y=7.676-0.254\ln K+0.076\ln L+1.618\ln I$	$\ln Y=2.588+0.618\ln K-0.245\ln L+0.819\ln L$	0.687 1
55	H_{19}	1999	1 247	6 715	371	2.169	t 值 (5.677) (-0.915) (0.307) (4.693)	Beta (0.396) (-0.047) (0.581)	
91	H_{19}	2000	1 412	7 112	347	2.312	VIF (65.449) (7.513) (48.409)	$R^2=0.985$	
127	H_{19}	2001	1 617	7 551	319	2.661	$R^2=0.996$ DW$=2.259$		
163	H_{19}	2002	1 924	8 192	310	3.058	$F=688.718$		
199	H_{19}	2003	2 487	8 811	311	3.493			
235	H_{19}	2004	3 262	9 312	316	3.947			
271	H_{19}	2005	3 982	10 989	340	4.757			
307	H_{19}	2006	4 752	13 017	358	5.306			
343	H_{19}	2007	6 269	15 207	380	6.627			
379	H_{19}	2008	6 449	17 438	430	7.203			
415	H_{19}	2009	7 815	21 875	440	7.683			
451	H_{19}	2010	8 557	25 579	474	8.739			

续表

obs	H	年份	Y	K	L	I
20	H_{20}	1998	433	1 714	104	0.816
56	H_{20}	1999	528	1 932	100	0.930
92	H_{20}	2000	632	2 148	100	1.144
128	H_{20}	2001	730	2 508	103	1.258
164	H_{20}	2002	862	2 879	105	1.503
200	H_{20}	2003	1 034	3 243	115	1.641
236	H_{20}	2004	1 215	3 504	119	1.745
272	H_{20}	2005	1 387	3 814	123	2.001
308	H_{20}	2006	1 592	4 163	130	2.228
344	H_{20}	2007	1 953	4 495	137	2.698
380	H_{20}	2008	2 139	4 888	151	2.981
416	H_{20}	2009	2 596	6 338	160	3.335
452	H_{20}	2010	2 835	7 219	173	3.714
21	H_{21}	1998	185	1 357	48	0.627
57	H_{21}	1999	259	1 522	46	0.910
93	H_{21}	2000	296	1 489	43	1.002
129	H_{21}	2001	224	1 272	40	0.834
165	H_{21}	2002	257	1 319	38	0.841
201	H_{21}	2003	298	1 334	34	0.932
237	H_{21}	2004	371	1 518	38	0.924
273	H_{21}	2005	440	1 846	43	1.046
309	H_{21}	2006	532	2 016	43	1.223
345	H_{21}	2007	691	2 374	45	1.570
381	H_{21}	2008	661	2 280	45	1.409
417	H_{21}	2009	770	2 451	41	1.621
453	H_{21}	2010	811	2 823	44	2.024

H_{20} 线性回归

$\ln Y = 4.294 + 0.239\ln K + 0.046\ln L + 1.029\ln I$
t 值　(2.405)　(0.965)　(0.187)　(4.934)
VIF　　　(71.240)　(12.492)　(60.778)
$R^2 = 0.996$　　DW = 1.246
$F = 742.168$

H_{20} 岭回归

$\ln Y = -0.351 + 0.493\ln K + 0.643\ln L + 0.526\ln I$
Beta　　(0.355)　(0.197)　(0.416)
$R^2 = 0.990$

H_{20} 分离因子 μ = 0.316 5

H_{21} 线性回归

$\ln Y = -3.637 + 2.010\ln K - 1.44\ln L - 0.048\ln I$
t 值　(-1.706)　(4.930)　(-3.621)　(-0.149)
VIF　　　(21.975)　(2.389)　(18.987)
$R^2 = 0.980$　　DW = 1.146
$F = 115.022$

H_{21} 岭回归

$\ln Y = 0.456 + 1.048\ln K - 0.630\ln L + 0.618\ln I$
Beta　　(0.572)　(-0.116)　(0.400)
$R^2 = 0.965$

H_{21} 分离因子 μ = 0.596 5

续表

obs	H	年份	Y	K	L	I	线性回归	岭回归	分离因子 μ
22	H_{22}	1998	203	861	77	0.423	$\ln Y=5.185+0.029\ln K+0.195\ln L+1.059\ln I$	$\ln Y=1.350+0.545\ln K+0.205\ln L+0.618\ln I$	0.451 8
58	H_{22}	1999	208	838	71	0.419	t值 (6.376)(0.188) (1.592) (11.409)	Beta (0.360) (0.061) (0.545)	
94	H_{22}	2000	218	919	67	0.475	VIF (47.261) (6.043) (30.128)	$R^2=0.989$	
130	H_{22}	2001	251	1 005	62	0.551	$R^2=0.998$ DW=2.063		
166	H_{22}	2002	302	1 083	62	0.641	$F=1\,496.433$		
202	H_{22}	2003	373	1 157	62	0.733			
238	H_{22}	2004	459	1 234	65	0.934			
274	H_{22}	2005	540	1 479	80	1.047			
310	H_{22}	2006	629	1 649	82	1.206			
346	H_{22}	2007	819	1 925	88	1.453			
382	H_{22}	2008	852	2 216	97	1.500			
418	H_{22}	2009	1 007	2 593	98	1.764			
454	H_{22}	2010	1 113	2 879	103	1.979			
23	H_{23}	1998	354	1 446	110	0.661	$\ln Y=2.342+0.706\ln K-0.262\ln L+0.906\ln I$	$\ln Y=0.164+0.483\ln K+0.534\ln L+0.497\ln I$	0.328 3
59	H_{23}	1999	397	1 603	111	0.725	t值 (0.584)(1.462) (−0.740) (1.639)	Beta (0.347) (0.276) (0.343)	
95	H_{23}	2000	463	1 719	111	0.807	VIF (227.148) (63.235) (274.412)	$R^2=0.991$	
131	H_{23}	2001	551	1 975	117	0.901	$R^2=0.995$ DW=1.072		
167	H_{23}	2002	668	2 183	130	0.981	$F=625.646$		
203	H_{23}	2003	770	2 480	141	1.086			
239	H_{23}	2004	968	2 778	152	1.210			
275	H_{23}	2005	1 153	3 376	183	1.412			
311	H_{23}	2006	1 469	3 847	201	1.692			
347	H_{23}	2007	1 825	4 303	224	1.973			
383	H_{23}	2008	1 943	4 765	255	2.205			
419	H_{23}	2009	2 307	5 558	260	2.368			
455	H_{23}	2010	2 589	6 432	283	2.699			

续表

obs	H	年份	Y	K	L	I	线性回归	岭回归	分离因子 μ
24	H$_{24}$	1998	909	4 817	455	1.292	$\ln Y=10.475+0.000\ln K-0.666\ln L+1.494\ln I$ t值 (6.250) (−0.001) (−2.518) (7.033) VIF (72.492) (4.295) (56.375) $R^2=0.996$　DW=1.191 $F=799.046$	$\ln Y=3.314+0.67\ln K-0.375\ln L+0.788\ln I$ Beta (0.422) (−0.060) (0.568) $R^2=0.985$	0.726 9
60	H$_{24}$	1999	1 029	5 064	434	1.382			
96	H$_{24}$	2000	1 123	5 086	411	1.508			
132	H$_{24}$	2001	1 224	5 286	393	1.591			
168	H$_{24}$	2002	1 410	5 721	388	1.681			
204	H$_{24}$	2003	1 765	6 216	396	1.936			
240	H$_{24}$	2004	2 168	6 910	407	2.167			
276	H$_{24}$	2005	2 546	7 794	418	2.474			
312	H$_{24}$	2006	3 218	8 597	428	2.957			
348	H$_{24}$	2007	4 141	9 628	448	3.537			
384	H$_{24}$	2008	4 528	11 494	499	4.162			
420	H$_{24}$	2009	5 492	14 681	509	4.629			
456	H$_{24}$	2010	6 283	17 206	545	5.284			
25	H$_{25}$	1998	983	6 262	299	1.777	$\ln Y=7.734+0.203\ln K-0.598\ln L+1.247\ln I$ t值 (4.346)(0.845) (−1.412) (7.128) VIF (27.329) (3.481) (19.482) $R^2=0.992$　DW=2.013 $F=333.715$	$\ln Y=3.366+0.594\ln K-0.361\ln L+0.812\ln I$ Beta (0.379) (−0.047) (0.601) $R^2=0.982$	0.777 0
61	H$_{25}$	1999	1 108	6 913	277	2.178			
97	H$_{25}$	2000	1 295	7 072	262	2.208			
133	H$_{25}$	2001	1 546	7 518	249	2.360			
169	H$_{25}$	2002	1 859	7 991	239	2.789			
205	H$_{25}$	2003	2 850	9 380	256	3.800			
241	H$_{25}$	2004	4 092	10 914	261	4.858			
277	H$_{25}$	2005	5 237	13 053	287	5.754			
313	H$_{25}$	2006	6 166	15 489	296	6.828			
349	H$_{25}$	2007	7 692	18 532	304	8.529			
385	H$_{25}$	2008	7 784	21 563	314	9.324			
421	H$_{25}$	2009	9 046	27 014	323	8.671			
457	H$_{25}$	2010	9 570	29 705	346	9.715			

续表

obs	H	年份	Y	K	L	I	线性回归	岭回归	分离因子 μ
26	H_{26}	1998	332	2 081	112	0.619	$\ln Y=3.517+0.179\ln K+0.303\ln L+1.136\ln I$	$\ln Y=-0.256+0.489\ln K+0.599\ln L+0.713\ln I$	0.395 9
62	H_{26}	1999	415	2 275	108	0.780	t 值 (3.938)(0.878) (0.967) (9.897)	Beta (0.314) (0.140) (0.516)	
98	H_{26}	2000	511	2 375	106	0.968	VIF (53.527) (16.495) (21.437)	$R^2=0.989$	
134	H_{26}	2001	597	2 660	109	1.046	$R^2=0.997$　DW=2.420		
170	H_{26}	2002	647	2 869	102	1.132	$F=1\,032.557$		
206	H_{26}	2003	910	3 211	107	1.497			
242	H_{26}	2004	1 347	3 815	116	1.820			
278	H_{26}	2005	1 749	4 785	131	2.331			
314	H_{26}	2006	2 815	5 943	137	3.424			
350	H_{26}	2007	3 824	7 396	156	4.049			
386	H_{26}	2008	4 016	8 824	185	4.008			
422	H_{26}	2009	4 791	11 178	178	4.139			
458	H_{26}	2010	5 141	13 605	192	5.011			
27	H_{27}	1998	504	2 034	176	0.755	$\ln Y=9.998-0.183\ln K-0.376\ln L+1.677\ln I$	$\ln Y=1.123+0.422\ln K+0.433\ln L+0.612\ln I$	0.417 2
63	H_{27}	1999	554	2 121	166	0.811	t 值 (6.889)(-0.858) (-1.671) (9.477)	Beta (0.313) (0.178) (0.467)	
99	H_{27}	2000	608	2 196	162	0.877	VIF (68.231) (23.382) (49.944)	$R^2=0.979$	
135	H_{27}	2001	720	2 417	165	0.976	$R^2=0.997$　DW=2.216		
171	H_{27}	2002	869	2 638	174	1.070	$F=907.549$		
207	H_{27}	2003	980	2 766	171	1.189			
243	H_{27}	2004	1 268	3 226	192	1.424			
279	H_{27}	2005	1 535	3 695	223	1.683			
315	H_{27}	2006	1 959	4 457	248	1.955			
351	H_{27}	2007	2 571	5 353	273	2.434			
387	H_{27}	2008	2 765	6 436	327	2.896			
423	H_{27}	2009	3 216	8 023	319	3.042			
459	H_{27}	2010	3 628	9 189	345	3.468			

续表

obs	H	年份	Y	K	L	I	线性回归	岭回归	分离因子 μ
28	H$_{28}$	1998	697	3753	340	1.496	lnY=10.147−0.184lnK−0.485lnL+1.743lnI	lnY=1.705+0.542lnK+0.045lnL+0.768lnI	0.566 8
84	H$_{28}$	1999	762	3922	302	1.551	t 值 (8.338) (−0.995) (−3.358) (11.107)	Beta (0.379) (0.014) (0.553)	
100	H$_{28}$	2000	838	4007	285	1.672	VIF (63.249) (7.304) (48.387)	R²=0.978	
136	H$_{28}$	2001	981	4258	272	1.806	R²=0.998 DW=1.524		
172	H$_{28}$	2002	1191	4699	264	2.033	F=1258.884		
208	H$_{28}$	2003	1605	5436	283	2.406			
244	H$_{28}$	2004	2168	6350	300	2.865			
280	H$_{28}$	2005	2690	7516	355	3.581			
316	H$_{28}$	2006	3344	8622	379	4.240			
352	H$_{28}$	2007	4362	10263	421	5.109			
388	H$_{28}$	2008	4769	12791	493	5.994			
424	H$_{28}$	2009	5598	16255	487	6.488			
460	H$_{28}$	2010	6458	192 20	539	7.379			
29	H$_{29}$	1998	485	2580	252	1.085	lnY=8.877−0.007lnK−0.508lnL+1.466lnI	lnY=2.780+0.559lnK−0.166lnL+0.740lnI	0.663 1
65	H$_{29}$	1999	528	2672	218	1.149	t 值 (0.561) (−0.034) (−3.416) (7.042)	Beta (0.419) (−0.044) (0.560)	
101	H$_{29}$	2000	579	2706	207	1.240	VIF (61.257) (3.982) (50.625)	R²=0.983	
137	H$_{29}$	2001	643	2820	186	1.252	R²=0.997 DW=1.982		
173	H$_{29}$	2002	808	3121	178	1.407	F=852.716		
209	H$_{29}$	2003	1017	3901	205	1.810			
245	H$_{29}$	2004	1280	4243	209	1.926			
281	H$_{29}$	2005	1525	4752	220	2.305			
317	H$_{29}$	2006	2021	5522	235	2.864			
353	H$_{29}$	2007	2619	6768	257	3.575			
389	H$_{29}$	2008	2952	8687	308	4.277			
425	H$_{29}$	2009	3528	11278	309	4.656			
461	H$_{29}$	2010	4033	13514	334	5.382			

续表

obs	H	年份	Y	K	L	I	线性回归	岭回归	分离因子 μ
30	H_{30}	1998	1080	5664	338	2.157	$\ln Y=4.527+0.312\ln K-0.176\ln L+0.959\ln I$	$\ln Y=1.527+0.474\ln K+0.166\ln L+0.648\ln I$	0.5031
66	H_{30}	1999	1222	6099	317	2.492	t 值 (4.237)(1.085) (−0.563) (5.337)	Beta (0.364) (0.049) (0.546)	
102	H_{30}	2000	1320	6415	306	2.865	VIF (79.450) (17.202) (45.724)	$R^2=0.986$	
138	H_{30}	2001	1650	7184	296	3.448	$R^2=0.995$ DW=1.530		
174	H_{30}	2002	2249	8091	297	4.154	$F=662.120$		
210	H_{30}	2003	2923	9317	312	5.049			
246	H_{30}	2004	3201	10516	327	5.458			
282	H_{30}	2005	3473	11573	352	6.583			
318	H_{30}	2006	4343	13205	375	7.794			
354	H_{30}	2007	5956	16175	409	9.437			
390	H_{30}	2008	6417	19338	473	10.471			
426	H_{30}	2009	8035	26382	498	12.019			
462	H_{30}	2010	9323	32206	574	13.803			
31	H_{31}	1998	880	3841	239	1.628	$\ln Y=7.715-0.246\ln K+0.071\ln L+1.460\ln I$	$\ln Y=1.068+0.368\ln K+0.474\ln L+0.566\ln I$	0.4020
67	H_{31}	1999	1027	4197	228	1.869	t 值 (4.841)(−1.022) (0.276) (7.244)	Beta (0.282) (0.236) (0.445)	
103	H_{31}	2000	1228	4402	239	2.119	VIF (55.270) (26.401) (40.760)	$R^2=0.981$	
139	H_{31}	2001	1392	4886	228	2.399	$R^2=0.994$ DW=1.375		
175	H_{31}	2002	1637	5252	239	2.701	$F=537.371$		
211	H_{31}	2003	2042	6015	265	3.094			
247	H_{31}	2004	2663	6913	299	3.511			
283	H_{31}	2005	3240	8195	367	4.182			
319	H_{31}	2006	4065	9529	404	5.149			
355	H_{31}	2007	5170	11558	449	6.481			
391	H_{31}	2008	5710	13491	528	7.403			
427	H_{31}	2009	6763	17672	535	7.931			
463	H_{31}	2010	7610	21981	604	9.388			

续表

obs	H	年份	Y	K	L	I	线性回归	岭回归	分离因子 μ
32	H$_{32}$	1998	1121	4287	185	2.212	$\ln Y=3.003+0.457\ln K-0.086\ln L+0.779\ln I$	$\ln Y=1.836+0.422\ln K+0.271\ln L+0.456\ln I$	0.3969
68	H$_{32}$	1999	1381	5123	186	2.864	t值 (1.337)(1.383) (−0.492) (2.702)	Beta (0.358) (0.212) (0.395)	
104	H$_{32}$	2000	1819	5755	196	3.712	VIF (84.033) (20.112) (66.874)	$R^2=0.985$	
140	H$_{32}$	2001	2056	7108	205	4.237	$R^2=0.997$　DW=0.955		
176	H$_{32}$	2002	2604	8099	229	4.733	$F=353.625$		
212	H$_{32}$	2003	3514	10126	273	5.870			
248	H$_{32}$	2004	4379	12138	333	7.065			
284	H$_{32}$	2005	5188	13924	440	7.909			
320	H$_{32}$	2006	6236	15678	505	9.584			
356	H$_{32}$	2007	6767	17836	588	11.546			
392	H$_{32}$	2008	7089	18909	677	12.383			
428	H$_{32}$	2009	7894	22408	664	12.360			
464	H$_{32}$	2010	8747	27226	773	14.391			
33	H$_{33}$	1998	168	754	64	0.444	$\ln Y=4.746+0.126\ln K+0.126\ln L+1.234\ln I$	$\ln Y=0.754+0.454\ln K+0.484\ln L+0.644\ln I$	0.4071
69	H$_{33}$	1999	185	794	58	0.500	t值 (1.674)(0.331) (0.346) (3.102)	Beta (0.332) (0.185) (0.445)	
105	H$_{33}$	2000	214	824	56	0.582	VIF (31.589) (7.874) (30.833)	$R^2=0.970$	
141	H$_{33}$	2001	240	917	81	0.648	$R^2=0.978$　DW=0.810		
177	H$_{33}$	2002	277	1056	57	0.741	$F=132.825$		
213	H$_{33}$	2003	449	1272	72	0.862			
249	H$_{33}$	2004	561	1438	78	0.916			
285	H$_{33}$	2005	885	1679	89	1.121			
321	H$_{33}$	2006	852	1963	99	1.338			
357	H$_{33}$	2007	993	2223	107	1.657			
393	H$_{33}$	2008	1047	2523	116	1.714			
429	H$_{33}$	2009	1129	3409	113	1.771			
465	H$_{33}$	2010	1280	3658	125	2.050			

续表

obs	H	年份	Y	K	L	I	线性回归	岭回归	分离因子 μ
34	H₃₄	1998	1875	11724	215	2.574	lnY=10.297+0.063lnK−0.858lnL+1.366lnI	lnY=4.619+0.409lnK+1.461lnL+0.536lnI	0.2228
70	H₃₄	1999	2215	12642	223	2.706	t值 (2.238)(0.191)(−0.857)(4.465)	Beta (0.335)(0.210)(0.418)	
106	H₃₄	2000	2322	15152	233	3.125	VIF (94.192)(26.464)(72.922)	R^2=0.982	
142	H₃₄	2001	2724	16946	230	3.538	R^2=0.993 DW=1.860		
178	H₃₄	2002	3270	18994	233	4.004	F=424.346		
214	H₃₄	2003	3639	21687	238	4.109			
250	H₃₄	2004	4437	22296	239	4.683			
286	H₃₄	2005	5186	26041	253	5.620			
322	H₃₄	2006	6085	29243	369	6.413			
358	H₃₄	2007	7540	32739	257	7.337			
394	H₃₄	2008	7658	36350	269	7.312			
430	H₃₄	2009	8584	43618	278	8.330			
466	H₃₄	2010	9032	47229	276	9.034			
35	H₃₅	1998	14	418	16	0.052	lnY=5.475+0.133lnK−0.296lnL+0.867lnI	lnY=2.127+0.687lnK−0.539lnL+0.573lnI	0.7947
71	H₃₅	1999	38	476	16	0.076	t值 (2.777)(0.365)(−0.399)(5.814)	Beta (0.349)(−0.049)(0.621)	
107	H₃₅	2000	35	481	16	0.116	VIF (18.143)(2.368)(13.849)	R^2=0.973	
143	H₃₅	2001	47	498	15	0.152	R^2=0.983 DW=2.702		
179	H₃₅	2002	55	583	15	0.174	F=173.509		
215	H₃₅	2003	76	647	15	0.277			
251	H₃₅	2004	100	666	14	0.340			
287	H₃₅	2005	122	795	15	0.407			
323	H₃₅	2006	169	952	15	0.586			
359	H₃₅	2007	262	1074	16	0.936			
395	H₃₅	2008	311	1238	18	1.129			
431	H₃₅	2009	376	2291	18	1.432			
467	H₃₅	2010	421	1812	19	1.764			

续表

obs	H	年份	Y	K	L	I
36	H_{36}	1998	124	972	42	0.342
72	H_{36}	1999	150	1271	44	0.402
108	H_{36}	2000	150	1205	45	0.340
144	H_{36}	2001	164	1378	45	0.358
180	H_{36}	2002	177	1570	45	0.368
216	H_{36}	2003	192	1734	48	0.389
252	H_{36}	2004	215	1815	48	0.414
288	H_{36}	2005	237	2015	48	0.418
324	H_{36}	2006	277	2370	48	0.544
360	H_{36}	2007	313	2448	41	0.575
396	H_{36}	2008	307	2536	44	0.561
432	H_{36}	2009	341	3147	45	0.589
468	H_{36}	2010	341	3369	46	0.649

线性回归

$$\ln Y = 2.146 + 0.966\ln K - 1.076\ln L - 0.071\ln I$$

t 值　(1.557)(6.558)　(-2.052)　(-0.301)

VIF　　　　(17.321)　(2.118)　(16.429)

$R^2 = 0.986$　　DW$=0.962$

$F = 218.449$

岭回归

$$\ln Y = 1.697 + 0.546\ln K + 0.001\ln L + 0.529\ln I$$

Beta　　　(0.598)　(0.000)　(0.352)

$R^2 = 0.973$

分离因子 μ：0.4916

附录3　横截面数据与回归分析

附表 3-1　1998～2010 年横截面数据与回归分析

obs	H	年份	Y	K	L	I	数据分析结果
1	H_1	1998	601.55	2 921.28	464.22	0.681 646	一、线性回归
2	H_2	1998	1 186.41	2 789.17	113.77	1.233 475	$\ln Y = 4.498 + 0.079 \ln K + 0.240 \ln L + 0.953 \ln I$
3	H_3	1998	54.21	240.62	29.54	0.180 013	t 值 (6.730)　(0.722)　(2.968)　(9.418)
4	H_4	1998	111.27	398.44	55.18	0.306 918	VIF　　(7.231)　(3.398)　(4.391)
5	H_5	1998	110.74	446.22	63.06	0.277 198	$R^2 = 0.955$　　DW $= 1.423$
6	H_6	1998	681.54	2 759.43	200.50	0.854 973	$F = 225.548$
7	H_7	1998	324.95	1 305.33	102.55	0.529 031	
8	H_8	1998	543.61	1 959.1	115.14	0.801 828	二、岭回归
9	H_9	1998	886.16	1 364.18	29.18	2.070 473	$\ln Y = 3.373 + 0.232 \ln K + 0.222 \ln L + 0.735 \ln I$
10	H_{10}	1998	1 017.3	5 029.26	578.01	1.300 790	Beta　　(0.215)　(0.190)　(0.580)
11	H_{11}	1998	481.93	1 369.88	211.72	0.572 136	$R^2 = 0.948$
12	H_{12}	1998	273.25	821.36	111.07	0.390 446	
13	H_{13}	1998	112.57	537.57	50.26	0.286 720	
14	H_{14}	1998	76.66	249.4	25.06	0.309 494	
15	H_{15}	1998	318.92	1 594.78	129.34	0.565 103	
16	H_{16}	1998	182.71	676.36	67.41	0.483 021	
17	H_{17}	1998	141.14	460.57	61.44	0.317 123	
18	H_{18}	1998	526.58	2 444.7	77.98	1.060 743	
19	H_{19}	1998	1 103.44	6 083.18	390.36	1.923 838	
20	H_{20}	1998	432.91	1 714.48	103.74	0.816 255	
21	H_{21}	1998	184.62	1 357.3	48.13	0.626 940	
22	H_{22}	1998	203.1	861.37	77.18	0.422 840	
23	H_{23}	1998	354.28	1 446.02	110.33	0.661 359	
24	H_{24}	1998	909.14	4 816.95	455.33	1.291 697	
25	H_{25}	1998	982.66	6 262	298.60	1.776 777	
26	H_{26}	1998	332.33	2 080.74	112.32	0.619 459	
27	H_{27}	1998	504.29	2 033.84	175.80	0.754 659	
28	H_{28}	1998	696.94	3 752.6	340.06	1.495 888	
29	H_{29}	1998	485.4	2 579.85	252.09	1.084 525	
30	H_{30}	1998	1 080.28	5 663.77	337.52	2.156 633	
31	H_{31}	1998	879.57	3 841.03	239.09	1.627 829	
32	H_{32}	1998	1 120.96	4 286.91	185.48	2.211 968	
33	H_{33}	1998	168.47	753.51	64.35	0.444 413	
34	H_{34}	1998	1 875.19	11 724.05	215.24	2.573 575	
35	H_{35}	1998	14.13	418.32	16.48	0.051 954	
36	H_{36}	1998	123.86	971.88	41.78	0.342 134	

续表

obs	H	年份	Y	K	L	I	数据分析结果
37	H_1	1999	578.91	3 286.15	426.91	0.679 566	一、线性回归
38	H_2	1999	1 473.82	3 134.11	110.71	1.534 993	$\ln Y=3.289+0.277 \ln K+0.177 \ln L+0.723 \ln I$
39	H_3	1999	54.34	211.09	24.14	0.200 543	t 值 (4.937)　(2.550)　　(2.248)　　(7.040)
40	H_4	1999	129.15	409.38	52.74	0.355 302	VIF　　　(7.813)　　(3.287)　　(4.750)
41	H_5	1999	121.27	489.47	60.15	0.290 320	$R^2=0.952$　　　　DW$=1.693$
42	H_6	1999	780.59	2 776.74	180.59	0.909 200	$F=210.815$
43	H_7	1999	353.02	1 351.28	96.67	0.600 444	二、岭回归
44	H_8	1999	600.18	2 253.25	106.27	0.918 674	$\ln Y=2.865+0.318 \ln K+0.196 \ln L+0.604 \ln I$
45	H_9	1999	913.99	1 480.57	28.10	2.234 955	Beta　　　(0.317)　　(0.175)　　(0.497)
46	H_{10}	1999	1 144.59	5 143.04	510.87	1.457 772	$R^2=0.949$
47	H_{11}	1999	518.41	1 430.36	202.68	0.620 845	
48	H_{12}	1999	290.58	838.85	109.83	0.395 743	
49	H_{13}	1999	136.16	562.72	47.99	0.332 742	
50	H_{14}	1999	79.88	275.17	25.47	0.315 033	
51	H_{15}	1999	364.30	1 716.81	119.25	0.608 628	
52	H_{16}	1999	202.81	762.28	60.41	0.538 501	
53	H_{17}	1999	143.65	431.81	64.07	0.330 922	
54	H_{18}	1999	604.75	2 840.25	71.62	1.222 700	
55	H_{19}	1999	1 246.80	6 715.05	370.99	2.169 419	
56	H_{20}	1999	527.52	1 932.30	99.88	0.930 470	
57	H_{21}	1999	258.76	1 521.73	46.24	0.910 299	
58	H_{22}	1999	207.59	937.69	71.26	0.418 730	
59	H_{23}	1999	397.34	1 602.97	111.11	0.725 235	
60	H_{24}	1999	1 029.30	5 064.04	434.00	1.381 827	
61	H_{25}	1999	1 107.74	6 913.03	276.94	2.178 232	
62	H_{26}	1999	415.00	2 275.36	108.32	0.779 659	
63	H_{27}	1999	554.02	2 121.29	166.04	0.811 341	
64	H_{28}	1999	761.90	3 922.26	302.36	1.551 401	
65	H_{29}	1999	528.41	2 671.82	218.47	1.148 570	
66	H_{30}	1999	1 222.48	6 098.55	317.33	2.491 506	
67	H_{31}	1999	1 027.22	4 197.00	228.56	1.869 090	
68	H_{32}	1999	1 381.10	5 123.38	186.21	2.864 029	
69	H_{33}	1999	184.90	794.03	57.84	0.499 951	
70	H_{34}	1999	2 214.98	12 641.54	222.99	2.707 926	
71	H_{35}	1999	37.54	476.03	15.96	0.076 291	
72	H_{36}	1999	149.92	1 270.55	44.41	0.401 722	

续表

obs	H	年份	Y	K	L	I	数据分析结果
73	H_1	2000	581.35	3 335.13	399.27	0.819 024	一、线性回归
74	H_2	2000	2 202.41	3 583.59	57.75	3.984 759	$\ln Y=4.175+0.134\ln K+0.223\ln L+0.891\ln I$
75	H_3	2000	62.12	218.32	24.37	0.228 321	t 值 (4.995) (1.345) (3.335) (9.705)
76	H_4	2000	139.35	440.51	48.57	0.405 877	VIF (8.574) (3.028) (5.103)
77	H_5	2000	122.27	561.72	55.16	0.295 654	$R^2=0.965$ DW$=1.484$
78	H_6	2000	832.79	2 629.61	167.90	1.003 557	$F=292.971$
79	H_7	2000	414.57	1 361.71	91.77	0.686 791	二、岭回归
80	H_8	2000	617.05	2 245.03	102.22	0.954 971	$\ln Y=3.230+0.275\ln K+0.195\ln L+0.692\ln I$
81	H_9	2000	933.00	1 557.51	25.89	2.350 599	Beta (0.267) (0.168) (0.564)
82	H_{10}	2000	1 269.03	5 012.17	482.89	1.566 992	$R^2=0.959$
83	H_{11}	2000	590.25	1 501.30	215.63	0.698 798	
84	H_{12}	2000	322.66	830.73	112.74	0.439 189	
85	H_{13}	2000	157.06	597.60	50.04	0.388 970	
86	H_{14}	2000	94.58	300.45	27.04	0.351 911	
87	H_{15}	2000	411.39	2 078.71	113.41	0.732 372	
88	H_{16}	2000	200.79	804.51	55.82	0.574 509	
89	H_{17}	2000	154.84	440.71	65.26	0.338 111	
90	H_{18}	2000	785.63	3 259.98	63.69	1.430 064	
91	H_{19}	2000	1 411.58	7 111.90	346.60	2.312 374	
92	H_{20}	2000	631.98	2 148.43	99.56	1.143 616	
93	H_{21}	2000	294.90	1 489.04	42.94	1.001 542	
94	H_{22}	2000	218.33	918.56	66.57	0.475 028	
95	H_{23}	2000	463.04	1 719.07	111.44	0.806 772	
96	H_{24}	2000	1 123.35	5 086.00	410.67	1.508 186	
97	H_{25}	2000	1 295.40	7 071.97	261.70	2.207 878	
98	H_{26}	2000	511.16	2 374.61	105.71	0.967 612	
99	H_{27}	2000	607.64	2 195.97	162.44	0.877 362	
100	H_{28}	2000	838.24	4 007.47	285.02	1.672 118	
101	H_{29}	2000	579.23	2 705.56	206.79	1.239 622	
102	H_{30}	2000	1 319.65	6 415.30	306.16	2.865 428	
103	H_{31}	2000	1 227.82	4 402.15	229.15	2.118 684	
104	H_{32}	2000	1 818.85	5 755.25	196.31	3.711 667	
105	H_{33}	2000	213.72	823.99	56.24	0.581 834	
106	H_{34}	2000	2 321.66	15 151.93	233.22	3.125 271	
107	H_{35}	2000	34.64	480.69	15.95	0.115 781	
108	H_{36}	2000	150.43	1 205.47	44.83	0.340 023	

obs	H	年份	Y	K	L	I	数据分析结果
109	H_1	2001	705.71	3 557.68	375.32	0.915 292	一、线性回归
110	H_2	2001	2 039.18	3 923.58	59.89	3.653 826	$\ln Y = 3.975 + 0.159\ln K + 0.233\ln L + 0.853\ln I$
111	H_3	2001	73.01	234.11	24.37	0.268 616	t 值　(6.257)　(1.561)　(3.586)　(8.442)
112	H_4	2001	143.21	448.39	45.13	0.422 869	VIF　　　　(10.822)　(2.746)　(5.773)
113	H_5	2001	126.69	581.52	51.65	0.311 850	$R^2 = 0.963$　　　　　　DW$=1.474$
114	H_6	2001	954.24	2 665.70	166.91	1.071 133	$F = 278.078$
115	H_7	2001	456.43	1 509.80	90.05	0.728 410	二、岭回归
116	H_8	2001	649.05	2 358.14	94.98	0.992 882	$\ln Y = 3.096 + 0.287\ln K + 0.212\ln L + 0.660\ln I$
117	H_9	2001	1 104.11	1 873.11	24.73	2.636 991	Beta　　　(0.284)　(0.184)　(0.533)
118	H_{10}	2001	1 401.54	5 349.06	477.50	1.668 974	$R^2 = 0.958$
119	H_{11}	2001	695.07	1 654.31	237.07	0.795 353	
120	H_{12}	2001	395.72	891.09	127.04	0.514 083	
121	H_{13}	2001	194.86	662.48	51.29	0.436 793	
122	H_{14}	2001	118.77	329.75	29.83	0.373 984	
123	H_{15}	2001	479.67	2 276.12	113.81	0.845 234	
124	H_{16}	2001	246.44	925.93	54.67	0.643 310	
125	H_{17}	2001	181.69	489.30	66.91	0.367 324	
126	H_{18}	2001	892.22	3 556.92	59.20	1.521 197	
127	H_{19}	2001	1 617.44	7 550.63	318.57	2.661 117	
128	H_{20}	2001	729.73	2 507.61	102.99	1.258 140	
129	H_{21}	2001	224.34	1 272.04	40.27	0.834 076	
130	H_{22}	2001	250.80	1 005.36	61.60	0.550 800	
131	H_{23}	2001	550.53	1 974.82	117.14	0.901 399	
132	H_{24}	2001	1 224.12	5 286.25	392.61	1.591 022	
133	H_{25}	2001	1545.61	7 518.45	249.34	2.359 569	
134	H_{26}	2001	597.15	2 660.42	109.29	1.045 742	
135	H_{27}	2001	720.48	2 416.77	165.15	0.975 549	
136	H_{28}	2001	981.44	4 257.52	271.99	1.805 851	
137	H_{29}	2001	643.31	2 820.37	185.61	1.251 681	
138	H_{30}	2001	1 650.19	7 184.10	296.22	3.448 248	
139	H_{31}	2001	1 392.36	4 885.65	225.55	2.398 952	
140	H_{32}	2001	2 055.59	7 108.39	205.00	4.237 344	
141	H_{33}	2001	240.30	917.42	80.57	0.647 996	
142	H_{34}	2001	2 723.54	16 945.62	229.51	3.538 233	
143	H_{35}	2001	46.61	498.31	14.71	0.152 415	
144	H_{36}	2001	163.60	1 378.39	45.16	0.358 101	

obs	H	年份	Y	K	L	I	数据分析结果
145	H_1	2002	949.44	4 073.47	379.71	1.138 070	一、线性回归
146	H_2	2002	2 001.08	4 131.24	56.01	3.493 270	$\ln Y = 4.212 + 0.122\ln K + 0.258\ln L + 0.873\ln I$
147	H_3	2002	89.10	278.00	24.66	0.294 101	t 值 (6.913) (1.263) (4.461) (9.334)
148	H_4	2002	155.79	472.31	43.02	0.435 724	VIF (8.990) (2.625) (6.053)
149	H_5	2002	147.19	608.64	48.70	0.341 004	$R^2 = 0.969$ DW$=1.487$
150	H_6	2002	1 149.47	2 933.36	173.52	1.181 100	$F = 333.852$
151	H_7	2002	571.29	1 724.95	98.48	0.801 654	二、岭回归
152	H_8	2002	733.10	2 513.37	91.00	1.083 040	$\ln Y = 3.156 + 0.281\ln K + 0.226\ln L + 0.658\ln I$
153	H_9	2002	1 404.58	2 143.96	23.21	3.292 631	Beta (0.271) (0.197) (0.538)
154	H_{10}	2002	1 620.97	5 780.19	483.13	1.908 335	$R^2 = 0.963$
155	H_{11}	2002	770.74	1 824.00	265.75	0.877 630	
156	H_{12}	2002	473.10	1 032.90	141.29	0.561 102	
157	H_{13}	2002	220.99	729.30	51.71	0.460 048	
158	H_{14}	2002	143.95	388.43	33.97	0.389 437	
159	H_{15}	2002	589.75	2 487.91	114.99	0.957 479	
160	H_{16}	2002	288.77	1 000.63	56.46	0.682 606	
161	H_{17}	2002	211.28	569.21	75.56	0.369 313	
162	H_{18}	2002	1 037.11	3 527.15	56.85	1.709 058	
163	H_{19}	2002	1 924.21	8 191.83	310.13	3.057 523	
164	H_{20}	2002	862.24	2 878.79	105.50	1.503 383	
165	H_{21}	2002	257.15	1 318.95	37.73	0.840 502	
166	H_{22}	2002	302.22	1 083.39	62.08	0.640 649	
167	H_{23}	2002	668.22	2 182.72	129.56	0.980 844	
168	H_{24}	2002	1 410.29	5 721.44	388.24	1.680 947	
169	H_{25}	2002	1 858.98	7 991.00	239.29	2.789 466	
170	H_{26}	2002	646.84	2 869.25	102.34	1.132 359	
171	H_{27}	2002	869.04	2 637.56	174.02	1.069 772	
172	H_{28}	2002	1 191.15	4 698.81	264.42	2.032 660	
173	H_{29}	2002	807.59	3 121.31	178.11	1.406 827	
174	H_{30}	2002	2 249.14	8 091.35	296.72	4.153 729	
175	H_{31}	2002	1 637.12	5 252.22	238.98	2.700 529	
176	H_{32}	2002	2 604.26	8 098.51	229.41	4.732 519	
177	H_{33}	2002	277.42	1 055.69	57.21	0.741 196	
178	H_{34}	2002	3 270.39	18 994.18	233.25	4.004 332	
179	H_{35}	2002	54.86	583.07	14.71	0.173 685	
180	H_{36}	2002	176.63	1 569.80	45.39	0.368 051	

续表

obs	H	年份	Y	K	L	I	数据分析结果
181	H_1	2003	1 162.50	4 502.82	376.60	1.303 979	一、线性回归
182	H_2	2003	2 409.91	4 397.54	72.68	3.709 800	$\ln Y = 4.140 + 0.126\ln K + 0.279\ln L + 0.866\ln I$
183	H_3	2003	147.52	338.41	27.39	0.461 907	t 值　(6.991)　(1.313)　(4.792)　(9.157)
184	H_4	2003	179.26	482.98	41.37	0.549 498	VIF　　　　　(8.772)　(2.633)　(5.779)
185	H_5	2003	164.36	575.52	45.61	0.399 505	$R^2 = 0.968$　　　　　DW＝1.479
186	H_6	2003	1 479.74	3 409.31	181.66	1.352 696	$F = 323.117$
187	H_7	2003	673.15	1 850.41	101.07	0.928 314	二、岭回归
188	H_8	2003	803.20	2 597.21	89.00	1.186 662	$\ln Y = 3.189 + 0.277\ln K + 0.241\ln L + 0.659\ln I$
189	H_9	2003	1 587.77	2 221.14	21.22	3.902 852	Beta　　　　(0.271)　(0.212)　(0.530)
190	H_{10}	2003	1 924.02	6 418.60	499.16	2.142 100	$R^2 = 0.923$
191	H_{11}	2003	924.86	2 000.95	289.19	0.961 632	
192	H_{12}	2003	596.72	1 164.52	165.37	0.672 478	
193	H_{13}	2003	268.13	782.05	63.83	0.500 711	
194	H_{14}	2003	184.62	503.06	43.39	0.417 171	
195	H_{15}	2003	687.61	2 704.88	113.95	1.125 212	
196	H_{16}	2003	337.50	1 159.72	59.41	0.739 119	
197	H_{17}	2003	252.20	624.94	87.14	0.415 260	
198	H_{18}	2003	1 299.14	3 540.99	59.66	1.850 872	
199	H_{19}	2003	2 487.27	8 811.03	311.33	3.492 960	
200	H_{20}	2003	1 034.05	3 243.41	115.40	1.640 959	
201	H_{21}	2003	297.93	1 333.94	34.22	0.932 014	
202	H_{22}	2003	373.31	1 157.08	62.24	0.733 410	
203	H_{23}	2003	770.13	2 479.96	140.91	1.085 681	
204	H_{24}	2003	1 764.96	6 215.60	396.22	1.935 693	
205	H_{25}	2003	2 849.66	9 379.82	255.91	3.800 119	
206	H_{26}	2003	910.32	3 211.02	106.60	1.497 321	
207	H_{27}	2003	979.82	2 765.69	171.24	1.189 112	
208	H_{28}	2003	1 604.83	5 436.34	283.49	2.405 941	
209	H_{29}	2003	1 017.35	3 900.52	205.31	1.809 604	
210	H_{30}	2003	2 923.28	9 316.66	311.77	5.049 382	
211	H_{31}	2003	2 041.86	6 014.58	265.12	3.094 126	
212	H_{32}	2003	3 514.13	10 125.84	273.46	5.870 424	
213	H_{33}	2003	449.07	1 272.03	71.96	0.862 114	
214	H_{34}	2003	3 638.88	21686.77	238.41	4.108 892	
215	H_{35}	2003	76.02	647.10	14.67	0.276 655	
216	H_{36}	2003	192.47	1 733.78	46.27	0.388 728	

续表

obs	H	年份	Y	K	L	I	数据分析结果
217	H_1	2004	1 922.12	5 050.05	388.19	1.749 506	一、线性回归
218	H_2	2004	3 426.35	4 559.93	76.07	4.793 651	$\ln Y=3.723+0.184\ln K+0.293\ln L+0.785\ln I$
219	H_3	2004	272.45	411.36	29.24	0.994 084	t 值 (7.296) (2.126) (5.004) (9.389)
220	H_4	2004	287.94	501.25	39.64	0.902 474	VIF (7.026) (2.663) (4.241)
221	H_5	2004	210.94	598.47	45.48	0.480 949	$R^2=0.966$ DW$=1.363$
222	H_6	2004	2 003.99	3 817.90	190.87	1.597 361	$F=302.916$
223	H_7	2004	873.17	2 079.10	106.96	1.035 925	二、岭回归
994	H_8	2004	932.78	2 614.84	89.06	1.253 593	$\ln Y=3.180+0.282\ln K+0.258\ln L+0.640\ln I$
225	H_9	2004	1 728.58	2 290.76	20.17	4.677 568	Beta (0.281) (0.234) (0.513)
226	H_{10}	2004	2 448.57	6 869.50	519.16	2.411 731	$R^2=0.962$
227	H_{11}	2004	1 111.51	2 192.51	320.26	1.099 243	
228	H_{12}	2004	730.60	1 320.65	181.90	0.735 728	
229	H_{13}	2004	369.45	849.69	69.96	0.639 403	
230	H_{14}	2004	270.14	600.02	52.79	0.505 118	
231	H_{15}	2004	869.56	2 915.86	118.03	1.244 089	
232	H_{16}	2004	379.41	1 248.96	61.82	0.761 120	
233	H_{17}	2004	299.54	707.79	93.79	0.468 819	
234	H_{18}	2004	1 555.23	3 846.36	62.73	2.342 899	
235	H_{19}	2004	3 262.04	9 311.75	315.66	3.946 561	
236	H_{20}	2004	1 215.29	3 503.73	118.51	1.745 469	
237	H_{21}	2004	371.34	1 518.36	38.67	0.924 297	
238	H_{22}	2004	459.23	1 234.01	64.74	0.934 356	
239	H_{23}	2004	968.24	2 778.33	152.20	1.209 895	
240	H_{24}	2004	2 167.94	6 910.07	407.19	2.167 366	
241	H_{25}	2004	4 091.77	10 913.95	261.39	4.858 008	
242	H_{26}	2004	1 347.18	3 815.22	115.58	1.819 551	
243	H_{27}	2004	1 267.55	3 226.50	191.59	1.423 639	
244	H_{28}	2004	2 168.10	6 349.61	308.36	2.864 660	
245	H_{29}	2004	1 279.61	4 242.80	209.13	1.925 814	
246	H_{30}	2004	3 200.52	10 516.06	327.48	5.458 361	
247	H_{31}	2004	2 662.99	6 913.39	298.57	3.511 078	
248	H_{32}	2004	4 378.98	12 138.22	333.40	7.065 241	
249	H_{33}	2004	560.52	1 438.07	78.33	0.916 436	
250	H_{34}	2004	4 436.69	22 296.34	239.28	4.682 831	
251	H_{35}	2004	99.84	666.37	14.49	0.340 130	
252	H_{36}	2004	215.21	1 814.62	46.49	0.414 433	

续表

obs	H	年份	Y	K	L	I	数据分析结果
253	H_1	2005	2 618.54	5 852.08	435.81	2.204 679	一、线性回归
254	H_2	2005	4 364.42	5 132.09	85.58	6.587 712	$\ln Y=3.766+0.192\ln K+0.275\ln L+0.773\ln I$
255	H_3	2005	386.67	702.56	40.59	0.937 721	t 值　（7.086）（2.205）（4.787）（9.066）
256	H_4	2005	387.67	626.36	41.87	1.208 081	VIF　　　　（6.262）（2.379）（4.102）
257	H_5	2005	254.32	481.77	42.96	0.674 546	$R^2=0.962$　　　　　　DW=1.303
258	H_6	2005	2 489.54	4 338.56	222.55	1.970 004	$F=270.929$
259	H_7	2005	1 059.22	2 379.65	121.02	1.207 824	二、岭回归
260	H_8	2005	1 055.97	2 601.84	89.00	1.545 220	$\ln Y=3.249+0.282\ln K+0.249\ln L+0.632\ln I$
261	H_9	2005	1 867.62	2 378.31	19.67	5.000 663	Beta　　　（0.279）（0.230）（0.517）
262	H_{10}	2005	2 937.62	7 893.61	590.96	2.920 174	$R^2=0.958$
263	H_{11}	2005	1 287.27	2 452.22	346.06	1.237 423	
264	H_{12}	2005	856.19	1 507.35	228.84	0.850 829	
265	H_{13}	2005	463.16	1 017.38	83.33	0.757 224	
266	H_{14}	2005	348.93	786.02	71.27	0.571 777	
267	H_{15}	2005	1 039.35	3 525.19	130.14	1.458 762	
268	H_{16}	2005	419.82	1 372.73	66.90	0.830 923	
269	H_{17}	2005	344.25	802.57	109.80	0.518 253	
270	H_{18}	2005	1 796.59	4 800.31	74.40	1.913 834	
271	H_{19}	2005	3 981.80	10 988.57	339.99	4.756 996	
272	H_{20}	2005	1 386.94	3 814.05	123.44	2.001 220	
273	H_{21}	2005	439.99	1 845.59	42.63	1.046 107	
274	H_{22}	2005	539.76	1 478.79	79.64	1.047 002	
275	H_{23}	2005	1 153.26	3 375.65	183.28	1.412 306	
276	H_{24}	2005	2 545.71	7 793.58	418.18	2.474 023	
277	H_{25}	2005	5 237.44	13 053.31	287.49	5.754 440	
278	H_{26}	2005	1 749.46	4 785.37	130.74	2.331 317	
279	H_{27}	2005	1 535.25	3 694.73	223.23	1.682 553	
280	H_{28}	2005	2 689.90	7 516.21	355.12	3.581 462	
281	H_{29}	2005	1 524.53	4 752.44	219.89	2.304 753	
282	H_{30}	2005	3 472.82	11 572.90	352.40	6.583 430	
283	H_{31}	2005	3 240.37	8 194.92	367.21	4.181 994	
284	H_{32}	2005	5 187.77	13 924.30	439.64	7.908 880	
285	H_{33}	2005	664.72	1 678.74	88.68	1.121 357	
286	H_{34}	2005	5 185.67	26 040.52	252.69	5.620 430	
287	H_{35}	2005	121.96	795.45	14.84	0.406 582	
288	H_{36}	2005	237.21	2 014.73	46.15	0.418 058	

续表

obs	H	年份	Y	K	L	I	数据分析结果
289	H_1	2006	3 157.81	7 151.70	463.66	2.686 076	一、线性回归
290	H_2	2006	5 269.95	5 962.39	93.33	6.637 722	$\ln Y=4.073+0.148\ln K+0.290\ln L+0.800\ln I$
291	H_3	2006	517.69	880.75	45.27	1.060 251	t 值 (7.043) (1.570) (5.021) (8.554)
292	H_4	2006	596.45	871.80	45.31	1.607 649	VIF (6.678) (2.330) (4.453)
293	H_5	2006	332.85	582.07	44.20	0.779 418	$R^2=0.958$ DW$=1.260$
294	H_6	2006	3 074.02	5 039.74	238.60	2.359 106	$F=243.246$
295	H_7	2006	1 291.59	2 603.61	128.13	1.403 767	二、岭回归
296	H_8	2006	1 266.80	2 868.79	92.26	1.792 959	$\ln Y=3.419+0.264\ln K+0.254\ln L+0.637\ln I$
297	H_9	2006	2 094.84	2 544.06	18.99	5.666 675	Beta (0.263) (0.243) (0.520)
298	H_{10}	2006	3 488.55	8 760.48	615.43	3.293 410	$R^2=0.953$
299	H_{11}	2006	1 614.18	2 799.23	377.57	1.395 347	
300	H_{12}	2006	1 032.45	1 691.12	245.63	0.986 079	
301	H_{13}	2006	603.49	1 191.68	91.62	0.926 694	
302	H_{14}	2006	441.10	967.36	83.80	0.672 649	
303	H_{15}	2006	1 220.46	3 917.92	134.77	1.806 639	
304	H_{16}	2006	490.99	1 481.70	68.97	0.929 149	
305	H_{17}	2006	409.28	887.69	114.36	0.579 775	
306	H_{18}	2006	2 037.17	5 574.94	76.79	2.076 325	
307	H_{19}	2006	4 752.46	13 016.96	357.78	5.305 743	
308	H_{20}	2006	1 591.63	4 163.40	130.28	2.228 091	
309	H_{21}	2006	531.84	2 016.44	43.40	1.222 513	
310	H_{22}	2006	629.37	1 649.23	82.14	1.206 251	
311	H_{23}	2006	1 469.08	3 847.13	201.41	1.692 412	
312	H_{24}	2006	3 218.49	8 597.19	426.39	2.957 183	
313	H_{25}	2006	6 165.89	15 488.76	296.13	6.828 250	
314	H_{26}	2006	2 815.14	5 943.40	136.82	3.423 698	
315	H_{27}	2006	1 959.45	4 456.98	248.26	1.954 592	
316	H_{28}	2006	3 344.42	8 622.23	378.74	4.240 387	
317	H_{29}	2006	2 021.43	5 522.02	234.65	2.864 349	
318	H_{30}	2006	4 342.79	13 204.66	374.58	7.793 509	
319	H_{31}	2006	4 065.11	9 528.79	403.98	5.149 348	
320	H_{32}	2006	6 236.18	15 678.10	505.07	9.584 190	
321	H_{33}	2006	852.06	1 962.90	98.80	1.338 153	
322	H_{34}	2006	6 084.91	29 243.42	259.11	6.412 686	
323	H_{35}	2006	168.76	952.30	14.54	0.585 616	
324	H_{36}	2006	277.41	2 369.57	46.06	0.544 171	

续表

obs	H	年份	Y	K	L	I	数据分析结果
325	H_1	2007	4 010. 53	8 300. 56	463. 69	3. 194 017	一、线性回归
326	H_2	2007	5 508. 82	6 433. 98	90. 67	6. 540 371	$\ln Y=4. 169+0. 145\ln K+0. 287\ln L+0. 787\ln I$
327	H_3	2007	793. 15	1 185. 08	49. 14	1. 563 387	t 值　(7. 147) (1. 485) (4. 915) (8. 228)
328	H_4	2007	831. 19	1 101. 56	55. 11	1. 689 356	VIF　　　(7. 284) (2. 445) (4. 632)
329	H_5	2007	441. 71	646. 58	46. 62	0. 957 281	$R^2=0. 956$　　　　　DW=1. 148
330	H_6	2007	3 964. 52	6 009. 50	264. 80	2. 926 273	$F=234. 478$
331	H_7	2007	1 589. 72	3 025. 60	135. 03	1. 710 584	二、岭回归
332	H_8	2007	1 608. 59	3 322. 71	101. 02	2. 128 773	$\ln Y=3. 533+0. 264\ln K+0. 245\ln L+0. 624\ln I$
333	H_9	2007	2 492. 59	2 512. 37	18. 61	6. 894 098	Beta　　　(0. 269) (0. 242) (0. 517)
334	H_{10}	2007	4 196. 35	9 870. 00	626. 26	3. 787 601	$R^2=0. 952$
335	H_{11}	2007	1 934. 34	3 279. 30	414. 19	1. 655 432	
336	H_{12}	2007	1 264. 21	1 913. 68	256. 98	1. 158 877	
337	H_{13}	2007	879. 84	1 448. 86	106. 18	1. 156 293	
338	H_{14}	2007	552. 31	1 171. 76	91. 30	0. 768 104	
339	H_{15}	2007	1 488. 51	4 307. 72	138. 30	2. 045 231	
340	H_{16}	2007	590. 90	1 592. 41	72. 38	1. 067 228	
341	H_{17}	2007	473. 59	988. 13	119. 32	0. 642 768	
342	H_{18}	2007	2 644. 73	6 116. 04	80. 64	3. 154 347	
343	H_{19}	2007	6 268. 51	15 207. 50	380. 28	6. 627 260	
344	H_{20}	2007	1 952. 69	4 494. 72	137. 34	2. 698 064	
345	H_{21}	2007	691. 23	2 373. 77	45. 30	1. 569 884	
346	H_{22}	2007	818. 96	1 925. 38	87. 51	1. 453 142	
347	H_{23}	2007	1 825. 06	4 303. 32	224. 05	1. 972 986	
348	H_{24}	2007	4 141. 07	9 627. 99	448. 41	3. 537 421	
349	H_{25}	2007	7 691. 84	18 531. 61	304. 43	8. 528 510	
350	H_{26}	2007	3 823. 75	7 395. 79	156. 27	4. 048 715	
351	H_{27}	2007	2 570. 80	5 353. 43	273. 48	2. 434 354	
352	H_{28}	2007	4 361. 69	10 283. 33	420. 71	5. 108 818	
353	H_{29}	2007	2 619. 44	6 767. 71	256. 51	3. 574 609	
354	H_{30}	2007	5 956. 00	16 175. 06	408. 59	9. 436 956	
355	H_{31}	2007	5 169. 75	11 557. 51	449. 15	6. 481 301	
356	H_{32}	2007	6 767. 35	17 835. 53	587. 92	11. 545 671	
357	H_{33}	2007	993. 38	2 223. 19	106. 97	1. 657 035	
358	H_{34}	2007	7 539. 62	32 738. 88	256. 96	7. 337 377	
359	H_{35}	2007	261. 89	1 074. 30	15. 88	0. 935 721	
360	H_{36}	2007	312. 52	2 448. 40	41. 36	0. 574 900	

续表

obs	H	年份	Y	K	L	I	数据分析结果
361	H_1	2008	4 467.52	10 641.98	502.38	4.010 022	
362	H_2	2008	5 466.72	7 430.46	112.76	6.761 080	
363	H_3	2008	940.30	1 718.88	61.52	1.991 731	
364	H_4	2008	888.58	1 310.54	53.53	1.604 846	
365	H_5	2008	505.26	793.81	54.23	1.100 769	
366	H_6	2008	4 264.23	7 256.55	315.07	3.415 241	
367	H_7	2008	1 730.72	3 384.41	154.57	1.914 931	
368	H_8	2008	1 746.75	3 701.75	113.04	2.213 834	
369	H_9	2008	2 625.07	2 845.65	19.77	6.892 651	
370	H_{10}	2008	4 336.97	10 466.76	652.06	4.114 049	
371	H_{11}	2008	2 035.34	3 715.37	458.70	1.819 109	
372	H_{12}	2008	1 329.04	2 007.92	273.30	1.266 233	
373	H_{13}	2008	999.84	1 816.12	131.30	1.353 976	
374	H_{14}	2008	586.32	1 285.28	104.41	0.858 901	
375	H_{15}	2008	1 564.85	4 834.73	151.92	2.154 928	
376	H_{16}	2008	621.20	1 761.89	82.03	1.127 777	
377	H_{17}	2008	523.56	1 072.21	132.72	0.721 105	
378	H_{18}	2008	2 579.99	7 072.92	86.02	2.058 381	
379	H_{19}	2008	6 449.25	17 438.00	429.64	7.202 948	
380	H_{20}	2008	2 138.67	4 888.00	150.75	2.980 664	
381	H_{21}	2008	660.73	2 280.27	45.06	1.408 593	
382	H_{22}	2008	851.76	2 216.13	97.29	1.500 012	
383	H_{23}	2008	1 942.54	4 765.12	255.42	2.205 201	
384	H_{24}	2008	4 527.72	11 494.50	498.73	4.161 738	
385	H_{25}	2008	7 784.13	21 583.18	313.50	9.323 894	
386	H_{26}	2008	4 016.26	8 823.51	185.18	4.007 845	
387	H_{27}	2008	2 765.15	6 436.35	327.17	2.896 140	
388	H_{28}	2008	4 768.94	12 791.05	493.21	5.994 329	
389	H_{29}	2008	2 952.21	8 687.32	308.43	4.276 736	
390	H_{30}	2008	6 417.41	19 338.43	473.14	10.471 176	
391	H_{31}	2008	5 710.47	13 490.57	527.79	7.403 319	
392	H_{32}	2008	7 089.07	18 908.83	677.31	12.383 245	
393	H_{33}	2008	1 047.11	2 523.39	116.48	1.714 210	
394	H_{33}	2008	7 658.29	38 349.56	259.41	7.312 168	
395	H_{35}	2008	310.59	1 238.07	18.17	1.128 755	
396	H_{36}	2008	306.62	2 535.86	43.78	0.561 053	

数据分析结果：

一、线性回归

$\ln Y = 3.675 + 0.247\ln K + 0.222\ln L + 0.695\ln I$

t 值 (6.070) (2.558) (3.789) (7.049)

VIF (6.445) (2.260) (4.456)

$R^2 = 0.951 \qquad DW = 1.254$

$F = 205.798$

二、岭回归

$\ln Y = 3.355 + 0.304\ln K + 0.212\ln L + 0.582\ln I$

Beta (0.314) (0.214) (0.489)

$R^2 = 0.948$

续表

obs	H	年份	Y	K	L	I	数据分析结果
397	H_1	2009	5 116.20	14 699.05	505.54	4.121 882	
398	H_2	2009	6 058.16	9 757.14	102.38	5.233 870	
399	H_3	2009	1 198.16	2 117.59	57.48	1.752 312	
400	H_4	2009	1 125.66	1 598.13	50.04	1.632 647	
401	H_5	2009	642.20	1 004.44	55.11	1.172 605	
402	H_6	2009	5 226.09	9 629.87	337.66	3.869 110	
403	H_7	2009	2 088.16	4 345.84	162.70	2.263 028	
404	H_8	2009	2 116.74	4 649.97	119.02	2.441 641	
405	H_9	2009	3 003.46	3 443.40	20.03	7.256 049	
406	H_{10}	2009	4 975.86	11 869.27	617.04	4.619 421	
407	H_{11}	2009	2 365.31	4 328.13	449.31	2.000 187	
408	H_{12}	2009	1 536.07	2 399.60	257.57	1.394 772	
409	H_{13}	2009	1 244.40	2 124.59	130.67	1.510 648	
410	H_{14}	2009	674.55	1 532.09	98.56	0.975 136	
411	H_{15}	2009	1 831.77	5 626.06	152.64	2.260 114	
412	H_{16}	2009	714.68	2 081.47	82.13	1.224 253	
413	H_{17}	2009	595.16	1 213.09	122.36	0.824 408	
414	H_{18}	2009	2 870.03	8 801.43	84.95	4.174 902	
415	H_{19}	2009	7 815.32	21 874.70	440.49	7.683 375	
416	H_{20}	2009	2 596.19	6 337.94	160.48	3.335 008	
417	H_{21}	2009	769.95	2 450.65	41.45	1.621 497	
418	H_{22}	2009	1 006.96	2 592.76	97.97	1.764 459	
419	H_{23}	2009	2 306.76	5 558.33	259.81	2.367 653	
420	H_{24}	2009	5 491.56	14 680.88	508.91	4.629 323	
421	H_{25}	2009	9 046.07	27 013.96	323.02	8.670 689	
422	H_{26}	2009	4 790.53	11 178.02	177.64	4.138 975	
423	H_{27}	2009	3 216.36	8 023.03	319.31	3.041 850	
424	H_{28}	2009	5 597.54	16 254.54	486.52	6.487 787	
425	H_{29}	2009	3 527.59	11 277.65	309.24	4.655 760	
426	H_{30}	2009	8 034.60	26 382.36	498.33	12.019 317	
427	H_{31}	2009	6 763.05	17 672.25	535.00	7.931 249	
428	H_{32}	2009	7 893.51	22 407.63	663.64	12.359 997	
429	H_{33}	2009	1 129.39	3 409.21	112.61	1.771 437	
430	H_{33}	2009	8 584.01	43 618.49	277.62	8.330 050	
431	H_{35}	2009	376.38	2 291.03	18.09	1.432 253	
432	H_{36}	2009	340.77	3 146.66	45.14	0.589 417	

数据分析结果：

一、线性回归

$\ln Y = 4.611 + 0.097 \ln K + 0.274 \ln L + 0.835 \ln I$

t 值　(6.761)　(0.917)　(4.596)　(7.315)

VIF)　　　　　(7.328)　(2.221)　(5.251)

$R^2 = 0.947$　　　DW = 1.114

$F = 189.120$

二、岭回归

$\ln Y = 3.875 + 0.238 \ln K + 0.239 \ln L + 0.637 \ln I$

Beta　　　　(0.248)　　(0.244)　　(0.522)

$R^2 = 0.941$

obs	H	年份	Y	K	L	I	数据分析结果
433	H_1	2010	5 684.13	17 442.06	527.19	4.555 328	
434	H_2	2010	5 731.40	10 331.49	106.06	6.193 994	一、线性回归
435	H_3	2010	1 369.79	3 348.65	67.04	2.234 824	$\ln Y=4.376+0.116\ln K+0.288\ln L+0.794\ln I$
436	H_4	2010	1 186.59	1 855.45	55.40	1.954 291	t 值 （6.771）（1.118）（4.875）（7.181）
437	H_5	2010	759.76	1 140.42	56.54	1.384 725	VIF （7.945）（2.422）（5.370）
438	H_6	2010	5 697.23	11 507.72	369.01	4.366 154	$R^2=0.951$ DW$=1.043$
439	H_7	2010	2 280.37	4 894.78	175.88	2.569 642	$F=206.956$
440	H_8	2010	2 299.54	5 225.80	130.02	2.660 508	
441	H_9	2010	3 185.96	3 658.57	21.10	7.468 480	二、岭回归
442	H_{10}	2010	5 264.07	13 012.78	647.32	5.133 393	$\ln Y=3.661+0.245\ln K+0.248\ln L+0.611\ln I$
443	H_{11}	2010	2 578.55	4 839.63	447.00	2.162 241	Beta （0.262）（0.256）（0.502）
444	H_{12}	2010	1 696.39	2 730.67	276.37	1.562 466	$R^2=0.946$
445	H_{13}	2010	1 443.88	2 432.12	142.29	1.715 764	
446	H_{14}	2010	765.42	1 810.48	111.73	1.093 988	
447	H_{15}	2010	2 017.75	6 364.38	157.91	2.487 292	
448	H_{16}	2010	778.43	2 243.11	85.06	1.322 013	
449	H_{17}	2010	640.35	1 282.71	128.11	0.887 059	
450	H_{18}	2010	2 981.86	10 697.02	92.15	4.574 698	
451	H_{19}	2010	8 556.93	25 579.30	474.14	8.738 001	
452	H_{20}	2010	2 835.17	7 219.38	173.17	3.713 560	
453	H_{21}	2010	810.89	2 823.11	43.93	2.023 600	
454	H_{22}	2010	1 113.02	2 878.69	102.93	1.978 874	
455	H_{23}	2010	2 589.07	6 431.74	283.30	2.699 049	
456	H_{24}	2010	6 262.54	17 206.14	544.61	5.283 680	
457	H_{25}	2010	9 570.04	29 705.29	345.63	9.714 501	
458	H_{26}	2010	5 140.66	13 605.04	191.59	5.010 941	
459	H_{27}	2010	3 628.28	9 189.26	344.64	3.467 742	
460	H_{28}	2010	6 457.69	19 219.87	539.38	7.378 522	
461	H_{29}	2010	4 032.88	13 514.36	334.22	5.381 509	
462	H_{30}	2010	9 322.56	32 205.57	573.72	13.802 915	
463	H_{31}	2010	7 609.97	21 981.39	604.30	9.388 336	
464	H_{32}	2010	8 747.30	27 226.08	772.75	14.391 093	
465	H_{33}	2010	1 280.46	3 655.58	124.86	2.050 139	
466	H_{33}	2010	9 032.38	47 229.23	275.64	9.034 342	
467	H_{35}	2010	420.66	1 812.45	19.02	1.764 499	
468	H_{36}	2010	341.12	3 368.82	45.92	0.649 182	

后　记

　　本书是在我的博士学位论文"中国工业行业信息化水平和效率差异的实证研究"基础上进一步深化研究而成的。项目研究与书稿写作形成的一系列研究成果"中国工业行业信息化水平及其变化趋势研究"、"中国工业行业信息化建设贡献率研究"、"中国工业行业信息化建设对产出增长速度贡献研究"、"信息化与中国产业结构优化"、"中国工业行业信息化建设的动因分析及对策建议"等先后在《科学学与科学技术管理》、《科技管理研究》、《图书馆理论与实践》、《信息化建设》、《情报杂志》等CSSCI期刊和核心期刊上发表。本书凝结着我十余年的精力和心血，也是我潜心学术研究的心得和总结。

　　主持国家社会科学基金项目3项，主持国家软科学项目1项，主持省部级项目9项；9项研究成果获张德江、孙政才、孟建柱等中央及省部级领导18次重要批示并被相关部门采纳应用；作为第一作者获省部级一等奖2项、二等奖2项、三等奖1项。

　　担任国家社会科学基金项目通讯评审及鉴定专家，国家行政学院中国领导科学研究中心兼职教授；中共重庆市委宣讲团成员，重庆市宣传文化"五个一批"人才，重庆市"十三五"规划专家咨询委员会委员，重庆市人民政府参事室特约研究员，重庆市科协国家级科技思想库建设决策咨询专家委员会委员，重庆村镇建设与发展战略决策专家咨询委员会委员，《重庆社科成果要报》特约审稿专家；中共重庆市委党校学术委员会委员、学位评定委员会委员，重庆市党校系统高级职称评定委员会委员。

　　感谢国家软科学研究计划出版项目（2012GXS9K009）、中共重庆市委党校学术著作出版资助项目对本书的资助；感谢中共重庆市委党校领导和同事们多年来的关怀与鼓励；感谢科学出版社对书稿的认可和支持，感谢杨婵娟编辑出色的工作，感谢王茜艳、鲁肃、肖兴、黄华斌、陈敬等编校出版人员所付出的辛劳；感谢90岁高龄的母亲解正明女士、妻子张为民女士、女儿何思杭对项目研究和书稿写作的充分理解和支持。

何伟

2014年10月于中共重庆市委党校